Zu diesem Buch

Ausgerechnet in Mexiko, dem Land des «Machismo», gibt es eine Gegend, in der scheinbar alte matriarchalische Strukturen überlebt haben. In der südmexikanischen Kleinstadt Juchitán existiert eine vielleicht einmalige, von Frauen dominierte Gesellschaft. Die Frauen von Juchitán verfügen über das Geld; ihnen gehören die Häuser; sie haben Kinder von unterschiedlichen Vätern; sie sind Händlerinnen und Produzentinnen; sie reisen seit Jahrhunderten mit ihren Waren über Land; sie bestimmen die Feste und Tänze, und sie bewahren die Tradition.

Die Autorinnen dieses Bandes haben über einen längeren Zeitraum hinweg in dieser «verkehrten» Welt in der «Stadt der Frauen» gelebt und geforscht. Hier nun beschreiben und interpretieren sie den sozialen Reichtum, die Kultur und die Ökonomie der zapotekischen Frauenwelt, und sie versuchen zu erklären, wie diese Frauen – umringt und durchdrungen von der Modernität des ausgehenden zwanzigsten Jahrhunderts – ihre archaische Stärke behaupten konnten und bis heute behaupten können. In ihrer «dichten» Beschreibung des sozialen Lebens, in ihren Schilderungen der Feste, der Tänze, des Markttreibens, der Partnerschafts- und der Familienbeziehungen sowie in ihren kritischen Betrachtungen der auch in Juchitán spürbaren Friktionen zwischen Tradition und Moderne geht es den Autorinnen aber nicht lediglich um Alltagsethnographie; der fremde Lebensentwurf enthält vielmehr Elemente, die sich – programmatisch verdichtet – unserer grandios gescheiterten bzw. scheiternden Entwicklungs- und Fortschrittsideologie als Alternativkonzept entgegenstellen lassen. Die Autorinnen machen in Juchitán eine Kultur und Ökonomie der Gegenseitigkeit aus, die sich den sachlichen Zwängen des herrschenden ökonomischen Systems erfolgreich widersetzt. Dabei ist dies nicht als gezielter Widerstand, sondern als «Eigensinn» zu deuten: Hier existiert eine Marktökonomie, in der die gleiche, überall herrschende kapitalistische freie Marktwirtschaft anders modelliert wird. Alle sogenannten Errungenschaften der Moderne werden nicht etwa abgewehrt, sondern aufgenommen, eingepaßt und dadurch mit einem «eigenen» Sinn versehen, in Eigenes verwandelt. Eine solche Haltung, die Selbstbewußtsein, Selbstgewißheit und Selbstbehauptung voraussetzt, ließe sich auch für unser Verhältnis zu Gegenwart und Zukunft fruchtbar machen. Sie könnte unsere, den prekären bis katastrophischen Zustand der Moderne verursachende Grundhaltung, die vorgefundenen natürlichen Bedingungen des Lebens zu «überwinden», heilsam korrigieren. Die Frauen von Juchitán sind glücklich, weil sie bleiben, was sie sind.

Hinweise zu den Autorinnen finden sich am Ende des Bandes.

Veronika Bennholdt-Thomsen (Hg.)

Juchitán – Stadt der Frauen

Vom Leben im Matriarchat

Mit Fotos von Cornelia Suhan

Rowohlt

rororo aktuell
Herausgegeben von Ingke Brodersen

Redaktion Rüdiger Dammann

Originalausgabe
Veröffentlicht im Rowohlt Taschenbuch Verlag GmbH,
Reinbek bei Hamburg, April 1994
Copyright © 1994 by Rowohlt Taschenbuch Verlag GmbH,
Reinbek bei Hamburg
Alle Rechte vorbehalten
Umschlaggestaltung Büro Hamburg – Jürgen Kaffer /
Peter Wippermann (das Foto von Cornelia Suhan
zeigt Maria Ciro und Tochter Feliciana)
Satz Sabon (Linotronic 500)
Gesamtherstellung Clausen & Bosse, Leck
Printed in Germany
1290-ISBN 3 499 13396 2

Adelina und Julio in Dankbarkeit

Inhalt

Wir kamen vormittags in die Stadt und sahen nur Frauen in den Straßen. Aufgerichtet, die Schultern zurückgebogen, mit erhobenem Kopf und offenem Blick strebten sie alle in eine Richtung. Ein wehender, langer Rock und ihre Leibesfülle gaben ihrem Gang etwas Majestätisches. Zusammen mit ihnen gelangten wir zum Markt im Zentrum der Stadt. Auch dort sahen wir nur Frauen. Der Handel liegt in ihrer Hand. Erblickt man doch mal einen Mann, dann ist er entweder von auswärts oder ein Muxe', also homosexuell.

Gemeinsam mit dem Lastträger folgten wir einer Juchiteca nach Hause. In den Gassen und offenen Höfen sahen wir neben den Kindern wiederum vor allem Frauen. Sie stellen Maisfladen her und backen sie im Tonofen, sie räuchern Fisch und legen die Garnelen zum Trocknen aus, sie bereiten einheimische Spezialitäten zu, flechten Matten aus Palmblatt, arbeiten am Stickrahmen, sie nähen, und sie versorgen die Schweine. All dies ist Hausarbeit und Warenproduktion zugleich, denn alle Frauen von Juchitán betreiben ein Geschäft: Sie verkaufen, was sie herstellen. Wir begegneten auch einigen Männern, Handwerkern: Schreiner, Zimmerleute, Maurer und Goldschmiede, Männern beim Hängemattenknüpfen und Sandalenschustern. Ab dem frühen Nachmittag sahen wir immer mehr Männer in den Höfen; viele lagen in Hängematten, während die Frauen weiter arbeiteten. «Nein, unsere Männer sind nicht faul», erklären die Juchitecas wiederholt und unaufgefordert. «Das sieht nur so aus, weil sie schon mittags in der Hängematte liegen. Aber sie sind dann auch früh aufgestanden und haben schon ein Tagwerk hinter sich, denn die meisten sind Bauern und Fischer.»

Dann wurden wir von den lauten, tropischen Rhythmen einer Musikkapelle angezogen. Die Straße war mit einem Zeltdach gedeckt, mit Girlanden und Laubzweigen geschmückt. Hunderte von Stühlen standen im Geviert um einen freien Platz zum Tanzen. Wieder waren es die Frauen, die in den ersten Reihen saßen, die bunt und prachtvoll geschmückt miteinander tanzten, tranken, aßen, redeten und lachten. Die Männer waren kaum zu bemerken auf ihren Stühlen in den hinteren Reihen, an die Hauswände gelehnt. Wir begannen zu verstehen, warum man im übrigen Mexiko sagt, in Juchitán herrsche das Matriarchat.

Veronika Bennholdt-Thomsen
Juchitán – Stadt der Frauen

Wir waren nach Juchitán gekommen, um diese frauenzentrierte Gesellschaft im Rahmen eines Forschungsprojektes, gefördert von der Deutschen Forschungsgemeinschaft, zu studieren. Ein Jahr lang, von Juli 1990 bis August 1991, lebten wir drei Frauen vom Stammteam mit zwei Kindern in dieser so seltsam aus der Reihe des mexikanischen «machismo» tanzenden Stadt: Veronika Bennholdt-Thomsen und Sohn Daniel, Cornelia Giebeler und Sohn Felix und Brigitte Holzer. Ebenfalls ein Jahr lang mit uns zusammengearbeitet hat Marina Meneses, Soziologin aus Juchitán. Diesem Team haben sich während mehrerer Monate Christa Müller für das Thema «Liebe zwischen Frauen» und Cornelia Suhan für die Fotografie angeschlossen. Ursula Oswald, Mitglied des *Centro Regional de Investigaciones Interdisciplinarias* der Nationalen Autonomen Universität von Mexiko (UNAM), unserem Partnerinstitut, hat die ernährungswissenschaftliche Studie, gefördert von der Gesellschaft für Technische Zusammenarbeit (GTZ), koordiniert.

Es war heiß in Juchitán, fast immer über 30 und bis zu 40 Grad, und es war staubig. Im Winter blies uns der Norte-Sturm den Sand ins Haus, in Augen und Poren. Dann regnete es wochenlang, der Fluß trat über die Ufer, alles Lederwerk, Stoff und sogar Papier schimmelten, und selbst kleine Wunden heilten nicht mehr. Wir litten unter den Moskitos, unter Denguefieber, Hepatitis und Amöbenruhr. Auch gibt es in dieser Stadt keine privaten, abgeschlossenen Räume. Unser Bedürfnis, uns zurückzuziehen oder allein am Tisch zu sitzen, um zu schreiben, stieß auf Unverständnis. Dennoch fühlten wir uns wohl und gut aufgehoben. Die Tatsache, daß Frauen in dieser Gesellschaft von vornherein Aufmerksamkeit, Zuneigung, Respekt und menschliche Hochachtung erfahren, vermittelte uns ein ganz anderes, neues, gutes Lebensgefühl.

In dieser Atmosphäre der Lebensfreude, in einer Gemeinschaft, in der Gegenseitigkeit, Freigebigkeit und das Vergnügen am Zusammensein oberste Prinzipien sind, kam uns unsere mitteleuropäische, deutsche Welt kalt vor, von Konkurrenz, Habgier und Hetze geprägt. Die schwesterliche und mütterliche Wärme der Frauengesellschaft ließ uns die Feindseligkeit unserer eigenen, patriarchalen, Männer-dominierten Gesellschaft doppelt so deutlich spüren.

Dem, was Frauen tun, kommt in Juchitán von vornherein Bedeutung zu, nicht obwohl, sondern weil es Frauen tun. Die Trennung zwischen wertvoller Lohnarbeit, bei uns männlich definiert, und weniger wertvoller Frauenarbeit ist hier unbekannt. Das Streben der Menschen von Juchitán bleibt an der Subsistenz, das heißt an dem, was man zum Leben braucht, an den Bedürfnissen orientiert. Jede Tätigkeit, ob sie mit oder ohne Bezahlung ausgeführt wird, ist gleichermaßen anerkannt. Und anders als bei uns, wird das Sichkümmern um die Kinder und das Sorgen für das alltägliche Wohlergehen nicht entökonomisiert. Die Frauen von Juchitán sind nicht «hausfrauisiert» worden: weder real – es gibt hier keine Hausfrauen, sondern nur Hausfrau-Handwerkerin-Händlerinnen in einem – noch auf symbolischer Ebene – etwa in dem Sinne, daß weibliche Arbeiten, selbst wenn sie nichts mit Haus- und Subsistenzarbeit zu tun haben, vom Virus der hausfraulichen Wertlosigkeit infiziert sind.

Ein lebendiges Matriarchat?

Wie bezeichnen wir diese anderen Verhältnisse? Wollen wir sie, wie der mexikanische Volksmund, «matriarchal» nennen? Die Frage ist unter zwei Aspekten zu behandeln, die zusammengehören.

1. Gibt es Informationen aus anderen, ähnlich strukturierten Gesellschaften, die die Ausnahme in Mexiko weniger einzigartig erscheinen lassen und eine gemeinsame Bezeichnung nahelegen?
2. Welche Vorstellungen werden bei uns mit dem Begriff «Matriarchat» verbunden? Ist er mit zuviel Vorurteilen belastet, so daß neue Erkenntnisse eher blockiert als gefördert werden?

Die Frauenforschung hat das Wissen und die empirische Materialbasis über nichtpatriarchale Gesellschaften in den letzten 20 Jahren enorm erweitert. Heide Göttner-Abendroth hat beispielsweise die vorhandenen historischen Studien und das ethnographische Material für

Ostasien, Indonesien und Ozeanien gesichtet und anhand dieses breiten Vergleiches Strukturmerkmale herausgearbeitet, die diesen frauen- und mutterzentrierten Gesellschaften gemeinsam sind und sie von patriarchalen unterscheiden. Einige der Elemente, die in Juchitán so auffallend anders sind, finden sich in der Liste der von ihr genannten Strukturmerkmale wieder: Matriarchale sind Ackerbau-Gesellschaften, denen unter anderem zyklisch wiederkehrende Jahreszeitenfeste eigen sind, die über mehrere Tage gehen, sehr viele Menschen versammeln und im Zusammenhang mit Aussaat, Wachstum und Ernte stehen. In Juchitán feiert man besonders viele solcher agrikulturellen mehrtägigen und volkreichen Feste. Das zweite Merkmal, das die juchitekische mit matriarchalen Gesellschaften gemeinsam hat, sind Freigebigkeit und Gegenseitigkeit, deren soziale Funktion in der Nivellierung ökonomischer Ungleichheit und der Verhinderung von Hierarchie besteht. Ferner besteht eine Parallele hinsichtlich der Ahnenverehrung und der Uminterpretierung der katholischen Religion mit naturreligiösen Inhalten. Und schließlich bestimmen Matriarchate die Abstammung über die mütterliche Linie (Matrilinearität), was zugleich bedeutet, daß die Kinder im Haus der Mutter wohnen (Matrilokalität) – wenn es auch unter den zeitgenösseischen Gruppen matriarchale Strukturen in Verbindung mit Patrilinearität gibt. In Juchitán finden wir beides: Die Abstammung wird über die väterliche und mütterliche Linie bestimmt, und zwar entweder alternativ oder kombiniert. Die Vererbung ist vorwiegend geschlechtsparallel, von den Müttern auf die Töchter, den Vätern auf die Söhne. Das Haus ist gewohnheitsrechtlich immer das «Haus meiner Mutter», selbst wenn die Besitztitel auf den Vater lauten. Im allgemeinen erbt es, ganz matriarchal, die jüngste Tochter. Last, but not least: In matriarchalen Gesellschaften sind es die Frauen, die den Handel betreiben (vgl. Göttner-Abendroth, 1989:59; 1991:37, 38, 54, 59, 74, 100, 102).

Die zweite Frage, die sich an die empirischen Befunde anschließt, ist eine politische: Ist es eigentlich sinnvoll, vom Matriarchat zu sprechen? Diese Frage hat viel sowohl mit der Frauenbewegung und ihren Zielen zu tun als auch mit männlicher Dominanz und einer frauenfeindlichen Politik, gerade auch in der Wissenschaft. Für Wissenschaftler ist das Thema mehrheitlich indiskutabel. Es wird als unwissenschaftlich (was auch immer das ist) diskreditiert, man(n) hält an der etablierten Machtposition fest, daß nur His-story gelte. Aber auch aus der Frauenforschung kommen Einwände: Es bestehe die Gefahr, mit der Rede vom Matriarchat vor den konkreten, gegenwärtigen Problemen in einen Traum vom Goldenen Zeitalter für Frauen zu flüchten (vgl. Zusammenstellung der üblichen Gegenargumente bei Rentmeister 1985). Obwohl ich das Gefühl habe, daß diejenigen, die so argumentieren, sich zu sehr eingerichtet haben in ihrem Kampf innerhalb des Patriarchats, so ist ihr Einwand dennoch bedenkenswert. Es gibt in der Frauenbewegung tatsächlich eine deutliche Tendenz der entrückkenden Idealisierung dessen, was eine Frauengesellschaft sein solle, anstatt zur Kenntnis zu nehmen, wie sie war und wie sie ist.

Allzuviel Pragmatismus, eine an den «herrschenden Verhältnissen» ausschließlich orientierte Gleichberechtigungspolitik aber leiden deutlich daran, daß keine Vorstellungen von einem anderen Gesellschaftsentwurf mehr entwickelt werden. Die aber sind nötig für den Weg in eine frauen- und menschenfreundliche Gesellschaft, denn der herrschende, kriegerische und naturzerstörerische Entwurf bietet dafür keinen Raum. Die scheinbar entgegengesetzte, idealisierte Vorstellung von matriarchaler Gesellschaft ist, genau betrachtet, nur die andere Seite der Medaille des Fortschreibens des Bestehenden. Das Matriarchat – bezeichnenderweise nicht die Matriarchate – wird als großartig imaginiert, gleichzeitig werden ihm völlig unhistorisch und ahnungslos gegenüber der Realität anderer Lebensweisen Eigenheiten angedichtet, die heute gewiß nicht lebbar sind.

Was ist unsere Sicht der Dinge? Als feministische, weiße, mitteleuropäische Sozialwissenschaftlerinnen aus einer überindustrialisierten, konsumistischen Gesellschaft haben wir eine fremde, nichtpatriarchale Gesellschaft untersucht, weil wir wissen wollten, wie es anders gehen kann, heutzutage, am Ende des 20. Jahrhunderts: Wie ist es möglich, daß sich mitten in einem patriarchalen, vom «machismo» geprägten Land eine dermaßen frauenzentrierte, subsistenzorientierte Gesellschaft erhalten kann, noch dazu in einer Gegend, die ein geographischer und weltwirtschaftlicher Knotenpunkt ist? Wir glauben, daß wir viel lernen können von dem Fremden, anderen. Juchitán ist sicher kein Modell, das wir nachahmen könnten. Aber wir haben uns bemüht, die Elemente und Prinzipien des Funktionierens und der Struktur dieser Gesellschaft herauszuarbeiten, die uns auch unsere Lebenszusammenhänge aufzuklären helfen.

Damit ist zugleich unser Forschungsziel beschrieben. Es besteht darin, die Mechanismen nachzuzeichnen, die erklären, wie sich diese andere, matriarchale Struktur in der Gegenwart immer wieder neu herstellt. Weitergehende Erklärungen sind kaum möglich, denn von der Geschichte der Menschen dieser Gegend ist nur sehr wenig zu erfahren. Freilich ist die Frage nach den besonderen historischen Wurzeln die erste, die sich aufdrängt. Aber sie wird noch lange unbeantwortet bleiben. Doch allein die Tatsache, daß die besondere Gesellschaftsstruktur von Juchitán sich bis in unsere Zeit hinein lebendig erhält, ist Herausforderung genug an die Gesellschaftswissenschaften. Ihrer herrschenden evolutionistischen Sicht zufolge hätten die auffallend andere, frauenzentrische juchitekische Wirtschaft, Kultur und Sozialverfassung längst verschwunden sein müssen.

Wir können uns nicht anmaßen, Matriarchatsforschung betrieben zu haben. Dafür wären andere Kenntnisse, insbesondere der historische Vergleich, notwendig. Unser Interesse zielte auch gar nicht in diese Richtung. Erst im Laufe der Untersuchung stellte sich für uns heraus, daß die Frauenzentriertheit in Juchitán um die Figur der Mutter kreist. Sie hat darin ihre Quelle und ihre Wurzel.

Wir sind davon überzeugt, daß es für eine andere, frauenfreundliche Vision von Gesellschaft notwendig ist, die moderne Geringschätzung der Mutterschaft zu überwinden. Leider lehnen auch viele Feministinnen eine besondere Wertschätzung der Mütter ab, weil sie darin ein faschistisches Erbe vermuten. Letztlich sitzen sie aber nur einer Pervertierung auf, die der gegenwärtigen alltäglichen patriarchalen Ideologie entspringt. Mütterlichkeit und Mutterschaft werden auch dadurch verunglimpft, daß man sie idealisiert und hochjubelt. Gezielt verschwindet hinter dem Glorienschein aber das Entscheidende, nämlich ihr weitreichender materieller und ökonomischer Beitrag. Diese Entmaterialisierung birgt den Keim jener Entwertung, unter der die Frauenarbeit in der modernen Gesellschaft insgesamt leidet. In Juchitán hingegen wird den Müttern und den Frauen allgemein das Ökonomische ihres Tuns niemals abgesprochen. Denn hier hat sich die moderne Verbindung zwischen der Geringschätzung der Mutterschaft und der Geringschätzung der Subsistenzproduktion eben nicht hergestellt. Wir sehen es als eine grundlegende Voraussetzung für eine nichtpatriarchale Gesellschaftsverfassung in der Moderne an, daß diese unselige ideologische Verquickung überwunden wird. Darin besteht unser Beitrag zur Matriarchatstheorie.

Spätestens an dieser Stelle müssen wir noch abschließend festhalten, was alle Forscherinnen, die Matriarchate oder nichtpatriarchale Verhältnisse untersuchen, betonen. Die Suche gilt nicht der Umkehrung von Patriarchat, eben nicht der Herrschaft des einen Geschlechts über das andere. Matriarchale Strukturen schließen aller Erfahrung nach derartige Herrschaftsverhältnisse geradezu aus. Das griechische Wort «arché» bedeutet auch nicht nur «Macht», «Herrschaft», sondern ebenfalls «Anfang», «Ursprung». «Matriarchat» wird deshalb übersetzt als «am Anfang war die Mutter», «von der Mutter herkommend», «Mutterprinzip» (Rentmeister 1985: 32; Göttner-Abendroth 1989: 9; vgl. auch Lenz 1990). Und in diesen Bedeutungen können wir entscheidende Aspekte der juchitekischen Weltanschauung wiederfinden.

Das vorliegende Buch ist das Ergebnis der gemeinsam durchgeführten Forschung der Autorinnen. Es ist deshalb auch kein klassischer Sammelband, sondern trägt eher den Charakter einer Monographie, auch wenn die verschiedenen Kapitel unterschiedliche Autorinnen haben. Der Aufbau und die logische Struktur wurden von uns im Laufe des Forschungsprozesses gemeinsam entwickelt. In die Wege geleitet und koordiniert wurde das Projekt, sowohl was die Organisation als auch was den Inhalt und die Theorieorientierung anbelangt, von der Herausgeberin.

Dem Fortschritt widerstehen

Unsere Epoche zeichnet sich mehr als durch alles andere durch den Glauben an Entwicklung und Fortschritt aus. Diese Ideologie hat seit dem Zweiten Weltkrieg mit der internationalen Entwicklungspolitik und ihren Institutionen einen Rahmen gefunden, der ihr weltweit eine unglaublich beschleunigte Verbreitung und Durchschlagskraft gegeben hat. Die Grundlage dieser Ideologie und ihrer Politik ist der magische Glaube an die technologische Machbarkeit, an die industrielle Überwindung der Natur. Ihre Voraussetzung ist der alchemistische Glaube an das Geld, daß es wachsen und sich vermehren könne, als sei es etwas Lebendiges. Ihr Antrieb schließlich ist der Traum vom grenzenlosen Konsum, vom Wohlstand für alle (Binswanger 1985).

In Wirklichkeit aber sind immer mehr Menschen im Zuge dieses Entwicklungsprozesses verelendet; der Hunger nimmt zu (eine Milliarde Menschen, in der Mehrheit Frauen mit ihren Kindern, hungern oder sind unterernährt; insgesamt leben 30 Prozent der Weltbevölkerung in Armut und sind vom Hunger bedroht – IBRD 1993). Die Geldpolitik via Kreditvergabe hat die Verschuldung in den Ländern der Dritten Welt wachsen lassen. Die Naturzerstörung schreitet bedrohlich voran. Und das Ziel, der Wohlstand für alle, das die Entwicklungspolitik berechtigt erscheinen läßt, ist ein Hirngespinst. Wir wissen längst, daß die Erde schnell erschöpft wäre, wenn überall das gleiche Konsumniveau herrschte wie in den überindustrialisierten Ländern.

Dennoch wird an diesem Mythos festgehalten. Er ist die Legitimation der fortgesetzten «Wachstumsförderung», etwa durch die Strukturanpassungspolitik der Weltbank oder durch die Politik des Neoliberalismus, die inzwischen in fast allen lateinamerikanischen Staaten und zunehmend auch in der Bundesrepublik Deutschland im Gefolge der Wiedervereinigung die Oberhand gewinnt. Die Illusion vom grenzenlosen Wachstum nährt sich aus dem Kernstück der patriarchalen Weltanschauung, nämlich der Überzeugung, daß die vorgefundenen natürlichen Bedingungen des Lebens überwunden werden müssen, um ein besseres Leben führen zu können. Wir nennen es das Transzendenzstreben: Das Reich der Notwendigkeit – Essen, Trinken, Kleidung, Wohnung, das Sorgen für Kinder und Alte – soll besiegt werden, um das Reich der Freiheit, frei von diesen «Zwängen», zu gewinnen. In Wirklichkeit aber wird damit verdrängt, daß der Mensch von der Erde abhängig ist, die seine Nahrung, wie alle seine Lebensmittel, hervorbringt, und daß er aus der Frau geboren wird. Dieses Motiv hat historisch tiefreichende Wurzeln – denken wir nur an den Mythos von der jungfräulichen Geburt Jesu. Die moderne Ausprägung des Transzendenzstrebens ist die Entwicklungsideologie (ausführlich in Bennholdt-Thomsen 1989).

Kapitalistische Theoretiker sprechen üblicherweise von «Entwicklung», sozialistische von «Fortschritt». Die Geisteshaltung ist ein und dieselbe. Der Evolutionismus ist sowohl Prämisse der Denkprozesse beider Traditionen als auch Bedingung ihres Funktionierens. Gesellschaftliche Veränderungen werden entweder als «zurück zur Steinzeit» diffamiert oder als weiterer, möglichst zu beschleunigender Schritt auf dem vorgezeichneten Weg konzipiert. Der Glaubenssatz, «die Entwicklung kann man nicht zurückdrehen», charakterisiert die logische Struktur dieser mechanistischen Fortschrittsideologie: Erst wird eine einlinige, zwangsläufige Gesetzmäßigkeit der Geschichte konstruiert, um dann alle Veränderungen als entweder «vor» oder «zurück» entlang dieser Schiene einzuordnen.

Im Gegensatz dazu wollen wir anhand der Beschreibung der matriarchalen Gesellschaft von Juchitán jene Elemente herausarbeiten, die eine andere als die entwicklungstypische, wachstumsökonomische Orientierung möglich machen. Juchitán erweist sich mithin als Beispiel für eine, am Ende des 20. Jahrhunderts unvermutete, andere Lebensweise, die der populären These von den sachlichen Zwängen des herrschenden ökonomischen Systems widerspricht. Es sollte nicht als Vorbild verstanden werden – eine derartige Sicht würde unserer Vision von einer dezentralen soziokulturellen Vielfalt und Egalität in dieser Welt entgegenstehen –, sondern als Erweiterung des Horizonts im Gegensatz zur kulturellen Ahnungslosigkeit, die uns das Syndrom von Entwicklungs-, Euro- und Männerzentrismus beschert.

Mexiko ist ein sogenanntes Entwicklungsland, das auf der evolutionistischen Skala der internationalen Behörden als «Schwellenland» eingestuft wird – auf der Schwelle zum entwickelten Land. Die offizielle mexikanische Politik ist beseelt von der dazugehörigen Ideologie. Mit dem Hinweis, daß für die Bevölkerung bald derselbe durchschnittliche Lebensstandard gelten werde wie in den USA, wurde von der gegenwärtigen PRI-Regierung die Bildung eines gemeinsamen Marktes mit dem nördlichen Nachbarn und Kanada betrieben. Das Freihandelsabkommen NAFTA (North American Free Trade Association; am 1.1.1994 in Kraft getreten) wirft aber bereits ganz andere Schatten voraus. Arbeitslosigkeit und Armut nehmen rapide zu.[1]

Dabei hatte in Mexiko seit den dreißiger Jahren dieses Jahrhunderts eine Politik des sozialen Ausgleichs vorgeherrscht, die im Vergleich zu anderen Staaten Lateinamerikas durchaus bemerkenswert war. Die andere Entwicklung in Mexiko war die Frucht der bäuerlichen Revolution von 1910. Gestützt wurde dieses politische Klima von einem hohen Grad an Gemeinschaftssinn in der bäuerlich geprägten Zivilgesellschaft. Inzwischen aber geht auch in Mexiko die Tendenz in Richtung konkurrenzbetonten Individualismus maximierungswirtschaft-

---

1 Hauptursachen der Arbeitslosigkeit sind die Auflösung der parastaatlichen Unternehmen – von 1155 Betrieben in 1982 blieben 1992 nur 239 übrig –, die Rationalisierung der öffentlichen Verwaltung, die Umwandlung der Industrie und die Modernisierung des Produktionssektors sowie die abrupte Öffnung für Importe. Dem Unternehmerverband Canacintra zufolge mußten 1993 30 Prozent der kleinen und mittleren Industriebetriebe aufgeben. Allein im ersten Halbjahr 1993 gingen 395 830 Arbeitsplätze verloren. Der Dachverband der Gewerkschaften CTN zählt Ende 1993 sieben Millionen Arbeitslose und erwartet für 1994 noch eine «bedeutende» Zunahme (U. Oswald).

licher Prägung. Die Verstädterung nimmt zu: 1990 lebten bereits 73 Prozent der Bevölkerung in Städten, schon 1988 waren nur noch 23 Prozent der Erwerbspersonen in der Landwirtschaft beschäftigt (Statistisches Bundesamt 1992: 31, 52).

Seit 1982 spricht man von einer tiefen ökonomischen und finanziellen Krise der mexikanischen Volkswirtschaft, die sich in einem drastischen Verfall des Reallohns ausdrückt[2], zweitens in einer Inflationsrate, die jährlich zwischen 100 und 150 Prozent schwankt[3]; drittens in dem Verfall des Wechselkurses des Peso (Dez. 1982: 1 US $ = 148,50 Mex. Pesos; Mitte 1992: 1 US $ = 3060 Mex. Pesos) und viertens in einer Stagnation des Bruttosozialprodukts mit einem Wachstum von nur 0,5 Prozent im Jahre 1982.[4]

Mexiko ist direkt hinter Brasilien das Entwicklungsland mit der zweitgrößten Auslandsverschuldung; sie betrug 1990 96,8 Mrd. US $ (Brasilien 116,2 Mrd. US $, in großem Abstand gefolgt von Argentinien mit 61,1 Mrd. US $). In akute Zahlungsschwierigkeiten ist Mexiko, das über große Erdölreserven verfügt, durch den Verfall des Erdölpreises geraten. Bis zu diesem Zeitpunkt 1981/82 war die Wirtschaftspolitik des Landes darauf ausgerichtet, seine «Entwicklung» im wesentlichen mit Hilfe des Erdöls zu finanzieren. Diese Politik schien auch zu funktionieren. So erzielte Mexiko zwischen 1978 und 1981 eine durchschnittliche Wachstumsrate des Bruttosozialprodukts von 8,5 Prozent pro Jahr, eine der höchsten der Welt. Seitdem aber ist die

2 Eine neuere Zusammenstellung der Daten durch Ursula Oswald (CRIM/ UNAM) ergibt folgenden Eindruck: Der durchschnittliche Mindestlohn hat sich in ganz Mexiko zwischen 1976 und 1989 um 60 Prozent reduziert. Allein während der Regierungszeit von Miguel de la Madrid (1982–88) mußten die Arbeiter einen Verlust von 55 Prozent des Realeinkommens hinnehmen. Gleichzeitig wurden die öffentlichen Leistungen für den Gesundheitssektor, für Schulen, Straßenwacht und -reparatur, Bauwesen und andere soziale Dienste beschnitten. Das Ergebnis davon ist, daß die Arbeiterschaft in 1989 nur noch über weniger als ein Viertel der realen Kaufkraft von 1976 verfügt. (Quelle: Manuskript, das mir U. Oswald vor dem Druck freundlicherweise überlassen hat.)
3 1982 betrug die Inflationsrate 98,4 Prozent. Auf dem Höhepunkt in 1987 belief sie sich auf 159,2 Prozent. Seitdem nimmt sie langsam ab. Die Reduzierung der Inflation ist eines der Hauptanliegen des nationalen Entwicklungsprogramms (U. Oswald).
4 Das Bruttoinlandsprodukt (BIP) pro Kopf war 1989 geringer als 1960, vor Beginn der massiven Entwicklungsbemühungen (1960 beginnt die erste internationale «Entwicklungsdekade»).

mexikanische Wirtschaft in den Sog einer Krise geraten, deren Ende nicht abzusehen ist.

Ganz im Gegensatz zur großen Krise im Land geht es den Leuten in Juchitán unverändert gut. Insgesamt lebt man hier besser als in vergleichbaren Orten der mexikanischen Republik. Dies sagen bereits ältere statistische Vergleichsdaten[5], die durch die ernährungswissenschaftliche Studie im Rahmen unseres Projektes eindrucksvoll bestätigt wurden. Ich selbst kenne Juchitán seit 1977 und habe es seitdem über die Jahre hinweg wiederholt besucht. Das Angebot an Nahrungsmitteln auf dem Markt ist über die gesamte Zeit gleichgeblieben, die Menschen sehen ebenso wohlgenährt aus wie eh und je, und der öffentliche Konsum an Essen und Alkoholika auf den großen Festen in den Straßen ist verschwenderisch wie immer.

Einige Ergebnisse der ernährungswissenschaftlichen Studie von Ursula Oswald

Während 24 Millionen Menschen, ein gutes Viertel der mexikanischen Bevölkerung, schlecht ernährt sind, ist die Nahrungsversorgung in Juchitán kein Problem. Deutlichstes Zeichen für chronische Unterernährung bei Müttern und Kindern ist das Geburtsgewicht der Kinder. Das Durchschnittsgewicht der mexikanischen Neugeborenen liegt in den neunziger Jahren bei 2,75 kg, leicht über der von der Weltbank definierten Unterernährungsgrenze von 2,5 kg. In den indianischen Gebieten Oaxacas und Chiapas sind 80 Prozent der Babys untergewichtig. In Juchitán hingegen liegt das durchschnittliche Geburtsgewicht im Jahr 1989 zwischen 3200 und 3405 Gramm. Entsprechend niedrig ist die Kindersterblichkeit.

Besonders verwundbar durch Ernährungsprobleme sind Kinder im Vorschulalter. In Juchitán sind 70,5 Prozent der Kinder unter fünf Jahren angemessen ernährt, 16 Prozent zeigen leichte, sechs

5 Juchitán hat demnach zusammen mit dem benachbarten Tehuantepec im Bundesstaat Oaxaca die niedrigste Kindersterblichkeitsrate und die höchste Alterserwartung, denn, so weist eine andere Statistik nach, die Ernährung ist in beiden Orten im Durchschnitt auffallend besser als in vergleichbaren Gemeinden (Corona 1979: Tab. 8, 9, 12; Ortiz Wadgymar 1971, Tab. 7).

Prozent mittlere und starke Unterernährung (n = 371); letztere aufgrund akuter Durchfallerkrankungen. Gesamtmexiko im Vergleich: 40,2 Prozent der Kinder unter fünf Jahre sind angemessen ernährt, 25 Prozent zeigen einen leichten, 19 Prozent einen mittleren und 16 Prozent einen hohen Grad an Unterernährung. Diesen Daten zufolge scheint es sich bei Juchitán nicht um eine Region in einem Entwicklungsland und noch viel weniger um ein indianisches Gebiet zu handeln: Die durchschnittlichen Ernährungsdaten für diese so sensible Gruppe sind besser als in den USA.

Die Hauptthese der Studie lautet daher, daß eine Gesellschaft, die der Nahrung, dem Sozialprestige, der Solidarität und dem alltäglichen Austausch von Nahrungsmitteln eine hohe Bedeutung zumißt, in der Lage ist, Krisensituationen zu meistern. Diese These wird dadurch bestätigt, daß die Kinder unter 15 Jahren den besten Ernährungszustand des Ortes aufweisen.

Bei den Erwachsenen sieht das Ergebnis anders aus, aber nicht aufgrund von Unter-, sondern von Überernährung. Während bei den Männern der Anteil der Fettleibigen mit zunehmendem Alter auf 35,6 Prozent steigt, beträgt er bei den über 30jährigen Frauen bereits 73,3 Prozent.

Die Menschen von Juchitán sind nicht existentiell von industrieller Lohnarbeit abhängig, ebensowenig wie von den Schwankungen der nationalen und internationalen Marktwirtschaft. Verblüffenderweise gilt dies für einen Ort, der vom Markt und vom Handel, von der Landwirtschaft und vom Fischfang lebt. Es handelt sich hier jedoch um eine florierende lokale und regionale Ökonomie eigener Prägung, mit ihren eigenen Strukturen, Mechanismen und Regeln. Einer der Gründe für die wirtschaftliche Eigenständigkeit ist die Tatsache, daß die Menschen dieser Gegend, allen voran die Frauen, sich nichts aus der Hand nehmen lassen. Auch im Handel mit industriell gefertigten Waren konnte sich keine der großen Verkaufsketten etablieren. Es gibt weder Warenhaus noch Supermarkt. Persönliche wie kollektive Unabhängigkeit machen sich auf allen Ebenen bemerkbar. Die Juchiteken sind rebellisch, letztlich nicht zu «unterwerfen», auch durch die Modernisierungsmaßnahmen der Zentralregierung nicht. Gegen deren Eingriffe hat sich eine lokale Protestbewegung organisiert, der es als erster in ganz Mexiko gelang, der Regierungspartei den Stadtrat und das Bürgermeisteramt abzunehmen. Die Stadt liegt mitten in einem sogenannten Entwicklungspol, dem Isthmus von Tehuantepec, dem seit drei Jahrzehnten die verstärkten Entwicklungsbemühungen der mexikanischen Regierung gelten. Sie scheitern nicht zuletzt am Eigensinn ganz speziell auch dieser Stadt (Warman 1972; Redriguez 1990; Gobierno Constitucional 1990[6].

Anhand dieser Erfahrungen haben wir gelernt, daß die Krise der nationalen Volkswirtschaft keineswegs zugleich eine Krise der lokalen Ökonomie, der Alltagsökonomie und der Überlebensproduktion nach sich ziehen muß. Im Gegensatz zu den niederschmetternden Untersuchungsergebnissen über die Auswirkungen der Krise auf Ernährung, Gesundheit und Entwicklungsmöglichkeiten insbesondere der Kinder in anderen Gegenden Mexikos konnten wir in Juchitán eine hohe alltägliche Lebensqualität feststellen (Oswald/Strahm 1990; vgl. Oswald in diesem Band). Es scheint vielmehr so, daß jene Krise eine Subsistenzorientierung sogar zu stärken vermag.

Wenn die Menschen eine Eigenständigkeit gegenüber den Mechanismen der modernern Marktwirtschaft behaupten, vermögen sie sich der Krise zu entziehen. Geht solche Eigenständigkeit aber durch Entwicklung verloren, wird auch die Überlebensproduktion funktionalisiert: Sobald sie den Schwankungen des Weltmarktes unterworfen ist, wird sie prekär. Dort aber, wo die Subsistenzproduktion nicht zu einer reinen Reproduktionsfunktion der Geld- und Warenwirtschaft verkommen ist, kann die autonome Sicherung des Überlebens konsolidiert werden. Selbst wenn eine lokale Wirtschaft in die internationale Geld- und Warenökonomie integriert ist, vermag eine eigenständige soziokulturelle Identität dennoch die Subsistenzorientierung zu stützen. Dieses Phänomen, das wir aufgrund der überwältigenden Macht der

---

6 In den letzten Jahren ist der autoritäre Kurs der Regierung zugunsten einer Verhandlungsstrategie aufgegeben worden. Erstaunt und amüsiert liest die Kennerin der stets beschönigenden Regierungsverlautbarungen die ersten Sätze einer Hochglanzbroschüre zum «Entwicklungsprogramm des Isthmus von Tehuantepec»: «Der Isthmus von Tehuantepec war eine Gegend der Konflikte, Versprechungen und Herausforderungen... Manchmal wurden große Projekte konzipiert, ohne zu wissen, was die Leute vom Isthmus selbst dazu meinen.» Dann folgt eine Liste der gescheiterten Maßnahmen, aber an der sehr großdimensionierten Absicht wird festgehalten: «Der Isthmus von Tehuantepec kann und soll die Verbindung zwischen einem neuen Europa und dem Pazifischen Becken sein» (Gobierno Constitucional 1990: 5–6; Übersetzung V. B-Th).

Entwicklungspolitik für die Durchsetzung der Wachstumsökonomie nicht für möglich gehalten haben, ist Ergebnis unserer Untersuchungen in Juchitán.

Da der Begriff «Subsistenzproduktion» in unseren Überlegungen eine zentrale Rolle spielt, sei er an dieser Stelle skizzenhaft vorab geklärt. Allgemein sind damit alle Tätigkeiten gemeint, die direkt für das Überleben notwendig sind. Das Nachdenken über Gesellschaft von dieser Perspektive, also von unten und vom Alltag her, hat seine eigene Geschichte und Entwicklung. Ausgangspunkt waren in der zweiten Hälfte der siebziger Jahre die Überlegungen im Rahmen der «Arbeitsgruppe Bielefelder Entwicklungssoziologen», die Renate Otto-Walter zusammengefaßt hat: daß nämlich für die Mehrzahl der Bevölkerung der Länder der Dritten Welt «die subsistenzökonomische Produktion, d. h. die gebrauchtswertzentrierte Produktion für den Eigenbedarf durch unbezahlte Arbeit, der wichtigste Bestandteil ihrer Reproduktion» sei. Da sie «Voraussetzung für die kapitalistische Produktion und damit wesentlicher Bestandteil der gesellschaftlichen Reproduktion» ist, kann sie nicht als reine Instinktfrage (Marx) jenseits der Ökonomie mit bloßer «Selbstgenügsamkeit und Existenzsicherung gleichgesetzt werden (Otto-Walter, 1979:9). Wir durchbrachen damit den vorherrschenden industrie- und wachstumsgläubigen Entwicklungsdiskurs. Es ging uns darum, den Bereich des wirklichen alltäglichen Überlebens, der aus den politischen und wirtschaftlichen Überlegungen als wertlos verbannt worden war, wieder ins Gedächtnis zu rufen und seine offensichtliche und tatsächliche Bedeutung zu erforschen.

Diese allgemeine Definition ist von uns später in zwei Aspekten spezifiziert und konkretisiert worden: 1. hinsichtlich der Arbeit von Frauen (Bennholdt-Thomsen, Mies, Werlhof) und 2. hinsichtlich einer möglichen Subsistenzorientierung im Rahmen einer Marktökonomie, wie wir sie in Juchitán antreffen (Bennholdt-Thomsen, Giebeler, Holzer).

Unter Subsistenzproduktion verstehen wir sowohl das Herstellen von Nahrung, den Anbau auf dem Feld, wenn die Ernte in den eigenen Konsum fließt, als auch das Einkaufen, Kochen, Tischdecken und – nicht zu vergessen – Abwaschen. Zur Subsistenzproduktion gehört auch die – unbezahlte – «Arbeit» mit den Kindern, also meistens die der Mutter. In der modernen Gesellschaft ist die Subsistenzproduktion immer mehr zu einer Aufgabe der Frauen geworden. Auch in der kleinbäuerlichen Landwirtschaft heutzutage in der Dritten Welt setzt sich in dem Maße, in dem sie kommerzialisiert wird, die moderne Arbeitsteilung nach Geschlechtern durch. Die Männer kümmern sich in der Feldarbeit um jene Produkte, die verkauft werden, und die Bäuerinnen werden zu Hausfrauen in dem Sinne, daß die Feldarbeit für die Nahrungspflanzen zum eigenen häuslichen Konsum in ihre Verantwortung übergeht. Mit diesem Prozeß geht unmittelbar eine Hierarchisierung einher. Arbeit direkt für das Überleben und Arbeit, die kein Geld einbringt, sowie diejenigen, die solche Arbeiten erledigen, werden geringgeschätzt (Bennholdt-Thomsen, Mies, Werlhof 1992/1983).

Anhand der Erfahrung von Juchitán hat für uns die weltanschauliche Ebene, also die Einschätzung der Bedeutung des Wertesystems, an Gewicht gewonnen. Bislang hatten wir uns, wenn es darum ging, die Möglichkeit für eine andere, nicht maximierungswirtschaftliche gesellschaftliche Praxis zu untersuchen, auf die unmittelbar subsistenzproduzierende Tätigkeit konzentriert, das heißt auf die an den eigenen Lebensbedürfnissen orientierte Arbeit, ohne Zwischenkunft von Markt und Geld. Jetzt ist uns klargeworden, daß eine andere, von einer gesellschaftlichen Gruppe verbindlich geteilte Weltanschauung auch in der Gegenwart Markt und Geld subsistenzorientiert zu prägen vermag, obwohl Markt und Geld zwei maximierungswirtschaftliche Kampfplätze schlechthin sind.

Wirklich neu aber ist die Betonung der gesellschaftlichen Werteebene für eine Subsistenzorientierung nicht. Wir haben schon immer davon gesprochen, daß völlig andere Entwürfe notwendig sind, um die herrschende umweltzerstörende Wirtschaftsweise verändern zu können (vgl. Maria Mies 1988). Vor allem haben wir hervorgehoben, welche Bedeutung die neuzeitliche symbolische Ordnung, in der das Weibliche nicht länger Symbol für Fruchtbarkeit ist, für das technische Zeitalter hat. Die Natur und die Erde werden nicht mehr als Mutter angesehen, und im Verein damit ist das Mütterliche insgesamt diskreditiert worden. Allerdings haben wir diesen Zusammenhang eher für die Erklärung vergangener historischer Prozesse für relevant gehalten und weniger daran geglaubt, daß dadurch in der Gegenwart Wirtschaft und Gesellschaft anders geprägt werden könnten. Die Untersuchung in Juchitán hat uns eines Besseren belehrt, und dadurch hat sich auch unsere Vorstellung von einer gesellschaftlichen Subsistenzorientierung, die in der Gegenwart möglich ist, erweitert.

Ihre Eigenständigkeit, im Sinne einer eigenen Wirtschaftsweise entlang eigener kultureller Wertmaßstäbe, verdanken die Juchiteken ihrer matriarchalen Weltanschauung und Gesellschaftsstruktur. Das Matriarchat erscheint als Bollwerk gegen den Einbruch der Entwicklungsideologie mit ihrem Transzendenzstreben. Die Herkunft von der Frau, von der Mutter braucht nicht verleugnet zu werden, genausowenig wie die Abhängigkeit von der Natur. Auch das Reich der Notwendigkeit braucht hier nicht überwunden zu werden. Essen und Trinken, Kleidung, ein Dach über dem Kopf und ein Platz in der Gemeinschaft, das sind die wichtigsten Lebensziele. Es ist dieses Streben, das wir Subsistenzorientierung nennen und das mit der gemeinhin unterstellten Kargheit nichts zu tun hat: Es geht um gutes Essen, genußvolles Trinken, um schöne, schmückende Kleidung, um das Haus der Mutter, mitten im Arreal der Verwandten, in das die Söhne und Töchter immer zurückkehren können; und es geht um die Lebensfreude in der Gemeinschaft. Unter solchen Bedingungen werden die Subsistenzmittel nicht geringgeschätzt, und sie bringen denjenigen, die dafür sorgen, daß sie alltäglich und genußvoll konsumiert werden können, die Ehre ein, die ihnen dafür gebührt. Zu diesem Weltbild gehört auch das Dicksein als Schönheitsideal für die reife Frau, denn sie zeigt damit, was sie kann und was sie hat.

Die Menschen von Juchitán haben trotz der Kolonisierung durch die Spanier und danach durch den Nationalstaat ein stabiles Selbstbewußtsein, Selbstwertgefühl behalten. Kein juchitekischer «zapoteca», so heißt diese Ethnie, käme auf die Idee, sich als «Indio» zu bezeichnen. Die starke Stellung der Frauen ist ein Garant dafür, daß man «jemand» ist.

Auch die Männer von Juchitán erkennen in bäuerlicher Weise die Macht der Naturbedingungen an. Sie erheben das Machen nicht über das Werden. In Juchitán gibt es noch ein verallgemeinertes Gefühl der Ebenbürtigkeit, das heißt von gleicher Herkunft, durch die Geburt von einer Mutter menschlich gleich zu sein, wie im eigentlichen Naturrecht (Bloch 1961). Auf diese Weise konnte die Entwicklungsideologie, in der nur Wert hat, was mit Maschinerie und großem Geld funktioniert, den Juchiteken nicht viel anhaben. Für das Grundmotiv des Konsumismus, erst etwas haben zu müssen, um jemand sein zu können, fehlt hier jeder Sinn.

Wie aber wird in Juchitán durch die besondere soziale Stellung der Frauen ganz konkret eine Verelendung infolge der Krise verhindert? Wir wollen unsere Ergebnisse in drei Punkten vorab zusammenfassen.

1. Es gibt einen regionalen Markt. Die Versorgung der Kleinstadt mit Nahrungsmitteln geschieht auf der Grundlage regionaler Ressourcen. Auf diese Weise entsteht zwischen Erzeugung, Handel und Verbraucher ein eigener regionaler Warenkreislauf, in dessen Rahmen es nicht darauf ankommt, Geld zu akkumulieren, und in dem alle ihr Auskommen finden können. Die Kategorie des ungleichen Tausches, sonst immer auf internationaler Ebene, d. h. in bezug auf den Warenverkehr zwischen nationalen Volkswirtschaften benutzt, kann hier auf die Region angewandt werden. Die Verarmung, die er bekanntlich zur Folge hat, findet aber hier, in bezug auf die Lebensmittel zumindest, nicht statt. Darüber hinaus wird der regionale Markt durch den Austausch von handwerklichen Produkten abgesichert, der auf der Wertschätzung einheimischer Kenntnisse und Fähigkeiten beruht. Zu dieser nur regionalen Zirkulation gehört die reichbestickte Kleidung der Frauentracht, der Goldschmuck, gehören Hängematten und Bilder ebenso wie einheimische Musik und Poesie.

2. Gestützt wird die regionale Zirkulation durch die besondere Wertschätzung, die hier die ethnische Identität genießt. Ziel der «Tecos», so nennen sich die Juchiteken in abgekürzter Form, ist es nicht, sich durch Akkumulation gegenüber anderen hervorzuheben. Es geht ihnen vielmehr um das soziale Prestige, das gerade durch Freigebigkeit erworben wird. Eine besondere Rolle spielen dabei die großen «Verdienstfeste», durch die Materielles verausgabt und Prestige verdient wird. Freigebigkeit bedeutet, gutes Essen und Trinken anzubieten, für gute Musik und Festschmuck zu sorgen. Man sagt in Juchitán, daß dort schon deshalb niemand hungern muß, weil es täglich irgendwo ein Fest gibt, auf dem man sich satt essen kann.

3. Die regionale und lokale ethnische Kultur wird von einem Netz der Gegenseitigkeit, das auf verwandtschaftlicher und territorialer Zugehörigkeit beruht, getragen. Die Prestigeökonomie der Freigebigkeit ist zugleich eine Ökonomie der Reziprozität. In Juchitán ist jegliche Überheblichkeit, die sich auf ökonomische Besserstellung beruft, verpönt und führt zu sozialer Isolierung. Freilich vermag diese Art der Gegenseitigkeit die Schichtenbildung nicht vollständig zu verhindern, aber sie hat die Funktion, krasse Unterschiede zu vermeiden. Die Tatsache, daß hier wirklich niemand hungert oder unterernährt ist, kann gar nicht hoch genug bewertet werden ange-

sichts der Verhältnisse, die sonst unter der indianischen Bevölkerung im Bundesland Oaxaca, zu dem Juchitán gehört, herrschen.[7]

Den geläufigen Wertmustern unserer Gesellschaft entsprechend, liegt als Erklärung nahe, daß die juchitekische Gesellschaft matrifokal (mutterzentriert) strukturiert sei, weil die Frauen das Geld erwirtschaften. Wir halten diesen Ansatz aber für falsch und glauben vielmehr umgekehrt, daß die Juchitecas über ihr eigenes Geld verfügen, weil sie so stark sind. Denn überall erwirtschaften Frauen Geld, leisten sie Erwerbsarbeit, und weltweit sind die Mütter die Haupternährerinnen der Kinder, wie neuere Studien eindeutig belegen (Worldwatch; ILO). Nur verfügen sie weder unabhängig über das Geld, wie in Juchitán, noch wird ihrer ökonomischen Aktivität mit Hochachtung begegnet, ob sie nun Geld einbringt oder unentgeltlich geschieht.

Es ist also nicht so, daß die Frauen von Juchitán Geld in Händen hätten und Frauen in anderen Gegenden nicht. Es herrscht vielmehr ein anderer gesellschaftlicher Umgang, eine andere, die soziale, weibliche Autonomie bewahrende Herangehensweise an das Geld. Am Beispiel Juchitán wird deutlich, daß Matriarchat und Marktökonomie, Subsistenzorientierung und verallgemeinerte Geldökonomie nicht notwendig Widersprüche zu sein brauchen, daß es also durchaus auch in der Gegenwart Mechanismen gibt, die die Automatik der Wachstumsökonomie – Ignoranz gegenüber dem Überlebenswert, Akkumulationsmoral, Mißachtung der Naturbedingungen und der sozialen Gegenseitigkeit – zu durchbrechen vermögen.

Juchitán ist kein Modell! Im Gegenteil, das herr-schende Modell wird im Verein mit dem Prinzip des Modelldenkens insgesamt erschüttert. Es gibt hier keine rigiden Normen, weder in den zwischenmenschlichen Beziehungen noch auf einer gesamtgesellschaftlichen Ebene. Die Menschen von Juchitán grenzen sich gegen das andere, Neue nicht ab, sondern sie gehen flexibel damit um, nehmen es auf und verwandeln es in Eigenes. Ihre Gesellschaft befindet sich in einem ständigen Wandlungsprozeß, der sich allerdings entlang gewisser gemeinschaftlich verbindlicher Prinzipien vollzieht. Dazu gehören Gegenseitigkeit und Gemeinschaftssinn, Wertschätzung des Essens und der Arbeit für das Lebensnotwendige, gegenseitige Achtung und Selbstbewußtsein, Stolz und Eigensinn.

7 80 Prozent der Kinder der einheimischen Ethnien von Oaxaca sind unterernährt (vgl. ernährungswissenschaftliche Studie von U. Oswald).

Juchitán ist auch kein Paradies, auch für Frauen nicht. Hier gibt es Gewalt und Aggression, Neid und Klatsch. Es ist laut und schmutzig, Müll verunreinigt die Straßen, den Fluß und die Umgebung, mit Tieren geht man nicht gerade freundlich um. Dennoch können wir von Juchitán Entscheidendes für einen anderen Umgang mit den Mechanismen der modernen Marktgesellschaft lernen. Die Erfahrungen machen Mut, die selbst verordnete Ohnmacht, die dem Glauben an die Sachzwänge der ökonomischen Entwicklung am Ende des 20. Jahrhunderts geschuldet ist, abzuschütteln.

Juchitán – eine Ortsbesichtigung

Juchitán liegt in der pazifischen Küstenebene des mexikanischen Bundeslandes Oaxaca, auf dem Isthmus von Tehuantepec, das heißt der schmalsten Stelle des nordamerikanischen Kontinents zwischen Atlantik und Pazifik. Diese Geographie bestimmte die Gegend zum Verkehrsknotenpunkt. Sie ist Durchgangsgebiet zwischen Nord- und Mittelamerika, und hier findet sich die kürzeste Verbindung zwischen den beiden Meeren. Die geographisch diktierte Weltoffenheit verbindet sich mit einem ethnisch-kulturellen Beharrungsvermögen. 73 Prozent der Bevölkerung von Juchitán spricht die einheimische zapotekische Sprache, wobei der Anteil derjenigen, die auch Spanisch können, mit 85 Prozent besonders hoch ist (zum Vergleich: 1980 sprechen neun Prozent der mexikanischen Bevölkerung eine einheimische Sprache, 71 Prozent davon können auch Spanisch). Das Zapotekische ist die am stärksten verbreitete einheimische Sprache in Oaxaca. Es wird in 15 bis 16 Dialektvarianten gesprochen.

Juchitán liegt sechs Kilometer vom Ufer der südlich gelegenen, großen, fischreichen Salzwasserlagune «Laguna Superior» entfernt, die dem offenen Meer vorgelagert ist. Die nördlichen Stadtteile begrenzen die «Panamericana», die Landstraße, die Nord- und Südamerika verbindet. Der Fluß «Río de los Perros» durchzieht die Stadt von Norden nach Süden.

Das Klima ist tropisch. Juchitán liegt in etwa auf einer Breite mit den Kapverdischen Inseln, Timbuktu im afrikanischen Mali oder Hyderabad im südlichen Indien. Umgeben ist Juchitán von der weiten, flachen Küstenebene. Am Horizont erheben sich im Halbkreis die Berge der Sierra Madre, die Mexiko von Nord nach Süd durchzieht. Die Gegend wirkt in den sieben Monaten der Trockenzeit arid. Auf Flächen, die nicht landwirtschaftlich genutzt werden, sieht man überwiegend Strauchwerk.

Juchitán hat laut Volkszählung von 1990 66414 Einwohner. Der Zensus aber ist unzuverlässig. Wir gehen von einer tatsächlichen Mindesteinwohnerzahl von 80000 Personen aus.[8] Im Bundesland Oaxaca ist Juchitán die drittgrößte Stadt. An Bedeutung gewinnt sie mit dem Bau der transisthmischen Eisenbahn im letzten Viertel des 19. Jahrhunderts. 1889 wird Juchitán zur Stadt erhoben und damit aus der kirchlichen wie weltlichen Verwaltung des 25 km entfernt liegenden Tehuantepec entlassen.

Die Stadtviertel in Juchitán heißen «sección», und der Ort ist in acht Sektionen eingeteilt, von denen jede ihren eigenen Charakter hat. Die Siebte Sektion, kurz «Séptima» genannt, ist für ihre eigensinnige, bewußt die zapotekischen Volkstraditionen pflegende Art bekannt. Sie liegt im Süden der Stadt, der Lagune zugewandt. Hier leben die Fischer und die Frauen, die den Fisch verarbeiten und verkaufen. «Cheguigo», wie die achte Sektion genannt wird, was soviel bedeutet, wie «auf der anderen Seite des Flusses», wird durch zwei Auto- und eine Fußgängerbrücke mit dem Zentrum verbunden. Hier befinden sich die zahlreichen kleinen Werkstätten, in denen von der «butaca», dem kühlen Holzsessel, über die geflochtenen Palmblattmatten bis hin zu Schuhen alles hergestellt wird, was ein Haushalt braucht. Das Stadtzentrum wird zum größten Teil von der dritten und vierten Sektion gebildet. Hier liegen der Markt, das Rathaus, der zentrale Platz, baumbestanden und deshalb einfach «parque» genannt; unweit davon die Hauptkir-

8 Die Stadtverwaltung benutzt bei ihrer Planung eine Ziffer von 120000 Einwohnern. Für deutsche Ohren mag es unglaublich klingen, daß die Statistik bereits bei der Höhe der Einwohnerzahl versagen sollte. Tatsächlich haben wir mehrere Wochen damit zugebracht, die auch nur annähernd richtigen Daten (Einwohner, Beschäftigungsstruktur) ermitteln zu können. Wir hatten auf die neueste Erhebung vom Büro für das Wählerverzeichnis gehofft, die aus Anlaß der Wahlen zum Landesparlament 1992 durchgeführt wurde. Dies wird in Mexiko notwendig, weil es keine funktionierenden Einwohnermeldeämter gibt. Auf diese Weise werden die Wahlberechtigten erfaßt und erhalten einen Ausweis. Wir haben die neuen Zahlen niemals zu Gesicht bekommen. Eigentlich hätten wir es uns denken können. Schließlich konnten wir jeden Tag in der Zeitung lesen, daß die Anzahl der ausgegebenen bzw. vorenthaltenen Wahlausweise das wichtigste Instrument der Wahlmanipulation sind. Unsere annähernd richtigen Zahlen entstanden schließlich mit Hilfe einiger LehrerInnen und Angestellten der Stadtverwaltung.

che, dem Heiligen San Vicente Ferrer geweiht, ferner die größte Grund-
schule von Juchitán, alle vier Banken und alle größeren Geschäfte mit
Stoffen, Kleidung, Schuhen, Werkzeugen, Möbeln, Hausrat und den
dauerhaften Konsumgütern der Elektrobranche. Nördlich, jenseits der
Panamericana, liegt die «Colonia», die durch die Landbesetzung durch
AktivistInnen der COCEI, der einheimischen, linkssozialen Partei, entstanden ist. Hier bauen die mittellosen Zuwanderer aus dem Hinter-
land, zusammen mit ärmeren, jüngeren Familien aus Juchitán, ihre
Häuser. Vereinzelt kann man, wie auch südlich von Cheguigo, einige
Hütten sehen, wenig befestigte Bauten, die in Juchitán als Ausnahme
auffallen. Im allgemeinen sind die Häuser massiv gebaut, zunehmend
im modernen Stil von Flachbauten mit Betonträgern. Viel angenehmer,
weil kühler, sind die alten Konstruktionen mit dicken Ziegelstein- und
Lehmwänden, hohen Räumen und einem Ziegeldach.

Die Stadt wird von einigen breiteren, inzwischen weitgehend beto-
nierten, geraden Straßen durchzogen. Sie umgrenzen große, unregel-
mäßige Vierecke, durch die sich die «callejones», Gassen, schlängeln.
Das sind Trampelpfade oder von Ochsenkarren geschaffene Wege, um
die sich die Häuser und offenen Höfe gruppieren. Dank der Hitze spielt
sich das alltägliche Leben weitgehend im Freien, in diesen Callejones
und Höfen, ab sowie unter den nach allen Seiten offenen Terrassen
oder Korridoren, die durch die vorgezogenen, auf Pfeilern ruhenden
Dächer gebildet werden.

An verarbeitender Industrie hat Juchitán so gut wie nichts aufzuwei-
sen: eine Kalkfabrik («calidra» = Ätzkalk) und mehrere kleine Bau-
unternehmen. Eine Fabrik zum Imprägnieren von Eisenbahnschwellen
wurde 1991/92 gerade geschlossen, ebenso wie die Zuckerfabrik.
Dafür befinden sich hier die Depots zweier großer mexikanischer
Brauereien und von Coca-Cola, die die ganze Region und Teile des
angrenzenden Bundeslandes Chiapas beliefern. Die Salinen zur Meer-
salzgewinnung sind noch in Betrieb, allerdings in einem sehr vernach-
lässigten Zustand.

Es gibt in Juchitán 30 Grundschulen, sechs Sekundarschulen, vier
fortführende Schulen (preparatoria), eine Fachoberschule und eine
technische Fachhochschule. Seit 1910 verfügt Juchitán über elektri-
sches Licht und seit den frühen sechziger Jahren über eine Kanalisation,
an die allerdings erst langsam alle Stadtviertel angeschlossen werden
(Rueda Saynez und Rueda Jiménez 1988; Rueda Jiménez 1976; INEGI
1984, 1989, 1990, 1992; Statistisches Bundesamt 1992).

Die ersten archäologischen Funde im Gebiet des heutigen Juchitán stammen aus der Zeit von 1500 v. Chr. Seitdem wurde an den Ufern des Rio de los Perros gesiedelt (Winter 1988: 46; Zeitlin und Zeitlin 1990).

Das Stammland der Zapoteken ist das Hochtal von Oaxaca. Am Ende des 15. Jahrhunderts zog sich das zapotekische Herrscherhaus vor den kriegerischen Eroberungszügen der Azteken auf den Isthmus von Tehuantepec zurück. Der spanische Chronist aus dem 17. Jahrhundert, Burgoa, meint allerdings, daß die Zapoteken das Land am Isthmus bereits in der Mitte des 14. Jahrhunderts erobert hätten. Linguistischen Studien zufolge liegt die Trennung des Zapotekischen des Isthmus von dem des Hochtals 600 bis 700 Jahre zurück, fand also in etwa zu dem von Burgoa genannten Zeitpunkt statt (Lienzo de Guevea; Durán 1967; Burgoa 1934; Fernandez et al. 1960; Rendón 1967).

Die Sprache allein läßt allerdings nicht notwendig auf die kulturelle und ethnische Identität schließen. Sie kann von fremden Gruppen, oft erzwungenerweise, übernommen werden. Daß dies so gewesen sein mag, dafür spricht der auffallende Unterschied zwischen der sozialen Organisation der Zapoteken des Hochtals und des Isthmus. Nur bei den Zapoteken des Isthmus haben die Frauen diese außergewöhnlich starke gesellschaftliche Stellung, die in der althergebrachten Sozialstruktur verankert zu sein scheint. Es ist deshalb mehr als wahrscheinlich, daß sie einer anderen, nämlich spezifisch isthmischen Tradition entspringt. Dies führt zur These einer nur sprachlichen Assimilation einer matriarchal geprägten ethnischen Gruppe an patriarchale Eindringlinge, die in der Folge kulturell und sozial integriert wurden. Für diese Möglichkeit spricht auch die Archäologie.

Zwischen Hochtal und pazifischer Küstenebene ist vor 1300 keine länger währende, fortgesetzte Beziehung feststellbar. Keramik und Obsidianfunde zeigen vielmehr über die Zeiten hinweg Einflüsse wechselnder Herkunft, die auf ein eigenständiges Kontinuum am Isthmus einwirken (Zeitlin u. Zeitlin 1990). Im Gegensatz zum Hochtal sind am Isthmus keine Monumentalbauten geschaffen worden. Von derartigen Bauten wissen wir, daß sie zentralisierte, stark hierarchisch stratifizierte Machtverhältnisse voraussetzen, die nach allen Erfahrungen patriarchalisch sind. Deren Abwesenheit erweitert die Chance für die Richtigkeit der These von einer nicht patriarchalen vorspanischen und vorzapotekischen Tradition. Hinweise auf Elemente matriarchaler Kultur sind in der archäologischen Literatur jedoch nicht zu finden.

Allerdings hat die entsprechende Fragestellung in die Archäologie wie in die vorspanische Geschichtsforschung bislang auch noch nicht Eingang gefunden.

Fest steht, daß der Isthmus bereits in vorspanischer Zeit ein wichtiger Umschlagplatz für Güter aus dem Hochtal von Mexiko und aus den südlich gelegenen Gebieten bis einschließlich Mittelamerika war. Die frühkolonialen Quellen berichten von den Karawanen der aztekischen Kaufleute, der «pochteca», die bis ins heutige Guatemala und sogar bis Nicaragua zogen. Händler aus dem Hochtal von Oaxaca erwarben Gold, um es am Isthmus gegen Quetzalfedern und Kakao zu tauschen (Ximénez Ortiz, Relación de Ixtepeji 1905; Feldman 1978: 13; Ball und Brockington 1978: 112; Durán, Bd. II, Kap. 46, 1967: 357–62).

Ob oder inwieweit die Frauen des Isthmus mit diesem Handel befaßt waren, wird leider nicht erwähnt. Dazu findet sich nur eine einzige isolierte Bemerkung aus dem 16. Jahrhundert (ca. 1580): Die Frauen würden Kleidung verkaufen, und insgesamt würden von Tehuantepec aus Fisch, Garnelen, Baumwolle, Salz und Kleidung in das Gebiet des Soconusco in der Provinz Chiapas verkauft. Ob allerdings auch dieser Fernhandel von den Frauen betrieben wurde, so wie es heute geschieht, ist dem nicht zu entnehmen (Descripción de Teguantepec). Die nächste Erwähnung vom Handel in Frauenhand stammt dann erst aus dem 19. Jahrhundert. Brasseur, Priester der französischen Gesandtschaft in Mexiko, besucht die Gegend zwischen 1858 und 1860. Er bemerkt, daß ausschließlich Frauen den Markt betreiben. Ihre freien Umgangsformen beeindrucken ihn. Sie «reden, lachen, unterhalten sich, schreien, diskutieren unglaublich angeregt, machen sich offen über die Männer lustig, die sie unterschiedslos auf spanisch oder zapotekisch provozieren, mit einer Frechheit, die von den Gemüsefrauen von Paris kaum erreicht wird». Auch sonst seien die Frauen von Tehuantepec «die am wenigsten reservierten», die er in ganz Amerika gesehen habe. «...die Freizügigkeit der Sitten ist in dieser Stadt, die wegen ihrer Situation und ihres Charakters von Grund auf sinnenfreudig ist, allzusehr verbreitet» (Brasseur 1981: 186, 158–59, Übers. V. B.-Th).

Diese Art der Beschreibung, mit dem charakteristischen Tenor von Bewunderung einerseits und moralischer Verurteilung andererseits, findet sich dann bis in das 20. Jahrhundert hinein in den meisten Berichten der reisenden fremden Männer. Sie kommen nun gehäuft im Zuge des Baus der transisthmischen Eisenbahn in die Gegend.

Bemerkenswert an der Geschichte des Isthmus ist der rebellische

Geist seiner Bewohner. 1660 erhebt sich das Volk von Tehuantepec gegen die unglaublich hohen Abgaben, die der spanische Alkalde Mayor Juan de Avellón ihnen abpreßte. Diese Rebellion war dann auch der Funke, der das Feuer des Aufstandes über das ganze Land ausbreiten sollte. Don Juan de Avellón starb im Steinhagel der empörten Menge, und die Frauen sollen «die schlimmsten, hartnäckigsten, gewagtesten und mutigsten der Steinewerfer» gewesen sein (La rebelión de Tehuantepec, 1987: 16).

Das nächste berühmte Aufbegehren der Zapoteken vom Isthmus gegen Unterwerfung ist der Kampf der Juchiteken gegen die französische Invasion (1864–67). Die Eindringlinge werden 1866 besiegt, am 5. September, der noch heute ein Feiertag ist. Die mündliche Überlieferung in Juchitán bewahrt die Namen der Frauen im Gedächtnis, die mitgekämpft oder die Kämpfenden angefeuert haben. Bezeichnenderweise werden auch jene erwähnt, die für Essen und sonstige Unterstützung sorgten (Rueda Saynez und Rueda Jiménez 1988: 98–103; Orozco 1946: 33).

Schließlich die Revolution von 1910: Bürger und Bauern erheben sich gegen die Diktatur von Porfirio Díaz und gegen den Landraub durch die Großgrundbesitzer. Im Rahmen einer Sammlung von Texten mündlicher Überlieferung und Biographien gibt es auch einen Beitrag über den Isthmus, der als einziger immer wieder die Frauen erwähnt. Sie kommen in den Erzählungen der Männer ständig vor, und es werden mehrere Biographien von sogenannten Soldatinnen aufgezeichnet (Macario Matus 1985).

Zuletzt sind die Leute von Juchitán in den späten siebziger Jahren aufgrund ihres rebellischen Geistes in die Schlagzeilen der Weltpresse geraten. Hier gelang es einer wirklich vom Volk (und nicht von den Oberklassen, wie im Norden Mexikos) getragenen politischen Gruppierung, der COCEI, der Staatspartei PRI zum ersten Mal in ihrer 50jährigen Geschichte den Gemeinderat und das Bürgermeisteramt abzunehmen. Entstanden war die COCEI, die Koalition der Arbeiter, Bauern und Studenten des Isthmus, aus der Verteidigung der gemeinschaftlichen Landrechte der Bauern von Juchitán gegen die Enteignungen durch die Modernisierungsmaßnahmen der Zentralregierung. Bei den zum Teil blutigen Auseinandersetzungen waren zum Erstaunen ganz Mexikos mindestens ebensoviel Frauen wie Männer beteiligt. Die Nation nahm zum ersten Mal die starken Frauen vom Isthmus wahr.

Den kurzen geschichtlichen Überblick zusammenfassend, läßt sich trotz der spärlichen Informationen mit Gewißheit sagen, daß die gesellschaftlich anerkannte zentrale Rolle der Frauen bei den Zapoteken des Isthmus tiefe historische Wurzeln hat. Das gleiche gilt für die Bedeutung des Handels in dieser Gegend, und es ist zu vermuten, daß beide Phänomene eng zusammenhängen.

Frauen-Wirtschaft

In Juchitán hat die Marktwirtschaft der Gegenwart ein völlig unerwartetes Gesicht. Obwohl der Handel nahtlos in die nationale Wirtschaft integriert ist, regieren vor Ort dennoch die Prinzipien der Gegenseitigkeit und der Subsistenzorientierung das Marktgeschehen. Daß dies möglich ist, liegt an den Frauen. Und so bewahren sie ihre Stärke.

In diesem Kapitel beschreiben wir zuerst, wie der Markt, der die Stadt dominiert und der in Frauenhand ist, funktioniert. Im zweiten Abschnitt zeigen wir, wie die Feste die lokale Ökonomie und die Gemeinschaft in Schwung halten.

Veronika Bennholdt-Thomsen
Der Markt: das Herz Juchitáns

Wenn «Les Halles», die Markthallen von Paris, der Bauch der Stadt sind, dann ist «el mercado», der Markt, das Herz von Juchitán. Alltäglich «pulsieren» hier 15000 bis 20000 Menschen, in der überwältigenden Mehrheit Frauen. Und täglich finden hier 14 Prozent aller Frauen Juchitáns im arbeitsfähigen Alter[1] ihr Einkommen und Auskommen.

Der Markt ist ein festes Gebäude, einstöckig mit Arkaden. An der Vorderfront, zum Platz hin, befindet sich zugleich im ersten Stock das Rathaus. Die Symbolik dieser Anordnung spricht für sich. Von den 1150 Ständen und Verkaufsplätzen, die wir an einem Mittwoch im Februar 1991 im Zentrum von Juchitán gezählt haben, entfallen 797 auf das Marktgebäude selbst. Die anderen stehen draußen, entlang der angrenzenden Straßen. 1704 Marktfrauen haben wir an diesem Tag gezählt, von morgens acht bis abends zehn Uhr. Die ersten, die kom-

---

1 Ausgangsgröße sind alle Frauen über 15 Jahren, die nicht in der Schule oder Ausbildung sind.

men und die auch als erste wieder gehen, sind die Bäckerinnen der köstlichen, im Dampf gegarten und in Maisblätter eingewickelten Pasteten aus jungem Zuckermais. Die letzten sind die «garnacheras», die ein Gericht aus Kartoffeln, Hühnchen, Rindfleisch, Zwiebeln, Weißkohl und scharfer Soße verkaufen. Sie stellen ihre Tische und die Kohlebekken bei Anbruch der Dunkelheit dort auf, wo noch am Nachmittag Blumen verkauft wurden. Zwischenzeitlich haben einige Männer den Platz gesäubert. Der Markt ist täglich, auch sonntags geöffnet.

Die Hauptaufgaben der wenigen Männer am Markt sind Dienstleistungen aller Art. An diesem Mittwoch haben wir 87 Männer gezählt: Lastenträger, mithelfende Familienangehörige und einige wenige Händler, zum Teil von auswärts. Auch morgens früh sieht man einige Männer. Sie kommen, um den Stand der Mutter, Ehefrau, Schwester oder Tochter zu eröffnen, d. h. die Waren auszulegen; dann gehen sie wieder. Die Señora kommt etwas später, frisch gebadet und gut gekleidet, mit einer großen Blüte im Haar.

Lebensunterhalt und Unterhaltung

In Juchitán gibt es keinen Supermarkt[2]. Vermutlich, weil keine Frau dort einkaufen würde. Denn der Gang zum Markt und das Geschäft des Kaufens und Verkaufens beinhalten in dieser Gesellschaft viel mehr als die simple Transaktion Ware – Geld. Immerhin geht jede zweite erwachsene Frau einmal am Tag zum Markt, als Käuferin oder Verkäuferin. Er ist der Platz der Frauenöffentlichkeit schlechthin. Hier werden Neuigkeiten ausgetauscht, und es wird alles, aber auch wirk-

2 Zum Zeitpunkt unserer Studie gab es zwei Verkaufshallen, die nur mit speziellen Ausweisen betreten werden konnten. Zugang hatten staatliche Angestellte und Arbeiter, die der Sozialversicherung angeschlossen sind. Die Preise waren subventioniert. Verkauft wurden industriell gefertigte Verbrauchsmittel für den Haushalt und konservierte Lebensmittel, keine Frischware. Inzwischen (1993) sind diese Geschäfte für das allgemeine Publikum zugänglich. Damit hat der Staat sich einmal mehr als Agent einer Modernisierung betätigt, die die einheimische, autonome Entwicklung unterminiert. Auch das Freihandelsabkommen mit Kanada und den USA wirft seine Schatten voraus. Es sind mehrere Geschäfte mit Billigimporten, vor allem aus den asiatischen Freien Produktionszonen, eröffnet worden. Hier werden vor allem Geschenke für die zahlreichen Festanlässe eingekauft. Durch die billigen, schlecht fabrizierten Güter würde die Ernsthaftigkeit der Gegenseitigkeit geschwächt, meint Marina Meneses, die das berichtet.

lich alles besprochen, vom Krieg im fernen Osten, über die auffallende Bereicherung der eigenen Politiker bis hin zum neuen Liebhaber der Nachbarin.

Auch der Tauschakt selbst ist Bestandteil des sozialen Geflechts. Man kauft bei Verwandten, rituellen Verwandten[3], bei Freundinnen, Nachbarinnen und anderen Händlerinnen, denen man verpflichtet ist. Dabei bestimmen sich die Preise nach dem Stand des «Gegenseitigkeitskontos». Wenn die Händlerin ihre Kundin nicht bezahlen läßt, dann weiß diese, daß eine Gabe oder Dienstleistung von ihrer Seite ausgeglichen werden soll oder auch, daß etwas Derartiges von ihr demnächst erwartet wird. Der abstrakte Wert des Geldes hat sich hier nicht durchgesetzt. Vielmehr bleibt es den sozialen Verhältnissen als Tauschmittel untergeordnet. Es hat sich nicht gegen sie gekehrt, wie sonst in der freien Marktwirtschaft. Wir konnten häufig auch direkten Naturaltausch beobachten, während wir an einem der Stände saßen und dort die Ereignisse eines Tages protokollierten: Fisch gegen Früchte, Maisfladen gegen Holzkohle, eine Rindfleischsuppe gegen die fällig werdende Rate für die bestickte Bluse.

Juchitán ist ein regionales Marktzentrum – ein Viertel der Käufer kommen von auswärts, ebenso 10 bis 20 Prozent der Händlerinnen. Dennoch hat hier die typische Konzentration der modernen Marktwirtschaft nicht stattgefunden. Der Handel bleibt handwerklich, in einem doppelten Sinn. Die Tätigkeit des Handelns selbst wird von den Juchitecas als ein Können betrachtet, für das sie zwar die besten Talente von Geburt aus mitbringen, das aber dennoch erlernt werden muß. Sie sehen im Handel ihre spezifische, zapotekische, weibliche Quelle des Lebensunterhalts. Sie kämen niemals auf die Idee, Verkäuferinnen gegen Lohn zu heuern. Es ist ihr persönlicher Stolz, das Geschäft besonders gekonnt zu beherrschen. Obwohl viele Stände mit zwei Personen, manche auch mit drei oder vier besetzt sind, handelt es sich durchgängig nicht um Angestellte, sondern immer um nahe Anverwandte und Mitbesitzer.

Ferner ist der Handel meist eng mit dem handwerklichen Produk-

3 Für jede Gelegenheit suchen die Mütter Patinnen oder Paten für ihre Kinder, mit denen sie selbst dann in einem rituellen Verwandtschaftsverhältnis von «comadre» oder «compadre» stehen. Aber auch die Patenschaft für ein Ritual vor dem Hausaltar oder für eine Geburtstagstorte schafft die gegenseitige Verbindlichkeit des «comadrismo» oder «compadrazgo».

tionsprozeß der Ware verbunden, die zum Kauf angeboten wird. Alle Maisprodukte mit ihren zahlreichen Zubereitungsarten werden von jenen verkauft, die sie herstellen. Ebenso geschieht es mit Früchten. Sie werden gekocht, eingelegt, wenigstens aber geschält und in mundgerechten Stücken präsentiert. So geht es mit Fleisch und Geflügel, mit Fisch und Gemüse. Die Nahrungsmittel auf dem Markt von Juchitán – und sie machen den größten Teil des Angebotes aus – werden zur Hälfte bereits in halbfertiger oder fertig zubereiteter Form angeboten. Das erleichtert zum einen die Essenszubereitung zu Hause, zum anderen zeugt es für die Anerkennung, die speziellen Kenntnissen bei der Herstellung von Speisen gezollt wird. Nicht zuletzt wird hier auch ein wichtiger Aspekt der komplexen Arbeitsteilung zwischen den Frauen sichtbar. Sie bezieht sich auf Arbeitsvorgänge, die sich in der modernen Gesellschaft im Ein-Frau-Betrieb Haushalt konzentrieren. Die juchitekische Struktur verhindert mithin die Entstehung der Hausfrau.

Dieses Phänomen freilich ist eng mit der Tatsache verbunden, daß das Ziel des Wirtschaftens in der Befriedigung alltäglicher Bedürfnisse und in der guten Stellung innerhalb der Gemeinschaft besteht, nicht in der Akkumulation. Hierdurch erklären sich auch die vielen, zum Teil sehr kleinen Verkaufsstände. Das Prinzip des Handels besteht darin, daß mindestens der Unterhalt für den Tag verdient werden muß, Essen und Trinken für Mutter und Kinder und eine anteilige Summe für Haushaltmittel, Kleidung und Schule – sowie das «Kapital», so sagen die Frauen, für das Handelsgeschäft am nächsten Tag. Sollte gelegentlich etwas Geld übrigbleiben, wird es in Goldmünzen angelegt und gespart für den Bau eines Hauses und als Vorsorge für das Alter. Auch wird in die Erweiterung der Produktion «investiert», doch stets nur in dem Maße, in dem das Geschäft selbst handhabbar bleibt – in diesem Sinn eben handwerklich.

Ein Beispiel für die eigensinnige Immunität der Juchiteken gegen die «Verlockungen» moderner Ökonomie ist die Früchte-Händlerin Maria Ciro. Als sie von einem Vertreter einer staatlichen Entwicklungsbehörde aufgefordert wird, führend bei einer Unternehmensgründung mitzuwirken, lehnt sie ab. Eingelegte Früchte, eine Spezialität der Gegend, für die sie anerkannte Expertin ist, sollen überregional, sogar international vermarktet werden. Dafür soll die Produktion im großen Stil begonnen werden. Die Behörde gebe das notwendige Geld als Kredit, Maria solle andere Frauen anleiten und die Organisation der Herstellung übernehmen. Vermarktung und Abrechnung würden von

einem Geschäftsführer übernommen. Maria Ciro hat Einwände:
1.) Eine derartige Produktion wäre für sie persönlich nicht mehr über-
schaubar, zu groß. 2.) Sie ziehe es vor, selbst zu verkaufen und ihr Geld
unmittelbar am Abend in der Hand zu haben. In dem geplanten Unternehmen solle erst am Schluß abgerechnet werden. Was, wenn der Verkauf nicht klappt? Was, wenn zu niedrigem Preis verkauft werden
müsse? 3.) Warum solle sie ihr Wissen unentgeltlich an andere weitergeben? Immerhin sei es ein Geheimnis. Alles nur in Erwartung des großen Gewinns? Daran glaube sie nicht. 4.) Aber selbst wenn es klappen
sollte, dann könne sie nicht mehr über ihre Zeit bestimmen. Was, wenn
sie auf ein Fest gehen wolle? Sie habe doch so viele soziale Verpflichtungen. Fazit: Nein, das Unternehmen brächte ihr zuviel Unsicherheit.
Außerdem habe sie genug zum Leben.

Händlerin: eine Lebensweise

Die Standplätze auf dem zentralen Markt sind sehr begehrt. Die Händlerinnen haben sie entweder geerbt oder gekauft oder als Klientel einer politischen Partei zugesprochen bekommen. Denn die soziale Bewegung für angestammte, einheimische Rechte, gegen die Enteignung durch die Zentralregierung und deren lokale Machthaber, betraf nicht nur den Landbesitz, sondern ebenfalls den Besitz von Marktständen. Durch den Erfolg der lokalen Gruppierung COCEI kam es auch zu Neuzuteilungen von Standplätzen. Unabhängig von einem Stand kann sich aber jede Juchiteca mit ihrem Produkt einfach am Markt aufstellen. Dann zahlt sie eine Erlaubnisgebühr an einen Angestellten der Stadt. Der allerdings hat eine schwierige Aufgabe zu bewältigen; manche meinen, er lebe gefährlich. Denn wenn den «compañeras», wie sich die Frauen nennen, die an einem Platz zusammenstehen, die geforderte Gebühr zu hoch erscheint, weigern sie sich, überhaupt zu zahlen. Dann gehen sie einfach ein Stockwerk höher und setzen dem Bürgermeister ihre Sicht auseinander.

Im ersten Stock des Marktgebäudes befinden sich, durch einen kleinen Lichtinnenhof von der Verwaltung getrennt, die Verkaufsstände von Textilien, Schuhen, Goldschmuck, Haushaltswaren (Töpfe, Geschirr), Körben und geflochtenen Matten. Diese Waren sind zu 60 bis 80 Prozent überregionaler Herkunft. In Juchitán oder Umgebung hergestellt werden vor allem Sandalen und Goldschmuck, handbestickte Blusen und Röcke sowie Flechtwerk. Alles, was handwerklich-manufakturell gefertigt wird, stammt aus der Region, industriell fabrizierte Ware kommt von «außen». Der größte, andere Teil des Marktes ebenso wie die umgebenden Straßen sind den Nahrungsmitteln vorbehalten. Sie stammen zu 75 Prozent aus der Region. Die umgebende Küstenebene liefert die ackerbaulichen und viehwirtschaftlichen Produkte: den Mais, das Fleisch, die Milch, die Eier; die angrenzende Berg- und Regenwaldzone den Kaffee, Kakao, Früchte und Bohnen; das Meer, die Lagunen und der Stausee am Fuß der Sierra den Fisch und die Meeresfrüchte. Das Wild, vor allem die Leguane und Gürteltiere für die beliebten einheimischen Gerichte, muß in immer weiterer Entfernung von Juchitán gejagt werden, weil das Buschwerk den Rinderweiden weichen mußte. Gemüse und Früchte, die nur in gemäßigten Zonen gedeihen, wie Kartoffeln, Möhren, rote Bete, Äpfel und Birnen kommen aus dem Hochtal von Oaxaca; die Blumen aus dem angrenzenden Bundesland Veracruz und von noch weiter nördlich. Auch ein Teil des Maises wird «importiert»[4]

Auf dem Markt bekommt man alles, was man zum Leben braucht, sagen die Juchitecas. Dennoch sind Tausch und Handel nicht auf den Marktplatz beschränkt. Zwar ist jede siebte erwachsene Frau in Juchitán Marktfrau, aber mit der Herstellung eines Produktes, gezielt für den Verkauf, ist jede zweite befaßt. Gehandelt wird überall. Vor einer Mahlzeit daheim beispielsweise werden die halbwüchsigen Kinder mit einem kleineren Geldbetrag in der Hand losgeschickt und tauchen nach kurzer Zeit mit den entscheidenden Zutaten wieder auf: mit den Getränken (Softdrinks, Bier, Milch, frisch gepreßtem Saft, «atole», einem warmen Maisgetränk), mit den Tortillas und allen nur möglichen anderen Verarbeitungsformen des Maises, mit gebackenem Gürteltier, gebratenen Hühner und geräuchertem Fisch. Gemüse und Obst allerdings müssen vom Markt geholt werden. Es sei denn, eine der Frauen mit einem Früchtekorb auf dem Kopf ist gerade vorbeigekommen. Denn wenn die Obstbäume im Hof oder daußen auf dem Land abgeerntet werden, dann macht sich die Juchiteca nicht ans Einmachen – ausgenommen, dies ist ihre «Branche» –, sondern ans Verkaufen. Auf diese Weise können auch die Milch und der Käse ins Haus kommen, bis hin zu Tischen und Stühlen, Hängematten und bestickten Blusen. Selbst wenn der Hauptberuf der Juchiteca Lehrerin, Sekretärin oder Bankangestellte ist, handelt sie zusätzlich immer noch mit Schmuck oder Kleidung, mit Gold oder als Geldverleiherin, oder sie näht Kleider oder verkauft abends Garnachas.

In der ganzen Republik berühmt sind darüber hinaus die Fernhändlerinnen vom Isthmus. Man findet sie bis in die USA und bis weit hinein nach Mittelamerika. Sie verkaufen die Spezialitäten vom Isthmus: Totopos, trockenen Käse, getrockneten Fisch und Garnelen, Goldschmuck, und sie bringen alles, was sie zu Hause gewinnbringend verkaufen können, mit zurück. Sie sind unübersehrbar mit ihren langen bunten Röcken, bestickten Blusen, Bändern und Blumen im Haar. Kein Busbahnhof, auf dem nicht eine Zapotekin vom Isthmus mit ihren riesigen, gut verschnürten Pappkartons zu finden wäre.

Auch die dauerhaften Konsumgüter in Juchitán, ebenso wie Werkzeuge, Maschinen und andere landwirtschaftliche Inputs werden von

---

4 Tatsächlich ist der Mais, der auf dem Markt verkauft wird, weitgehend von außen, denn die begehrte einheimische Sorte erscheint hier nur in verarbeiteter Form.

einheimischen Geschäftsleuten verkauft. Anders als am Markt, ist die Arbeit im Geschäft und das Betreiben dieses Handels für Männer nicht tabu. Dennoch ist auch hier die überwiegende Mehrzahl der Besitzer weiblich, und die Männer, die als Besitzer betrachtet werden, sind im allgemeinen Miteigentümer. Männer als Alleineigentümer sind die Ausnahme, häufig Nachfahren levantinischer Einwanderer (INEGI 1993, X Censo Comercial 1993: 165).

Handel: eine Produktionsweise

Der Handel in Juchitán ist und bleibt in Frauenhand. Diese schlichte Tatsache hat weitreichende Auswirkungen, sie ist selbst schon Ausdruck und Ergebnis der besonderen ökonomischen Struktur Juchitáns. Herzstück ist die hohe Bedeutung der Nahrungsmittel im zapotekischen Wertesystem. Das gute einheimische Essen ist einer der Stützpfeiler der relativen Prosperität der Gegend. Denn die Tatsache, daß 75 Prozent der Lebensmittel auf dem Markt aus der Region selbst stammen, bedeutet, daß konsumiert wird, was auch hier produziert und verarbeitet worden ist. Und es sind die Händlerinnen, die die lokale und regionale Zirkulation aufrechterhalten. Eingebunden in die besondere Kultur der Prestigeökonomie, sorgen sie dafür, daß ihre Waren und ihre Arbeit auch ihren Wert behalten. Dazu gehören neben den Lebensmitteln auch die einheimische (Fest)Kleidung, der Schmuck des Festplatzes, aber auch zapotekische Musik und Poesie. Mit all dem gehen sie nicht sparsam, sondern verschwenderisch um, was wiederum die Wirtschaft in Schwung hält.[5]

Die Händerinnen verhindern, daß die Produzenten unmittelbar an den nationalen und internationalen Markt angebunden werden, was andernorts in Mexiko längst geschehen ist. Am Isthmus aber wird den

---

[5] Die herrschende Wirtschaftslehre tendiert dazu, diese Zusammenhänge geringzuschätzen, angesichts der Bedeutung, die sie dem Weltmarktanschluß beimißt. Dabei haben wir in Deutschland nach der Wiedervereinigung die negativen Auswirkungen der Geringschätzung der einheimischen Güter neu kennengelernt. Vielen Menschen in Ostdeutschland waren die Produkte der eigenen Gegend nichts mehr wert. So mußten etwa Schlachthöfe und Molkereien schließen. Betriebe aus dem Westen kauften die Schweine und die Milch billig auf. Sie kehrten später als Wurst und Molkereierzeugnisse aus westdeutscher Herstellung teuer wieder in die Regale der östlichen Geschäfte zurück.

Gütern der unterschiedlichen Dörfer jeweils ein konkreter Eigenwert zugeschrieben, der sie erfolgreich von industriellen Massenartikeln unterscheidet. Diese «Spezialitäten» zu besorgen ist wiederum Aufgabe besonderer Händlerinnen: Bohnen, die kleinen, köstlichen aus den Chimalapas, der Regenwaldzone; getrocknete Garnelen von den Huaves aus San Mateo, besonders salzig, aber haltbar; frischer und weniger gesalzen sind die aus Xadani; auch die meisten Totopos stammen aus Xadani. Will man aber größere, dickere, dann sucht man die aus Huilotepec. Dank der Vielfalt der Kriterien wird eine Produktion aufrechterhalten, die woanders längst verschwunden ist oder durch Nahrungsmittelmultis kontrolliert wird. Auf diese Weise vermögen sich die Stadt und die Gegend von Juchitán weiterhin landwirtschaftlich selbst zu versorgen.

Regionale Selbstversorgung ist in den letzten Jahren verstärkt ein Ziel der Entwicklungsplanung geworden, zumal in Mexiko, wo die stetig wachsenden Lebensmittelimporte die Zahlungsbilanz zusätzlich belasten. Dennoch gelingt es nicht, das Angestrebte zu realisieren, weil es im Konflikt mit der Politik der Exportförderung, der Unterstützung von *cash crops* und der agroindustriellen Massenproduktion steht. Außerdem ist eine Struktur, wie sie in der Region von Juchitán fortbesteht, schwer wiederherzustellen, wenn sie erst einmal zerstört worden ist. Aber sie ist auch in Juchitán nicht einfach statisch bestehen geblieben. Deshalb kann sie auch nicht als Überbleibsel oder als traditional bezeichnet werden; sie ist vielmehr das «moderne» Resultat eines historischen Prozesses.

Damit sind wir bei einer wichtigen Erkenntnis unserer Marktstudie von Juchitán angelangt, die sich uns ursprünglich als methodisches Problem dargestellt hatte. Wie können wir die skizzierten wirtschaftlichen Verhältnisse beschreiben und analysieren, haben wir uns gefragt. Wir haben versucht, Grenzen zwischen verschiedenen Marktsystemen zu identifizieren, etwa in der Weise von drei ineinandergreifenden Kreisen, die sich überschneiden: lokaler, nationaler und internationaler Markt. Dafür verfolgten wir die Wege ausgewählter Produkte von der Entstehung und Herstellung über den Ankauf, Zwischenhandel, Verkauf bis zum Konsum. Die Absicht war, einzelne Produkte oder Produktionsbereiche einem Marktsystem zuzuordnen. Es ist uns nicht gelungen. Die Warenströme, die Art und Weise des Handels und der Preismechanismus zeigen stets in so enger Verquickung lokale, nationale und weltwirtschaftliche Elemente, oder auch ihr «traditionelles» und ihr «modernes» Gesicht, daß eine Abgrenzung sinnlos bzw. unmöglich erschien. Die Waren und das Geld unterliegen denselben Mechanismen der Inflation, des Wechselkurses oder der Preisbildung im Gefolge von Angebot und Nachfrage wie andernorts auch. Und dennoch ist der Warentausch in andere gesellschaftliche Verhältnisse eingebettet, die ihm eine andere Bedeutung geben. Wir kamen deshalb zu dem Schluß, daß in Juchitán die moderne Marktwirtschaft durch matriarchale und gemeinschaftlich-ethnische Verhaltensmuster kulturell anders modelliert wird.

Obwohl also Juchitán als Handelsplatz voll in die nationalen und internationalen Handelsrouten integriert ist, und hier auch keine Abgrenzung gegenüber der freien Marktwirtschaft festzustellen ist, haben die Tauschverhältnisse dennoch einen gemeinschaftlichen Charakter, funktioniert eine eigenständige Wirtschaft. Großes Unternehmertum oder Monopolfirmen konnten hier nicht Fuß fassen oder sich entwikkeln. Und obwohl diese Region des pazifischen Isthmus durch die mexikanische Zentralregierung seit vielen Jahren zielgerichtet «gefördert» wird, so daß hier eine freie Produktionszone à la Taiwan oder Singapur entstehen könnte oder eine Zone mit «maquiladora»-Weltmarktfabriken wie an der Nordgrenze Mexikos zu den USA, hat dieser Prozeß dennoch nicht stattgefunden.

Sicher ist, daß sich die weitgehende ökonomische Autonomie der Juchiteken ihrem Eigensinn verdankt und daß dieser wiederum auf matriarchalen Strukturen basiert: Die Frauen von Juchitán behalten den Handel in Händen und halten damit zugleich die zapotekische Wirtschaft zusammen.

Brigitte Holzer

Ökonomie der Feste,
Feste als Ökonomie

«Warum feiern die Menschen in Juchitán so viele Feste?», fragt ein japanischer Maler seinen juchitekischen Freund. «Es ist eben die Tradition.» – «Nein, diese Antwort genügt mir nicht. Warum gibt es diese Tradition?» – «Weil es eben eine Notwendigkeit ist, mit seinen Freunden zusammenzusein (De convivir con sus amigos).» – «Und warum gibt es hier diese Notwendigkeit?» – «Mein Gott, Kerl», der Juchiteco ist jetzt hörbar gereizt und ungeduldig: «Du fragst mich doch auch nicht, warum es notwendig ist zu essen?»

Festalltag in Juchitán

Feste zu feiern ist für die Juchiteken eine Lebensnotwendigkeit, und viele andere Bedürfnisse und Ereignisse werden ganz selbstverständlich als zweitrangig und weniger wichtig betrachtet. Die neue Autobrücke beispielsweise ist am Tag nach ihrer Einweihung nicht passierbar, weil die «Enramada» – das Festzelt – von Na Joaquinas Geburtstagsfeier vor ihrem Haus unvermeidlich die gesamte Breite der Zufahrtsstraße einnimmt. Motorisierte müssen eben einen Umweg von zehn Kilometern in Kauf nehmen.

Jedes Fest in Juchitán geht über mehrere Tage, mindestens aber über zwei. Der zweite Tag wird «Lavada de Ollas» genannt, der Tag des Töpfewaschens, vergleichbar unserem «Kehraus». Hochzeiten gehen über zwei Tage, auf die zusätzlich am dritten Tag noch eine «Lavada» folgt. Die «Velas», die großen Gemeinschaftsfeste, gehen sogar über vier Tage. Ohne «Lavadas» verzeichnet das Register der Gemeindeverwaltung 628 große Feste jährlich.

83 Feste finden allein im Mai statt, 58 im Dezember. Es sind die beiden festreichsten Monate. Im Mai kommen über 60 000 Menschen zu den Festen zusammen. Insgesamt hat Juchitán aber nur rund 41 000 Einwohner im «festreifen» Alter (über 15).

Die Mehrzahl der hier erwähnten Feste sind keine offiziellen Feiertage. Sie beginnen entweder um 20.00 Uhr oder – häufiger – um 14.00 Uhr, der «Hora de la Pachanga», der Stunde der Sause. Für die meisten ist dann Feierabend, denn in der Regel fängt der Arbeitstag der Bauern und Händlerinnen zwischen 4.00 und 5.00 Uhr an, und die wichtigsten Tätigkeiten sind bis zum frühen Nachmittag verrichtet. Arbeit und Fest gehen fließend ineinander über, beides ist der Alltag. Dies gilt auch für die «echten» Feste, wie Ostern, Allerheiligen und Weihnachten. Allerdings erhalten sie durch zusätzliche Rituale eine besondere Bedeutung. Dennoch entsteht auch an diesen Tagen kaum ein Bruch im Ablauf des Alltags, die Arbeit geht weiter.

Als weiterer Grund dafür, warum an diesem Ort so viel gefeiert wird, nennen die Juchitecos die Lebensfreude. «Porque aqui somos alegres», «por nuestra alegría». Lebensfreude ist unbestritten das wichtigste Gut, das die Menschen aus Juchitán mitbringen. Gleichzeitig sind die Feste eine soziale Verpflichtung, mit der die Menschen ihre Gemeinschaft fortwährend beleben und bekräftigen.

Die Vela

Eine «vela» ist im Spanischen sowohl die Kerze als auch das Wachen, die Nachtwache, sowie das Segel eines Schiffes, und alle drei Bedeutungen haben eine Verbindung zum Fest: Der Festnacht selbst geht ein feierlicher Anlaß voraus; es werden Kerzen gezogen, die während der Festereignisse in die Kirche zu bringen sind. Das Festzelt besteht aus einem weißen Zelttuch, das in der Mitte von einer Stange hochgehalten wird und wie ein Segel aussieht. Die «Nachtwache» schließlich deutet an, daß die Menschen die ganze Nacht durchfeiern.

Die Velas lassen sich in vier Gruppen einteilen: Velas, deren Namen entweder auf die Ehrung eines/einer Heiligen hinweisen (wie die Vela San Isidro), auf die Zusammenkunft der Angehörigen bestimmter Berufsgruppen (wie die Vela Guzebenda, die Vela der Fischer), auf die Zusammenkunft großer bedeutender Familien (Vela Lopez oder Vela Pineda) oder auf die Bewohner eines bestimmten Stadtteiles (Vela Cheguigo oder Vela Calvario) (Peterson 1977:45).

Von den Namen allerdings auf den Anlaß zu schließen würde ein falsches Bild ergeben. Jede Vela findet zu Ehren einer Heiligenfigur statt. Solche Ehrung steht im Zusammenhang mit den Jahreszeiten und dem Sä- und Erntezyklus des Mais (Covarrubias 1961 (1946):449; Rueda Saynez und Rueda Jimenez 1988) – wenngleich diese Tatsache heute immer mehr aus den Augen (und den Zeremonien) gerät.

Der große Augenblick jeder Vela ist der abendliche Ball. Hierfür wird auf der Straße oder auf einem größeren öffentlichen Platz ein Tanzsaal improvisiert, indem ein bis zwei gewaltige weiße Zelttücher, in der Mitte von je einem Mast hochgehalten, aufgespannt werden; ringsherum Bretterwände. Nur zu einer Seite bleibt der mit Papiergirlanden, Palmblättern und Blüten festlich geschmückte Saal geöffnet. Hier ziehen um 20.00 Uhr die «tragenden Kräfte» der Vela ein – «tragend» im wahrsten Sinne des Wortes: beladen mit großen Schüsseln voller Essen, verteilen sich Frauen in Gruppen auf die in regelmäßigen Abständen reihum an den Wänden aufgestellten Buffet-Tische. Kapellenmusik ertönt in der Straße und kündigt das Kommen der «Mayordomos» an, der «Festhofmeister», derjenigen also, die das Fest hauptverantwortlich organisiert haben. Begleitet von Verwandten, Freunden und Bekannten, nehmen sie den Platz mit den meisten Stuhlreihen ein und präsentieren die reichhaltigsten Schüsseln. Gleich werden überall die ersten Teller mit «Botanas» – kleinen Gerichten zum Bier – gefüllt: Krabbensalat, gefüllten Paprikas («Chiles»), frischgerösteten Erdnüssen, Konsommee von der Ziege, gebratenem Fisch, Maispasteten und vielem mehr. Die Leckereien werden gleichzeitig mit den Bierflaschen an die Señoras gereicht, die jetzt langsam anströmen und die Stuhlreihen füllen.

Die rücksichtslose Buntheit und Großflächigkeit der handgestickten Blumen und Muster auf den Trachten unterstreichen die körperliche Fülle der Tecas, die sie gebührend zur Schau stellen und die ihnen das nötige Standvermögen verleiht. Das Gold, als schwere Taler an Ketten um den Hals und als Ohrringe und Armbänder getragen, wirkt wie eine Materialisierung des «natürlichen» Reichtums. Die «Gala-Trachten», die farbigen Bänder in den langen Zöpfen und die knalligen Blumen im Haar der Señoras und jungen Frauen heben sich von der eher eintönigen Kleidung, der schwarzen Hose und dem weißen Hemd, der Männer ab, die sich geschlossen nach hinten an die Zeltwände zurückziehen. Nur diejenigen Männer, die als Frauen betrachtet werden wollen – die Muxe's –, sitzen in ihrer individuellen und auffälligen Abendkleidung zwischen ihren Müttern, Schwestern, Cousinen, Freundinnen und Nachbarinnen.

Die Gesichter sind ernst und feierlich, doch die Atmosphäre ist entspannt. Es gibt keinen Grund für Lampenfieber. Die Frauen beherrschen ihren Auftritt, sie haben ihn von Kindesbeinen an üben dürfen. Mit dem «Son Yaa» eröffnet die Blasmusikkapelle die Vela, und die

Frauen beginnen zu tanzen. Der Rhythmus des «Son» scheint auf jede einzelne zugeschnitten zu sein, wenn sie im Viervierteltakt langsam und hocherhobenen Hauptes dahinschreiten. Abwechselnd heben sie dabei immer wieder eine Seite ihres festlichen Rockes an und machen sich so zum Bild ihrer eigenen Königin. Dann gehen sie in einen raschen, spielerischen Walzertakt über, der die Lebensfreude erahnen läßt, mit der das Fest begangen werden soll. Ohne feste Schrittfolge verbindet der «Son» die Frauen durch ihr Gefühl fürs Prinzip und fürs Miteinander. Der feierliche Höhepunkt des Ereignisses scheint in der ersten halben Stunde bereits erreicht und nach der zweiten halben Stunde schon wieder vorbei zu sein. Dann nämlich löst eine der beiden großen Disco-Sound-Gruppen die Blaskapelle ab und spielt zum tropikalen Samba, Cha-Cha-Cha und Foxtrott auf. Viele junge Leute strömen jetzt auf die Tanzfläche, die sie auch vorerst nicht wieder verlassen werden. Die jungen Frauen sind zumeist modisch elegant gekleidet («Vestido de Noche»), die Galatracht hat für sie noch keinen Reiz. Doch wenngleich die handgestickte Farbenpracht der Trachten im Wirrwarr von einfarbigem Satin und dezent gemustertem Polyester untergeht, so lassen doch auch die Señoras kein Stück der modernen Musik aus. Solange die Musik spielt, sind die Stuhlreihen weitgehend leer.

So ziemlich genau um 2.00 Uhr morgens bekommt das Fest schlagartig ein neues Gesicht, das wieder die Stimmung des anfänglichen Höhepunktes auszustrahlen vermag. Wie auf ein unsichtbares Signal hin verlassen die jungen Menschen das Terrain, und es bleiben fast ausschließlich die engsten Angehörigen der Vela und die nächstbefreundeten Geladenen zurück. Die Feierlichkeit gerät zu dieser vorgerückten Stunde allerdings ins Wanken. Die erstaunlich großen Mengen an Bier, die die Señoras im Verlauf der Nacht miteinander geteilt haben, schwemmen jede Gefaßtheit und Ernsthaftigkeit ebenso hinweg wie die Regeln des Anstandes. Obszönitäten auf zapotekisch, lautes Lachen und ein ständig neues Miteinanderanstoßen schaffen eine turbulente Szenerie, wie es sie auch auf einem Hexensabbat gegeben haben könnte. In dieser Stimmung werden auch die letzten «Sones» noch eisern getanzt, schreiten die Frauen würdig weiter, wenn auch mit etwas zu geradem Blick und leicht außerhalb des Rhythmus.

Den einen oder anderen Mann hat der Alkohol ermutigt, sich in das Tanzgeschehen zu mischen, die meisten aber sind über dem letzten Glas Brandy auf einem ergatterten Holzstuhl eingeschlafen oder haben sich ohnehin längst nach Hause begeben. Erst wenn der Morgen dämmert, folgen die Zurückgebliebenen, sich gegenseitig in den Armen liegend, dem Blasorchester, das die «Mayordoma» und den «Mayordomo» an die eigene Haustür geleitet.

Die Hauptverantwortung der Vorbereitung und Durchführung einer Vela liegt bei den «Mayordomos». Dies ist stets ein Paar, das nicht notwendigerweise ein Ehepaar sein muß; häufig sind Mutter und Tochter oder auch Mutter und Sohn die Gastgeber. In jedem Fall aber kommt den Frauen die bedeutendere Rolle bei der Erfüllung dieses Amtes zu.

Die Mayordomos werden von der «Sociedad», der Gesellschaft der Vela, gewählt und unterstützt. Diese teilt sich in eine weibliche und eine männliche Organisation, wobei die weiblichen Mitglieder die «guzá'anas sind (guzá'ana gola sind die alten Señoras), die männlichen die Diputados, auf zapotekisch: Xhuanas; das sind fast ausnahmslos die Ehemänner der guzá'anas. Es gibt allerdings auch viele guzáz'anas ohne männlichen Part in der «Sociedad». Das heißt, die «Sociedad» ist eine formale, öffentliche Institution, in der Frauen tonangebend sind. «Wie rekrutiert sich eine Sociedad?», frage ich Na Rosinda. «Die Mitglieder sind fast immer aus den Familien, die der Vela zugehörig sind.» —

«Aber nicht alle Familienmitglieder gehören automatisch der Sociedad an?» – «Nein, es sind nur diejenigen, denen es am Herzen liegt, der Gemeinschaft zu dienen (…, a los que nace de servir a la comunidad).» Na Rosinda war mit ihrem Mann vor etwa 35 Jahren Mayordoma der «Vela San Vicente Ferrer». Ihre einzige Tochter war sehr kränklich, und sie hatte dem «Patron» das Versprechen gegeben, das Amt für seine Vela zu übernehmen, damit ihre Tochter groß werden und zu einer Frau heranwachsen würde.

Die Velas und damit die Verantwortlichkeiten der Mayordomas beginnen ungefähr zwei Monate vor dem Fest. Die Mayordoma bereitet Hefebrot, Maispasteten und das juchitekische Kakaogetränk zu und läßt dies an all jene verteilen, die zur Vela eingeladen werden sollen und von denen ein Obulus für das Fest erwartet wird. Kurz vor dem Fest bleibt dann kaum noch Zeit, irgendeiner anderen Arbeit nachzugehen. «Die Kehle ist mir vor Nervosität ausgetrocknet», erinnert sich Na Rosinda. Täglich muß nun Hefebrot bereitet und an die guzá'ana weitergereicht werden. Die verteilen es unter ihren Bekannten im ganzen Ort, sprechen damit die Einladung aus und nehmen zum Teil direkt eine finanzielle Unterstützung in Empfang.

Am Vortag der Vela wird morgens «Marquesote» bereitet, eine Art Biskuitkuchen aus Reismehl. Dafür kommen Freunde und Verwandte mit Zucker und Eiern, um gemeinsam den «Reis zu mahlen». Der Kuchen wird unter die Leute verteilt, die am Festtag selbst zur Messe kommen und dann eine Geldspende beisteuern. Die «Xhuana» kümmern sich währenddessen um den Aufbau des Festzeltes. Zu diesem Anlaß wird eigens ein Rind geschlachtet, damit die Mayordoma Essen für die helfenden Männer, die helfenden Frauen und deren Familien sowie eine Mahlzeit für die Kirchengänger reichen kann.

Bei den Vorbereitungen und Essenszubereitungen ist die Mayordoma nicht allein. Familienmitglieder und Nachbarinnen stehen ihr hilfreich zur Seite – und sorgen für permanente Unterhaltung. Eines Nachts werde ich Zeuge, wie die Maispasteten für die «Vela der Fischer» zubereitet werden. Die Frauen schleppen den gekochten und gewaschenen Mais mit vereinten Kräften zur nahe gelegenen elektrischen Mühle. Dort braucht es viel Klopfen und Rufen, bis der Müller endlich aus seiner Hängematte zu bewegen ist. Es ist Mitternacht, doch der Eindruck von Nacht schwindet während des Wartens. Die Maschine rattert und knarrt, der Müller in Unterhosen kippt laufend Mais nach. Die Frauen unterhalten sich und lachen miteinander, und auch

Beitrag zum Fest: ein Karton Bier, eine Schüssel mit «batana» und eine Geldspende.

die Menschen, die an der Aktion nicht beteiligt sind, sondern wegen der Hitze auf Strohmatten auf den Gehsteigen vor den Häusern längst geschlafen hatten, mischen sich freudig ins Geschehen. Aus der Arbeit wird Unterhaltung, was den Frauen viel Energien zu geben scheint.

Semana Santa und Todos los Santos

Am Palmsonntag gleicht der Friedhof von Juchitán vom frühen Morgen an einem Jahrmarkt. Ein Taxi nach dem anderen entlädt vor dessen Toren betagte Señoras mit Ehemännern oder jungen Helfern und eimerweise Blumen. Sie werden die Grabhäuschen ihrer Eltern mit Blumen und Blütenblättern überfluten und die weiterer Anverwandter und Freunde mit einem Strauß und einer Kerze bedenken. Lilien, Astern, Rosen, Gladiolen, «Guiechaachi»[6] und die Rispen der Kokospalme

6 Wohlriechende Blüten, die auf Fäden aufgezogen werden, um Haare, Festzelte, Altäre oder Kreuze zu schmücken.

54

sind am Vortag in großen Mengen auf dem Markt verkauft worden – und zu überhöhten Preisen. Die Blumenhändlerinnen bestechen während der Osterzeit häufig die Polizei – ihre Söhne, Vettern und Ehemänner –, damit den Lastwagen mit Blumen aus dem industrialisierten Anbau Pueblas und anderer mexikanischer Provinzen der Weg versperrt wird. Die Juchitekas verhindern die Konkurrenz und regieren dadurch Markt und Preise.

Die Friedhofsbesucher dringen nur langsam zu den Gräbern vor, denn im Mittelgang drängen sich viele um die Verkaufsstände, an denen Händlerinnen typische Ostersüßigkeiten (eingelegte Früchte und hauchdünnes Zuckerbrot) und Limonaden aus frischem Obst feilbieten.

Am späten Nachmittag lassen sich vor dem Friedhof die Bierverkäuferinnen und ein Musikorchester unter einer Festzeltbespannung nieder. Doch der Großteil der Besucher nimmt Bier und Rum mit zum Familiengrab, um dort mit Verwandten und Freunden im Diesseits und Jenseits zusammenzusein, zu trinken, zu essen, sich von umherziehenden Musikern die Lieblingslieder der Verstorbenen spielen zu lassen, in Erinnerung lachend und weinend ihrer Lieben zu gedenken und um mit den Kindern Spaß zu haben, die mit ausgeblasenen und mit Mehl und Konfetti gefüllten Eiern um sich zielen.

Mit der Feier auf dem Friedhof begrüßen die Menschen den Frühling, das neuaufblühende Leben. Für die meisten Leute aus Juchitán ist der Besuch des Friedhofes am Palmsonntag das Hauptereignis der Osterwoche; sie verbinden Ostern darüber hinaus mit täglichen Fischmahlzeiten, erhöhten Fischpreisen, Ausflügen zum Strand und kleinen Festlichkeiten vor den Kapellen, «ermitas», der einzelnen Stadtteile. Die Männer und Frauen, die an den kirchlichen Osterfeierlichkeiten aktiv teilnehmen, werden gemeinhin als die «Gläubigeren» betrachtet. Sie organisieren Prozessionen der Karwoche und die Feierlichkeiten zu Ehren Heiliger, die bereits während der Fastenzeit allwöchentlich in den Kapellen und Kirchen der verschiedenen Stadtteile stattfinden.

Wenn es auch nur jene «Gläubigeren» sind, die an den Osterprozessionen mitmachen, so nehmen doch alle Anteil, verfolgen die Ereignisse als Zuschauer oder nutzen die Tage, um sich in der Kirche den Segen des einen oder anderen Heiligen, der Jungfrau oder Jesu Christi zu holen. Viele Kinder werden in diesen Tagen zudem um eine Patin reicher. Wenn die Freundin der Mutter die Blütenblätter aufnimmt, die zu

Ehren der Heiligen verstreut worden sind, diese erst küßt, sie dann an das geheiligte Standbild drückt, um schließlich damit das Kind zu massieren, dann übernimmt seine Patenschaft. Sie segnet das Kind, und ihrem Segen wird mehr Bedeutung zugemessen als dem priesterlichen nach der Messe: Hat sie eine «gute» Hand (una mano fresca), so wird das Kind nicht mehr ernstlich erkranken.

Auch an Allerheiligen (31. Oktober) – Todos los Santos – und an Allerseelen (1. November) – Día de los Muertos – werden die Toten geehrt. Im November ist der Sä- und Erntezyklus abgeschlossen, ruht die Natur, bis sie dann im Frühling wieder erwacht. Es ist ein Einschnitt im Jahreszyklus, der mit Festen und Ritualen um den Tod und die Toten herum markiert wird.

Die Männer des Hauses bauen am Vortag den Altar. Er bildet die Kulisse für die Gaben, die den Toten bereitgestellt werden. Dies sind vor allem ihre einstigen Leibgerichte und Lieblingsgetränke: Bier, Schnaps und Coca-Cola, wobei immer darauf geachtet wird, daß die Flaschen geöffnet sind, der Inhalt also den wiederkehrenden Seelen zugänglich ist; ganze Bananenstauden werden ausgelegt, Hunderte von glänzenden Äpfeln, Biskuitkuchen, die mit Schriftzügen und Zeichnungen aus Zuckerguß verziert sind, Kokosnüsse, Maispasteten, Hefebrote, Plätzchen, mehrere Dutzend Kerzen und viele, viele Blumen. Nur zwei Jahre lang vom Todesjahr an werden die Verstorbenen auf diese Weise festlich empfangen. Das ist die Zeit ihrer Buße im Jenseits, ihrer Sündenreinigung, die ihnen die Verbliebenen zu erleichtern versuchen. Danach sind sie in der Seligkeit und haben keinen Grund mehr, auf die Erde zu kommen (Orozco 1946 : 119).

Die Taufe von Julito Bustillo Toledo

Die Vorbereitungen am Vortag des Festes

Vor – Der Metzger kommt, um das Rind zu schlachten.

6.30 – Die Köchin wird von Julitos Mutter und Großmutter empfangen.
Gemeinsam machen sie mehrere Feuerstellen im Hof.

6.30 – Nachbarinnen und Verwandte kommen, bereiten ein Gulasch und entkernen «Chile» für ein Hühnergericht. Gekocht wird in großen Zinkgefäßen von Badewannengröße.

– 35 Männer beginnen die «Enramada», das Palmfestdach, zu konstruieren. Regentonnen werden mit Sand gefüllt, um darin die Hauptstützpfeiler des Daches zu befestigen.

– Im Hof sind jetzt circa 20 Frauen anwesend. Einige füllen kleine, handbemalte Tonkrüge mit Erdnüssen als Geschenk für die Gäste.

8.00 – Die Frauen servieren den Männern das Frühstück, Gulasch mit «Atole», einem Getränk aus Mais und Wasser.

9.00 – Sie frühstücken selbst.

– Für das Dach werden die Stützpfeiler untereinander mit starken Balken verbunden, die dann den Halt für eine Unzahl dünner Querverstrebungen bilden, an denen die Palmwedel festgebunden werden.

9.30 – Suppe für das Mittagessen wird gekocht. Fünf weitere Frauen stoßen dazu.

10.30 – Eine Frau kehrt den Hof und beseitigt Abfälle.

– Die Köchin röstet auf einem Feuer den Reis, den sie später zur Suppe serviert.

– Mais wird zum Kochen aufgesetzt.
Zwei alte Männer schlachten in aller Seelenruhe drei Ziegen.
Die Männer zerfasern Palmen, knüpfen die Fasern zusammen und gewinnen so Schnüre, um das Dach zu binden.
Das Hühnergericht «Chileajo» für den nächsten Tag ist jetzt fertig.

13.40 – Die Köchin sitzt majestätisch hinter einem Tisch und verteilt Suppe und Reis in Tonschüsseln.

– Die Frauen servieren den Männern und essen dann selbst.

15.00 – Sie bereiten die Bananenblätter zum Wickeln der Maispasteten vor.

– Die Männer sitzen rittlings auf den Balken in der sengenden Sonne, um die Palme an den Querbalken zu befestigen.

16.15 – Müde Gesichter. Bereits zehn Stunden Arbeit und noch kein Ende abzusehen.

– Hühner werden zum Kochen aufgesetzt.

– Die Köchin haut mit einem Messer auf die Hühnerfüße ein,

die zerkleinert mit Mayonnaise zu einem Salat für eine Botana verarbeitet werden.

— Drei Frauen säubern den Magen der geschlachteten Hammel, um daraus «mondongo» — Kuttelsuppe — ebenfalls für die Botana zu bereiten.

— Die Frauen gönnen sich das erste Bier.

17.30 — Auch die Männer begießen nun den Bau der Enramada, mittlerweile in Begleitung vieler männlicher Freunde des Gastgebers.

— Mariachis spielen. Die Musiker spielen an dem Arbeitsplatz der Frauen, deren Lebensgeister denn auch tatsächlich wiederaufleben.
Die Köchin erhebt sich von ihrem angestammten Platz. Sie geht zur großen Zinkwanne, um die «Mole» — Soße — für das Hühnergericht zu würzen und mit dem letzten Schliff zu versehen.
Die Köchin bleibt zusammen mit der Familie der Gastgeberin (und mir, die einen türkischen Krautsalat beizusteuern versprochen hatte) bis um 23.30 Uhr.

Der Festtag

5.30 — Die Köchin ist wieder zur Stelle und grillt das Hammelfleisch für die Botana.

7.30 — Zehn Frauen schnippeln Gemüse für ein Fleischgericht, das neben der Botana den Festgästen gereicht werden soll. Zwei Köchinnen stellen das Gericht aus den Zutaten fertig.

— «Empanadas» — gefüllte Fleischtaschen —, «Salpicon» — zu einer Paste zermahlene Krabbenköpfe und -beine —, «Ensalada de camaron» — Krabbencocktail — und vieles mehr werden als Botanas fertiggestellt.

11.30 — Frühstück mit den am Tag zuvor bereiteten Maispasteten und dem Hühnergericht.

— Vier Frauen bringen je zwei Hühner, mit «Chileajo», einigen gekochten Eiern, einer Dose eingelegter Pfirsiche, zwei Coca-Colas und Tortillas in die Häuser der acht Pati(inn)en.

Sie waschen, schneiden rühren, holen Holz, legen unter den Kesseln nach. Es fallen kaum Anweisungen. Die Frauen wissen ganz genau, was zu tun ist. Ich erlebe nicht einen Moment, in dem Hektik und Stress ausbrechen würden. Wir arbeiten langsam, aber stetig. Es geht darum, im rechten Moment zuzupacken, ansonsten kann frau den Tag nutzen, um sich mit den Nachbarinnen zu unterhalten..

Die andere Ökonomie Juchitáns

Die Feste schwächen die Ökonomie Juchitáns nicht, sondern stärken sie. Mittels der Feste sorgen die Leute für eine stetige Umverteilung materiellen Reichtums. Von reichen Händlerinnen wird erwartet, daß sie besonders rege teilnehmen, indem sie Feste ausrichten und die der anderen unermüdlich besuchen. Ihr Verdienst fließt auf diese Weise in die lokale Geld- und Warenzirkulation zurück. Über den konkreten Besuch und die Vorbereitungen hinaus haben die Feste Einfluß auf den Umgang miteinander: Es entsteht ein permanentes Netz gegenseitiger Hilfe. Die Feste institutionalisieren Wertvorstellungen, die die Menschen aufeinander verpflichten, und stiften dadurch einen sozialen Zusammenhang, der eine existenzsichernde Basis darstellt.

Der Bedarf an Gütern, die zur Durchführung eines Festes vonnöten sind, ist groß. Sie kommen aus Juchitán und Umgebung und werden größtenteils von den Frauen selbst produziert.

Die Kostenaufstellung einer Taufe kann deutlich machen, bis zu welchem Grad ein Fest die lokale Ökonomie, den Markt und ganze Berufszweige involviert. Knabberwaren wie Chips und Salzletten zum Bier wären undenkbar.

Die Juchitecas halten an selbstproduzierten Kleinigkeiten fest, die als Gerichte der Region identifizierbar sind, und hierfür müssen sie die Zutaten frisch auf dem Markt erstehen. Etwa 55 Prozent der Kosten werden deshalb für Güter aufgewendet, die direkt in Juchitán produziert werden, ein großer Teil hiervon für Fleisch; die verbleibenden Kosten verteilen sich je zur Hälfte auf Güter, die aus anderen Gegenden Mexikos nach Juchitán importiert werden und auf «Dienstleistungen», auf Köchinnen, Schlachter und Mühle – Berufszweige also, die unmittelbar von den Festen profitieren.

Gerade in dieser Hinsicht sind die Feste eine bedeutende ökonomische Größe. Es gibt keine feierliche Gelegenheit, auf der nicht junge Musiker mit moderner Anlage für Stimmung sorgten, und nie ein Fest, auf dem nicht eine Kapelle zu «Sones», «Dansones» und tropischen Rhythmen aufspielte. Auch der Beruf des Feuerwerkers ist unmittelbar an das Festleben in Juchitán geknüpft. Es gibt die Schneiderinnen der Festkleider; die Frauen und «Muxes», die die Trachten sticken; Frauen, die die Giuechachi-Blüten auf lange Fäden zu Girlanden für das Haar aufziehen; Frauen, die zum selben Zweck Papierblütengestecke anfertigen; die «Muxe's», die die «Enramada» mit Papiergirlanden schmücken; Frauen, die sich auf das Kochen für Feste spezialisieren; Bierverkäuferinnen und andere «Erwerbszweige» mehr, die ohne das rege Festleben nicht auskommen könnten.

Die Feste selbst sind Gaben. Sie sind Gaben an Heilige, um mit deren Hilfe Einfluß auf die nicht-menschliche Natur und das Gedeihen der Ernten zu bekommen. Sie stehen im Zeichen der Fruchtbarkeit, und es ist kein Zufall, daß die Frauen sie als ihren öffentlichen Raum gestalten. Sie bereiten das Essen, schenken und geben es im Überfluß und inszenieren symbolisch die eigene Fruchtbarkeit als Spiegel der Natur. Die Feste sind der Ausschnitt einer sozialen Struktur, die eine spezifische mutterzentrische Beziehung zwischen Mensch und Natur immer wieder herstellt und festigt.

Die Feste als Prüfstein der Ehre

In dem Maße, in dem sich die Menschen Juchitáns an die Prinzipien der Gegenseitigkeit halten, bekennen sie sich zur Gemeinschaft und werden zu angesehenen, ehrenswerten Persönlichkeiten. Ansehen und Ehre messen sich an der Bereitschaft, Unterstützung zu gewähren. «Wenn du ein Fest machst und mich einlädtst», erklärt mir Luz, «dann komme ich und trage einen Karton Bier und 5000 Pesos dazu bei. Mache ich ein Fest, werde ich dich einladen. Kommst du nicht und unterstützt mich nicht, werde ich auch deiner Einladung nicht folgen.»

Wenn die Frauen und Männer unter das Festdach treten, suchen sie als erstes ihre Gastgeberin auf, um dieser ihren Beitrag zu überreichen: einen Karton Bier und einen Geldbetrag. Viele Frauen bringen darüber hinaus eine Botana oder auch Geschenke mit, die die Gastgeberin dann unter die Festgäste verteilt. Die Kostenaufstellung eines Tauffestes zeigt, daß der Wert, den die Gastgeber in Form von finanziellen Beiträgen und Geschenken erhalten haben, doppelt so hoch ist wie ihre eigenen Kosten. Zu einem großen Teil haben sie sich diese Gaben bereits vorher erwirtschaftet. Sie haben eingebracht, was ihnen jetzt zurückgezahlt wird. Einige Einladungen werden sie aber nach ihrem Fest wieder annehmen müssen, um «zurückzubezahlen». So etwa ist Mercedes zu verstehen, wenn sie froh feststellt: «Morgen muß ich zur letzten Hochzeit, dann habe ich die Hochzeitsfeste meiner Söhne abbezahlt und bin endlich frei.»

Gemäß denselben Prinzipien der Gegenseitigkeit helfen die Frauen bei den Festvorbereitungen. Ana erzählt mir stolz, daß zur Vorbereitung ihres Geburtstagsfestes am frühen Morgen circa 50 Frauen unaufgefordert zum Helfen gekommen waren. Sie kamen, weil auch sie selbst, ihre Mutter oder die Schwester bei den Nachbarinnen, Freundinnen und Verwandten stets mit anfassen, wenn «viele Hände» gebraucht werden.

Außerdem kennt sie ihre Pflichten gegenüber den Helfenden. Während der Vorbereitungen müssen alle verköstigt werden, und zwar so reichlich, daß sie auch ihre Familien mitversorgen können, da es den Frauen an diesem Tag nicht möglich ist zu arbeiten. Wir haben errechnet, daß die Kosten für das Essen der Helfenden mindestens so hoch sind wie die für das Festessen selbst. Es kann den Gastgeber(inne)n also nicht darum gehen, die Helfenden zum Zeit- und Geldsparen einzukalkulieren.

Der Höhepunkt an Verantwortung und daran geknüpfte soziales Prestige ist die Übernahme der «Mayordomía» einer Vela. Die «Mayordomía» setzt zwar eine gesunde materielle Basis voraus, aber auch sie ist nicht allein vom Geld abhängig. So haben die Velas des Zentrums von Juchitán immer mehr Schwierigkeiten, Mayordomas zu finden, obwohl hier gerade die finanziell besser Gestellten leben. «Die Leute im Zentrum können nicht mehr in genügendem Maße mit der Hilfe ihrer Nachbarn rechnen. Sie haben Geschäfte mit festen Öffnungszeiten und können nicht weg, um den Nachbarn zu helfen, wie es die Frauen, die auf dem Markt arbeiten, tun. Und denen, die nicht helfen, wird nicht geholfen», erklärt Lugarda Charis.

Die Feste sind der öffentliche Raum der Frauen. Die Haltung ihres Auftrittes hat etwas Aristokratisches. Die Haltung und ihre Tracht, die an den Kleidungsstil an spanischen Königshöfen erinnert (Peterson Royce, Anya, 1977:167ff), sind es, was die Zapotecas des Isthmus sowohl den anderen bäuerlichen Gruppierungen Oaxacas als auch Frauen westlich-industrialisierter Gesellschaften gegenüber so außergewöhnlich erscheinen lassen.

Wir sind es gewöhnt, diejenigen Menschen der Aristokratie zuzurechnen, die sich aller Arbeit gegenüber, die mit dem unmittelbar Lebensnotwendigen zu tun hat (Subsistenzarbeit), erhaben zeigen und über Menschen verfügen, die diese Arbeit leisten. Aristokratisch ist demnach ein Verhalten, das diese Erhabenheit zu demonstrieren und Müßiggang auszudrücken vermag (Veblen, 1971/1899). Frauen des aufsteigenden Bürgertums der patriarchalen Welt versuchten, solche aristokratische Würde durch ihre Kleidung zu gewinnen. Durch Korsett und Unmengen an Stoff distanzierten sich die Frauen von der körperlichen Arbeit. Im 19. Jahrhundert hatte diese Ideologie auch mittlere und untere bürgerliche Schichten erreicht. Nun mußten die Frauen nach außen vorgeben, genau das nicht zu tun, was ihre alltägliche Beschäftigung ist: Essen kochen, Kinder versorgen, Wäsche waschen, stopfen. Sie inszenieren sich als nicht-arbeitend und ihre Männer als «Brotverdiener», von denen sie abhängig sind. Dabei verlieren sie aus den Augen, daß ihre Arbeit lebensnotwendig ist, und glauben fortan, daß nur männliche Lohnarbeit und abstrakte Kaufkraft überhaupt erst zum Leben befähigen (Holzer 1988).

Dieser Glaube findet in Juchitán keine Anhängerinnen. Hier verstehen die Frauen sich selbst als Brotgeberinnen und nutzen die Feste, um diese Rolle unmißverständlich und öffentlich zur Schau zu stellen.

Kultur der Fruchtbarkeit

Die Feste in Juchitán sind Zeugnisse einer kosmischen Weltsicht. Feste und andere religiöse Bräuche gehen mit Ereignissen wie der Sonnenwende, dem Mondstand und dem Jahreszeitenwechsel einher, die wiederum mit dem Zyklus des natürlichen Lebens in Verbindung stehen: mit der Saat und der Ernte, der Geburt und dem Tod.

Am 3. Mai wird der Festzyklus mit einer Vela zu Ehren des heiligen Kreuzes eröffnet. Die Kapelle des Heiligen Kreuzes, inmitten von Maisfelder und Pflaumengärten, bekommt ihr großes Fest. Wie zufällig kann es im Schatten des riesigen und jahrhundertealten Bizayagas (ein Baum der Tropen) stattfinden, der gleich neben der Kapelle seine Äste ausbreitet und in die Feier ebenso miteinbezogen ist wie das Heiligenbild selbst. Das Kreuz ist ein Symbol für den Lebensbaum. Es stilisiert die Verbindung zwischen den vier Elementen Erde, Wasser (Regen), Luft (Wind) und Feuer (Sonne), die auch der Baum verkörpert. Auch die Heiligen, zu deren Ehren die Velas gefeiert werden, sind Symbole für die Bedürfnisse derer, die von der Fruchtbarkeit der Erde leben.[7] So scheinen die Feste Rituale zum Regenmachen zu sein und muten wie Opfergaben an.[8]

Wenn der Mais in der Milchreife ist, fahren Frauen und Kinder der Bauern, Freunde und Verwandte am frühen Morgen hinaus auf das Land, die Milpa, um den jungen Mais zu essen – entweder gekocht oder zu Maisgetränken und -pasteten verarbeitet. Es ist eine Ehrerweisung an die nahrungsspendende Erde, wenn die Familie zu Besuch aufs Land zieht und dort feiert und ißt.

Die Feste werden im Schutz der «enramadas» gefeiert. Es sind von Menschenhand errichtete Schattendächer, die die natürlichen der Bäume nachahmen. Die «enramada» – so Caro Baroja – ist «vom selben Vegetationsgeist beseelt wie der Baum». Es ist die Laube, die Liebeslaube, deren Geist auf die Fruchtbarkeit der Frauen ausstrahlt, unter der die Verbindung zwischen Männern und Frauen entstehen kann, die wiederum auf die Fruchtbarkeit der Natur zurückwirken soll (Baroja, 1979). Auch in Juchitán ist wahrzunehmen, daß der Maimonat nicht nur im Zeichen des Wachstums des Mais festlich begangen wird, sondern auch im Zeichen der weiblichen Fruchtbarkeit, bzw. der Begegnung zwischen Männern und Frauen. Die Ochsenkarren, die mit Bananenblättern und Blumen geschmückt sind, und der Früchtesegen, der unter die Menschen verteilt wird, prägen die Umzüge («regada»), die jeweils am Tag nach den großen Velas stattfinden, und vermitteln das Bild einer ausladenden, fruchtbaren Natur. Wohlriechende Kokospalmblüten, die die Männer, in einer langen Zweierreihe mitschreitend, lose auf die Schultern gelegt, mit sich tragen, sind Symbol für den männlichen Samen und seine Zeugungsfähigkeit.

Für den Maimonat und die Feste sparen die Jugendlichen, um neue Kleidung einweihen zu können («estreñar su ropa»). Ana erzählt, wie sie sich selbst und ihren Freundinnen jedes Jahr im Mai ein neues Fest-

7 Zum Beispiel der Heilige Isidro: Er ist ein bäuerlicher Heiliger, mit dessen Lebensweise die Leute von Juchitán sich identifizieren können.
8 «Que no vaya a llover esta noche» (Wenn es heute abend nur ja nicht regnet) ist ein Ausspruch, der jede Maifestvorbereitung begleitet. Dabei wird nichts sehnlicher erwartet als der Regen. Während eines Besuches bei Roselia, die mit ihrer Freundin in der 7. Sektion wohnt, sprechen wir über den Regen, der auch im Sommer 1991 wieder auf sich warten läßt. «Nun», gibt sie zu bedenken, «in der 5. Sektion hat es vor zwei Nächten geregnet. Dort haben sie eben auch bereits das Fest gefeiert.»

kleid nähte. Neuausstaffiert und schöngemacht ziehen die Freundinnen in versammelter Frauschaft von einer Mutter zur nächsten, damit jede die Erlaubnis zum Tanz erhalte. Für die Feste können die jungen Frauen sich Freiheiten aushandeln, die ihnen sonst verwehrt sind. Die Menschen inszenieren die Begegnung zwischen den Geschlechtern genauso wie die Rituale zur Verehrung der Heiligenbilder. Sie schaffen einen Rahmen, innerhalb dessen sich Männer und Frauen formell begegnen und vor dessen Hintergrund sie sich Verliebtheiten, Sympathien und auch homoerotische Anziehung signalisieren können (Luhmann, 1983).

Die Feste verbinden das (Über-)Leben in der Gemeinschaft untrennbar mit dem (Über-)Leben im Zyklus der Natur, solange die Menschen den Prinzipien der Gegenseitigkeit folgen. Diese Weltsicht ist nicht einfach nur typisch zapotekisch, sondern findet sich mit symbolischen Abwandlungen in vielen agrarischen Gesellschaften wieder, so zum Beispiel auch in Andalusien, woher bekanntlich die Eroberer Mexikos stammten (Alvarez Santaló et al (ed) 1989; Caro Baroja 1986; Velasco 1982; Moreno 1985 und 1982). Aufgrund dieser strukturellen Ähnlichkeiten der kosmischen Weltbilder und Lebensphilosophien zwischen Eroberern und Eroberten ist es schwierig, ohne geschichtliche Zeugnisse auszumachen, bis zu welchem Grad die juchitekische Festökonomie genuin zapotekisch ist.

Alltag im Matriarchat

Die Mütter von Juchitán freuen sich besonders über die Geburt einer Tochter. Über ihre Zukunft brauchen sie sich wenig Sorgen zu machen. Wirtschaft und Gesellschaft halten für Frauen immer einen angesehenen, existenzsichernden Platz bereit. Dem Fleiß und der Unternehmungslust der jungen Mädchen werden keine Steine in den Weg gelegt, wie es bei uns der Fall ist. Marina Meneses, die juchitekische Sozialwissenschaftlerin, erzählt im folgenden aus eigener Erfahrung, wie sich der Lebensweg der Frau unter diesen günstigen Bedingungen gestaltet.

Söhne stehen auf weniger sicheren Beinen. Die Mutter muß dafür sorgen, daß sie eine Frau bekommen, damit sie auch ihr Haus und ihr Essen haben, wenn sie einmal nicht mehr da ist, und damit die Produkte der männlichen Arbeit auch gut verkauft werden. Söhne können sich in der Politik nützlich machen, die die Frauen verstärkt durch ihre Macht der (Markt) Straße unterstützen. Nicht zuletzt aufgrund der gemeinschaftlichen Kraft, die die besondere Gesellschaftsstruktur verleiht, konnten die Juchiteken in den letzten 20 Jahren weitgehend ihre politische Selbstbestimmung erringen. Davon berichtet der zweite Beitrag dieses Kapitels.

Marina Meneses

Stationen eines Frauenlebens

Übersetzt und bearbeitet von Anneliese Garrido A.

«Wunderbar, daß es ein Mädchen ist» – Kindheit in Juchitán

Als Rosita gegen Mittag zur Welt kam, schien nach zwei langen Regentagen endlich wieder die Sonne. Ihre Tante ging zur Entbindungsstation, erkundigte sich nach dem Geburtsverlauf und kümmerte sich dann um alle nun anstehenden und notwendigen Vorbereitungen. Die Großmutter zu Hause war mit der Zubereitung der Hühnerbrühe beschäftigt, die der Mutter nach der Entbindung wieder zu Kräften verhelfen sollte.

Am Tag darauf, als Mutter und Kind zu Hause waren, kam eine achtundsiebzigjährige Freundin der Familie zu Besuch, die im Laufe ihres Lebens große Erfahrung in der Geburtshilfe, der Säuglingsernährung und Wochenbettpflege gesammelt hatte: «Wunderbar, daß es ein Mädchen ist! So hast du jemanden, die dir im Alter zur Seite steht», sagte sie der Mutter, während sie dem Neugeborenen einen Löffel Kräuteröl als «Schleimlöser» einflößte, es leicht am Köpfchen, dem Körper und den Armen massierte und weitere Anweisungen gab, als ob das Kind ihre Tochter oder Enkelin sei. Zum Abschied ließ sie das Öl der Mutter als Geschenk, zur Weiterversorgung des Säuglings in den nächsten Tagen.

Das heiße Klima Juchitáns erlaubt es, die meisten Arbeiten des täglichen Lebens von April bis Oktober im Freien, in den Höfen und Korridoren zu erledigen. Meist gibt es einen gemeinsamen Hof, wo man Wäsche aufhängt, die Kinder spielen, die Tiere (Schweine, Ziegen und Hühner) laufen und sich die Frauen für ein Schwätzchen treffen. An Festtagen wird dieser gemeinsame Platz zur Tanzfläche unter einem schützenden Blätter- oder Zeltdach. Zwischen den Häusern gibt es Verbindungswege, kleine Gassen mit Namen wie «Zaubergasse» (Callejón del Encanto) oder «Löwengasse» (Callejón de los Leones), und jede Gasse hat ihre eigene Geschichte und ist Schauplatz der verschiedensten Familiengeschichten der dort lebenden Menschen.

Rosita wird auf diesen Höfen und Wegen frei spielen können; sie wird von einem Hof voller Obstbäumen, Pflanzen und Blumen zum anderen laufen, in den anliegenden Häusern aus- und eingehen. Jeder Haushalt ist zugleich eine Produktionsstätte: Na Nita Tolo bereitet ein Maisgetränk («atole») zum Verkauf vor ihrem Haus, Lucia backt Tortillas (Maisfladen), Meche und Luz mahlen und sieben Zimtreis für ein süßes Erfrischungsgetränk («horchata»), das sie auf dem Markt verkaufen, Rosalia wäscht «fremde» Wäsche, Na Maria verkauft den von ihrem Mann gefertigten Schmuck. Andere Frauen bereiten das Essen, waschen, gießen ihre Pflanzen, füttern die Hühner und Schweine, fegen den Hof oder nähen den Rock für das nächste Fest.

Die Arbeit wird jedoch von zahlreichen Pausen unterbrochen, in denen man sich noch einmal gemütlich in die Hängematte legt, Alltagsprobleme und -geschehnisse bespricht und die spielenden Kinder beaufsichtigt. Bei Bedarf werden Kinder manchmal für bestimmte Aufträge und Besorgungen fortgeschickt, wenn nötig, werden sie zurechtgewieesen oder ausgeschimpft, aber man spricht auch ständig mit ihnen und liebkost sie hin und wieder. Nichts bleibt unbeachtet oder unbeaufsichtigt in diesen Gassen, diesen offenen Räumen voller Wind, Sonne und Hitze, plötzlicher Regenfälle und Gefühle wie Freud und Leid.

40 Tage nach ihrer Geburt werden die Kinder im allgemeinen ohne besondere Zeugen im Einwohnermeldeamt eingeschrieben; dort kennt man sich, und jeder der dort gerade Anwesenden kann die Geburt bestätigen.

Ist das Kind ein Jahr alt, wird die Taufe gefeiert. Die Taufpatin schenkt das Taufkleid; auch für das Geld («bolo»), das nach der Messe unter den Kindern verteilt wird, ist sie zuständig. Wenn ihre finanzielle Lage gut ist, bezahlt sie auch eine Musikkapelle, die den Festzug der Familie und ihrer Gäste von der Kirche nach Hause begleitet. Die Taufe ist das erste soziale Ereignis im Leben des kleinen Mädchens, ihr zu Ehren wird gegessen und getrunken. Die Patin geht eine große Verpflichtung ein; sie übernimmt die Aufgabe, wie eine zweite Mutter für das Patenkind zu sorgen, ihm Unterstützung in schweren Lebenslagen und Beistand in der Schulzeit und Berufsausbildung zu gewähren sowie ihm bei Feierlichkeiten – Erstkommunion, fünfzehnter Geburtstag, Entführung und Hochzeit – zu helfen.

Zur Taufe erhält die Kleine viele Geschenke. Geborgen auf dem Arm ihrer Mutter oder ihrer Patentante, erlebt sie sich als Mittelpunkt der Aufmerksamkeit. Das Kind wird von all dem noch nicht sehr viel verstehen. Es erlebt die erste öffentliche Festlichkeit zu seinen Ehren, eine Verpflichtung für die Zukunft, da es von nun an ebenfalls an den Familien- und Nachbarschaftsfesten teilnehmen und die Einladungen seiner anwesenden Gäste stets annehmen muß. Gleichzeitig kann es jedoch auch die Liebe, Freude, Rührung und den Stolz der Familie über das gelungene Fest spüren. Tanten, Onkel und Großeltern werden sich auch weiterhin um die Kleine kümmern und für sie sorgen. Ihre materielle und soziale Zukunft ist mit Unterstützung der Großfamilie gesichert; sie wird in einem sozialen und physischen Umfeld aufwachsen, das ihr Sicherheit und Schutz bietet.

Kinder werden bis zum zweiten Lebensjahr von ihren Müttern gestillt, doch schon nach dem ersten Jahr erhalten sie zusätzlich feste

Nahrung: Tortilla aus dem runden Backofen mit Frischkäse, Fisch oder Garnelen, etwas Atole oder Kaffee. Kuhmilch trinken Kinder fast nie. Nach und nach bekommen sie auch immer mehr Happen von den Erwachsenen zugesteckt: Totopos, Leguan- und Gürteltierfleisch, Obst wie Mangos, Pflaumen, Melone, Wassermelone, Bananen und andere tropische Früchte aus der Region.

Die typischen Gerüche und Geschmacksrichtungen der zu Hause und in den Höfen zubereiteten Regionalprodukte und -speisen prägen die Vorliebe für das Eigene; außerdem lernt das Kind die verschiedenen Gerichte mit bestimmten Personen, die sie kochen oder verkaufen, zu identifizieren.

Natürlich stimmt es, daß die Hauptverantwortung für ein Kind bei der Mutter liegt. Doch schon 40 Tage nach der Geburt betreibt sie wieder ihre Geschäfte oder geht ihrem Beruf nach, und dann übernehmen die Personen zu Hause – die Großmutter, eine Schwester, ein Kindermädchen oder sogar der Ehemann – ganz natürlich die Betreuung des Kindes. Zu bestimmten Stunden wird ihr das Kind zum Stillen auf den Markt gebracht, oder sie geht kurz nach Hause, und ein Familienmitglied vertritt sie unterdessen an ihrem Verkaufsstand auf dem Markt.

Die häufigsten Kinderkrankheiten sind «xi la se huiini» (kleiner Trübsinn), «guendaro yaa» (böser Blick), «guid xa guichi» (Verachtung) und «empacho» (Magenverstimmung). Massagen, Klistiere, Sitzbäder, Bekreuzigungen mit Ei, Basilienkraut und Anisbranntwein oder ein Schmalz-Eukalyptus-Gemisch als Einreibemittel in Verbindung mit einem Kamillen- oder Zimttee und einem Schmerzmittel sind in solchen Fällen vielgepriesene Heilmittel. Heilerinnen, auf diese Krankheiten spezialisiert, werden aufgesucht, häufig, nachdem man schon beim Arzt war; manchmal werden auch beide gleichzeitig zu Rate gezogen.

Es besteht der Glaube, daß Kleinkinder an Traurigkeit und Verachtung erkranken können. Interessant ist die Bedeutung affektiver Bindungen in dieser Hinsicht. Man sagt, daß Kleinkinder für ihre Bezugspersonen große Zuneigung empfinden und bei plötzlichem Fehlen dieser Person sehr traurig werden, sie so stark vermissen, daß sie die Nahrung verweigern und erkranken können. Zur Heilung dieser Krankheit bedarf es einer kundigen Frau, die mit kräftiger Körpermassage und Einreibungen mit frischem Basilienkraut das Leiden lindert, während sie Gebete und Bittgesänge an die heilige Marta oder eine andere Heilige ihrer Verehrung richtet, damit der Wind oder der Regen das schmerzliche Andenken wegtragen möge. Auch Gelübde und Versprechungen an die Heilige Jungfrau werden abgelegt. Wenn das Kind dann genesen ist, wird der Schutzheiligen ein Fest ausgerichtet, und junge Frauen tragen als «Geschenk-», «Bier-» oder «Musikpatinnen» dazu bei.

Krankheit und Genesung eines Kindes sind also nicht nur Privatangelegenheiten, die Verantwortung liegt nicht nur bei der Mutter, sondern verschiedene Personen aus der Gemeinschaft sind daran beteiligt.

Spielerischer Ernst: erste Pflichten, erste Feste

Etwa vom sechsten Lebensjahr an, zwischen Spielen, häuslichen Pflichten, Schule und Festlichkeiten, erlernen und entwickeln die Mädchen ihre Fähigkeiten für den Handel. Der Tortillaverkauf oder der Verkauf von gebackenem Fisch, Süßigkeiten und Blumen aus dem Hausgarten sind Beschäftigungen, die jedes kleine Mädchen bald erlernt hat.

Mariana erinnert sich, daß sie jeden Morgen sehr früh aufstehen mußte, um den Hof und den Garten zu fegen, die Pflanzen zu gießen und Tortillas und Atole zu holen. Wenn sie mittags aus der Schule kam, mußte sie auch noch Kürbisse für das Schweinefutter zerkleinern. Sonntags stand sie frühmorgens mit ihrer Großmutter auf, schnitt «guie'chaachis» (Blumen) im Garten des Hauses, fertigte damit wunderschöne Gestecke auf Rindenstücken des Bananenbaumes und verkaufte diese dann mit der Großmutter auf dem Markt. Das so verdiente Geld erhielt ihre Mutter, die sie ihrerseits mit einem kleinen Geldbetrag belohnte, der für eine Kinokarte oder einen Schulausflug reichte.

Außer der Entwicklung bestimmter kommerzieller Fähigkeiten, lernen Mädchen auf diese Weise den Wert der Anstrengungen, die für Produktion, Verarbeitung und Vermarktung notwendig sind, zu schätzen.

Magdalena erinnert sich, daß sie als Zehn- oder Elfjährige vor und nach der Schule Tortillas verkaufen mußte, die ihre Mutter und ihre Tante gebacken hatten. Zuerst versuchte sie es stets in der Nachbarschaft und erst später auf dem Markt, wo sie den Rest verkaufte.

Der Schulbesuch steht bei Mädchen nicht an erster Stelle, er ist zumindest nicht ihre einzige und wichtigste Beschäftigung. Es wird als wichtig erachtet, daß eine Frau von klein an ihren Lebensunterhalt verdient, und dies kann sie nur mit Erfolg, wenn sie die Kunst des Handels, der Verarbeitung landwirtschaftlicher Produkte sowie der Herstellung von Kleidung oder anderen Dingen erlernt. Wenn sie diese Arbeiten dann auch noch mit Anmut und voller Lebensfreude verrichtet, genießt die Betreffende hohes Ansehen.

Na Amelia, mit ihren 78 Jahren, berichtet immer noch tiefgerührt von ihren Schulerfahrungen: «Mit 12 Jahren ging ich erstmals in die Schule, die damals in Na Celias Haus untergebracht war, um dort lesen und schreiben zu lernen. Im ersten und zweiten Schuljahr war Frau Eloisa Herrera, eine Tehuana, meine Lehrerin; in der dritten Klasse war es meine Patentante Rosa. Im vierten Schuljahr wollten meine Eltern mich dann nicht mehr zur Schule schicken, also blieb ich zu Hause, um dort mitzuhelfen. Als ich die Fibel lesen konnte, bekam ich einen Blumenkranz aufs Haar. Das war Na Celias Gewohnheit: Ich durfte aus der Fibel vorlesen, durfte meine Fähigkeit unter Beweis stellen, und meine Schulfreundinnen durften mich mit dem Blumenkranz nach Hause begleiten.»

Zu den wichtigsten Kindheitserlebnissen, im Alter von sieben bis zwölf Jahren, zählen die Erstkommunion und das Blumenfest, genannt «regada de flores». Ebenso wie im Fall des Schulbesuchs sind diese Feste nur möglich, wenn das Mädchen an der Arbeitsteilung des Haushalts teilnimmt und zur Aufbesserung des Familienbudgets beiträgt und wenn man mit der Unterstützung wirklicher oder ritueller Verwandter (etwa der Patentante) rechnen kann.

Die Erstkommunion

Wie in den meisten Fällen, dauert auch das Fest zur Erstkommunion von Lourdes zwei Tage, Sonntag und Montag. Aber für die Vorbereitungen sind viele Monate erforderlich, in denen gespart und das Familienbudget vergrößert und ergänzt wird, um die anstehenden Ausgaben für Essen und Trinken, das Kleid der Mutter, das Zeremonienbrot, die Schokolade für die Einladung der Patin, der Ehrendamen und ihrer Kavaliere bezahlen zu können.

Am Sonntag ist die Heilige Messe. Um zehn Uhr morgens treffen sich die Verwandten und Freunde der Familie in der Hauptkirche. Nach der feierlichen Zeremonie wartet eine Musikkapelle am Ausgang der Kirche, die den Festzug der Familie und ihrer Gäste nach Hause geleitet. Das Kommunionskind Lourdes, mit ihrem langen weißen Kleid und ihrem schönen Kopfschmuck geht am Arm ihres «Kavaliers», gefolgt von vier festlich gekleideten Ehrendamen und deren Begleitern, an der Spitze des Festzuges. Keines dieser Kinder ist älter als zwölf Jahre. Hinter ihnen schreitet die Hauptpatin am Arm ihres Partners, dann die Mutter mit dem vierjährigen Sohn an der Hand. Danach kommt der fröhliche Freundeskreis und eine Gruppe Schaulustiger, die vergnügt und ausgelassen unter der heißen Mittagssonne der Musik folgen. Aus vielen Häusern schauen die Leute dem Festzug nach und grüßen die Bekannten. Zu Hause angelangt, wird das Ereignis der Gemeinschaft mit einem Feuerwerk kundgetan. Nachbarinnen, die nicht an der Messe teilgenommen haben, kommen nun nach und nach mit ihren Geldspenden («milden Gaben»: «limosna») und Beiträgen zum Essen und werden mit frischer «Horchata» und einem Schweinegericht in pikanter Sauce bewirtet. Die Männer setzen sich mit ihrem Bier an den Tisch der Musiker.

Um drei Uhr nachmittags kann der Tanz beginnen. Bis sieben Uhr abends spielt ein Orchester auf. Sowohl die Mutter als auch die Patin des Kommunionskindes sind mit der Bewirtung ihrer Gäste voll beschäftigt, die ihre Geschenke und Spenden (5000–20000 Pesos) sowie Bierkästen übergeben und daraufhin köstliche Kleinigkeiten («botanas») und Bier vorgesetzt bekommen. Inmitten des Festes hält das

Mädchen mit klarer Stimme eine kurze, vorbereitete Rede, in der sie ihren Eltern für das Fest, das zu ihren Ehren anläßlich ihres 10. Geburtstages und ihrer Erstkommunion gegeben wird, dankt. Ebenso dankt sie ihren Patinnen und Paten sowie allen Anwesenden, die zum Gelingen des Festes beigetragen haben.

Am Montag ist der Kehraus («lavada de olla»), ein Fest mit weniger Gästen, doch um so fröhlicher, da man am zweiten Tag ungezwungener beisammen ist.

Von klein auf bewegt sich die Frau in der Öffentlichkeit, wird ihr nach und nach bewußt, daß sie in Juchitán – unabhängig von ihrer Einkommensschicht – einen wichtigen Platz in der Gemeinschaft hat. Es gibt keine Personen, die mehr oder nichts wert sind; in der Öffentlichkeit haben sie alle ihren Wert, und dieses Bewußtsein verleiht ihnen ihre Selbstsicherheit und ihr Selbstwertgefühl.

Das Blumenfest Guie' («regada de flores»)

Das Blumenfest ist ein Straßenumzug buntgeschmückter Festwagen, auf denen Mädchen und junge Frauen in ihren traditionellen Trachten stehen und unter die Schaulustigen kleine Geschenke verteilen; früher waren es Blumen und Früchte, heute sind es kleine Plastikspielzeuge oder Utensilien für den Haushalt. Auch Reiter und Reiterinnen zu Pferde folgen dem Umzug vom Haus des Zeremonienmeisters («mayordomo») bis zur Kirche. Dieser Blumenkorso ist Teil einer Vela.

Das Blumenfest wird in verschiedenen Gruppen und Ausschüssen organisiert. Eine Reihe Ochsenkarren, geschmückt mit Bananenblättern, Maisstauden und Papierblumen, wird von einem frischrasierten Bauern in Sonntagskleidung angeführt. Ihnen folgen eine traditionelle Musikkapelle und eine Gruppe von Kindern und Jugendlichen, die auf einheimischen Musikinstrumenten aus Schildkrötenpanzern und Schilfrohrflöten spielen (diese Musik nennt man «son pitu nisiaaba»). Danach kommen beide Mayordomo-Paare, das des Vorjahres und das diesjährige; sie führen eine Gruppe junger Frauen in Festtracht an, die in einer Hand ein Papierfähnchen und in der anderen eine Kerze tragen. Nun folgen zwei Reihen erwachsener und alter Frauen («guzana goola») mit Krügen voller Blumen. Hinter dieser Gruppe tauchen die Festwagen auf; darauf stehen junge Mädchen («capitanas») und ihre geladenen Freundinnen, alle fein herausgeputzt, die den Zuschauern und mitlaufenden Begleitern kleine Geschenke zuwerfen. Die Nachhut dieses bunten Umzugs bildet eine Reitergruppe junger Frauen und

Männer in Cowboy- und Cowgirlkleidung, an deren Spitze wieder ein «capitán» reitet. Zuallerletzt kommen eine kleine Gesandtschaft der Bauern mit herrlichen Kirschblütenzweigen und Vertreter der Fischerzunft mit ihren Netzen, die sie ein ums andere Mal über die staunenden Zuschauer werfen. Die Tradition des Blumenfestes ist offensichtlich ein Symbol der Hülle und Fülle, des Reichtums und Überflusses, an dem die ganze Gemeinschaft teilhat.

Um an dieser Veranstaltung mitwirken zu können, bedarf es einer Einladung der «capitana» oder des «capitans». Diese Einladung wird zusammen mit einem Geschenk, bestehend aus Brot und Schokolade («guendare»), ausgesprochen. Sobald sie die Einladung erhält, ist die betreffende Familie verpflichtet, einen Teil ihres Haushaltsbudgets für das Fest, die neue Tracht und die kleinen Geschenke zu sparen.

Einführung in die Unabhängigkeit

Die Zeit zwischen Pubertät und Jugend ist ein wichtiger Lebensabschnitt, um die Grundlagen für ein unabhängiges Leben zu legen. Berufsausbildung sowie Geschäftstüchtigkeit sind Angelegenheiten, die sich außerhalb des Hauses entwickeln. Also geht das junge Mädchen im allgemeinen zu einer Verwandten oder Bekannten der Familie, die ihm ihre Berufserfahrung vermittelt, es einkleidet und die ihm für die Mithilfe auch etwas Geld zusteckt.

Na Amelia ging mit 14 Jahren zu einer Tante, um dieser zu helfen und gleichzeitig das Müllerhandwerk zu erlernen. Von Montag bis Samstag arbeitete sie bei der Tante, am Sonntag erhielt sie ihren Lohn, den sie der Mutter abliefern mußte.

Mit dem verdienten Geld können junge Frauen in Juchitán ihre Kleidung und weitere Ausbildung bezahlen; doch nach und nach kaufen sie auch ihren Schmuck und Gebrauchsgüter, mit denen sie in die Ehe gehen und ihren Beruf ausüben werden. Dieses Eigentum stellt zwar in gewisser Weise eine Aussteuer dar: die Wäschetruhe oder der Kleiderschrank, die Schmuckstücke, die Nähmaschine – aber mehr noch ist es ein Zeichen ihrer Arbeit und der Fähigkeit, sich vernünftig und zukunftsorientiert zu verhalten. Das allmähliche Zusammentragen dieser Dinge ist auch ein Mechanismus, der ihnen Selbstvertrauen vermittelt, da sie über eigene Produktionsmittel verfügen, die ihnen – verheiratet

oder ledig – das Überleben ermöglichen und eine bestimmte Sicherheit
für die Zukunft verleihen.

Nicht nur Fähig- und Fertigkeiten für einen Beruf oder den Handel
sind wichtig; die Frau muß auch über Mittel verfügen, um ihn betreiben zu können: Mit ihren geringen Ersparnissen aus ihrer Zeit als Lehrmädchen einer bekannten «Garnachera» (einer Händlerin, die ihren
Lebensunterhalt mit dem Verkauf von «garnachas» verdiente) ent-
schloß sich Rosa im Alter von 15 Jahren einen eigenen Verkaufsstand
zu betreiben. Dafür kaufte sie einen Tisch und zwei Bänke, zwei Pfan-
nen und einige Teller. Ihre Mutter half ihr abends beim Verkauf und
tagsüber bei der Zubereitung der kleinen Tortillas, des Kohls, des
Hack- und gekochten Hühnerfleisches sowie der besonderen Sauce,
deren Rezept Rosa von ihrer vorherigen Arbeitgeberin mitbekommen
hatte. So kaufte sie ihre ersten Goldmünzen. Die Mutter drang darauf;
auch die Mitgliedschaft bei der «Sociedad de la Vela Calvario» war ihr
Verdienst. 30 Jahre später konnte Na Rosa dann stolz das Amt der
«mayordoma» dieses Festes übernehmen.

Der 15. Geburtstag

Zum 15. Geburtstag wird ein großes Fest zu Ehren der jungen Mädchen organisiert. Die Taufpatin trägt neben den Eltern die größte Last der Ausgaben. Außerdem bekommen die Mädchen zu diesem Anlaß wieder Schmuck (Ohrringe, Armband, Kette) geschenkt. All diese Dinge haben für eine junge Frau eine große Bedeutung: Sie sind

– Teil der Aussteuer;
– ein Zeichen der Zuneigung und Liebe, der Sorge und des Vertrauens, der Bestätigung und Anerkennung;
– ein Zeichen sozialen Prestiges, denn das Fest beweist, daß sich die Mutter und der Vater (falls er existiert) um ihr Wohlergehen und ihre Sicherheit bemühen;
– ein Zeichen dafür, daß der jungen Frau ein Teil der Verantwortung für ihren eigenen Lebensunterhalt und den Familienhaushalt übergeben wird.

Ein Beispiel:

Vor zwölf Uhr mittags kam der Zug mit der traditionellen Musikkapelle vorbei. Ganz voran ging das junge Mädchen in einem duftigen, langen Kleid mit weiten Ärmeln. Sie war kunstvoll mit glänzenden Bändern frisiert. Neben ihr ging ihr «Kavalier», der jünger als sie war, in weißem Hemd und schwarzer Hose. Hinter ihr die Patentante am Arm ihres Mannes. Es folgten die Mutter des Geburtstagskindes, eine Hühnerhändlerin, und ihr Vater, ein Ingenieur. Dann kamen alle Verwandten und Freunde.

Das Fest dauerte zwei Tage. Am ersten Tag spielten zwei Orchester abwechselnd, und die Jungen und Alten, hauptsächlich Frauen, tanzten zur Musik unter dem großen Zeltdach, das im Gemeinschaftshof errichtet worden war. Um vier Uhr nachmittags begann die Vorstellungszeremonie. Ein bekannter Lehrer war der Pate dieses Teils und hielt eine schöne Rede. Auch das Mädchen hielt eine Ansprache und bedankte sich bei allen für das schöne Fest. Dann tanzte es den Tage zuvor eingeübten Walzer mit ihrem Kavalier, dann mit ihrer Mutter, ihrem Vater, den Patinnen und Paten, während der Ansager sie alle namentlich vorstellte.

Am nächsten Tag fand der Kehraus («lavada de olla») statt. Wieder kam der Festzug mit dem Geburtstagskind an der Spitze durch die Straße. Diesmal trug es eine wunderschöne handgestickte Regionaltracht und ihren Goldschmuck. Mit Musik wurde die Patin abgeholt und das Fest dann mit einem Tanzorchester, viel Bier und Essen fortgesetzt.

Pubertät

Die ersten Jugendlieben werden in Juchitán möglichst vor den Eltern verheimlicht, die nämlich fürchten, daß ihre junge Tochter, ohne eine solide, auf bestimmten Fähigkeiten und eigenem Besitz basierende wirtschaftliche Grundlage, «zu früh» heiraten könnte oder daß der Freund, Verlobte und spätere Ehemann noch nicht reif genug sei und unverantwortlich handeln könnte. Doch Jugendliebschaften gibt es selbstverständlich auch in Juchitán. In diesen Fällen wird unter den Freunden ein Solidaritätsnetz ersonnen, das den Liebenden Zeit und Spielräume schafft und ihnen Begegnungen und ein Beisammensein ermöglicht.

«Wenn wir mit unserem Freund zum Tanzen oder ins Kino gehen wollten, dann trafen wir uns mit zwei oder drei Freundinnen, um von unseren Eltern die Erlaubnis zu bekommen. Wir sagten natürlich immer, wir gingen allein, ohne Freund; und wenn dieser uns frischgeerntete Tomaten oder zarten Mais schickte, erzählten wir nicht, wer sie wirklich schenkte. Immer war es der Freund dieser oder jener Freundin, und dann gab es auch keine Probleme.»

Die vierzigjährige Ana berichtet dies mit lächelnden und schelmischen Augen. Und sie fährt fort: «Man durfte sich selbstverständlich nicht in der Dunkelheit umarmen lassen, denn kaum versah man sich, konnte er dich am Busen oder sonstwo berühren; und dann, ja, dann blieb dir nichts anderes übrig, als mit ihm zu ‹fliehen›.»

Obwohl das tägliche Leben in der Öffentlichkeit verläuft, gibt es immer Orte und Momente für junge Leute, um sich zu treffen, zu erzählen, sich kennenzulernen und zu schmusen. Vor allem die Feste bieten solche Möglichkeiten, und alle jungen Mädchen ab dem 15. Lebensjahr dürfen daran teilnehmen. Auch die spärlich beleuchteten Gassen bieten vielfältige Möglichkeiten, um zusammenzusein und sich kennenzulernen, doch – wie Ana sagt – bestimmte Berührungen müssen vermieden werden, sonst kann es wirklich zur «Flucht» bzw. «Entführung» kommen.

Die «Flucht» mit dem Freund oder Verlobten ist die üblichste Art und Weise, um eine Hochzeit zu erzwingen. Das Ritual der Entjungferung wird also vollzogen und die Mutter der Braut vor vollendete Tatsachen gestellt, damit sie der Heirat zustimmt. Man könnte geneigt sein, dies als Risiko für die Frau zu betrachten, doch das Gegenteil ist der Fall, denn ihr Bräutigam ist nun gezwungen, sie zu heiraten oder eine Entschädigung zu zahlen, falls sie oder ihre Familie die Hochzeit nicht zulassen oder der Mann sie aus irgendeinem triftigen Grund nicht heiraten kann. Auch wenn sich das Paar für ein Zusammenleben ohne Trauschein entscheidet, erfolgt die Zahlung dieser Entschädigung an die Familie der Braut, die damit als Absicherung ihrer wirtschaftlichen Lage und zukünftigen Unabhängigkeit ein Eigentum für sie erwirbt. Dies wird besonders ernst verhandelt, wenn die Braut noch sehr jung ist. Sind die jungen Leute schon länger zusammen und verfügen über ein eigenes Einkommen, wird das Ritual nur als eine Formalität verstanden, ein Kräftemessen, um günstige Bedingungen sowohl für die Frau als auch für ihre Beziehung mit der Familie des Mannes nach der Eheschließung auszuhandeln.

Um das Ritual der Entjungferung verstehen zu können, muß es also neu, nicht mit westlichen Augen betrachtet werden. Auf den ersten Blick könnte es sehr gewaltsam erscheinen, denn der Bräutigam perforiert das Hymen mit dem Finger und befleckt ein weißes Tuch mit dem frischen Blut, das er den Frauen beider Familien, aus der Nachbarschaft und dem Freundeskreis vorzeigen wird. In der modernen Gesellschaft geschieht die Defloration als Privatangelegenheit zweier Personen, in der intimen Zweisamkeit eines Paares, und die Mehrheit der Frauen erleben sie allein, häufig verbunden mit Ängsten und Unsicherheiten, die durch ein liberales Verhalten getarnt werden. In dieser Gesellschaft erhält sie einen kollektiven und öffentlichen Charakter, die Gemeinschaft (Familie, Nachbarn, Freunde) nimmt durch bestimmte Mechanismen daran teil, die für die Frau bei der Defloration selbst und für ihr späteres Leben Schutz und Sicherheit bedeuten. Die Frauen beider Familien haben hierbei eine sehr wichtige Funktion.

Wenn die Entführung und Flucht stattfindet, ist die Mutter des Mannes meistens informiert und hat ihr auch zugestimmt, was durch verschiedene Vorbereitungen zu erkennen ist: Der Raum für die Entjungferung muß hergerichtet sein, die Brautfamilie und die Nachbarn beider Familien müssen mit Feuerwerk und Knallköpern über den «erfolgreichen Ausgang» benachrichtigt werden. Ein Bote wird mit einer Einladung für das Fest am nächsten Tag zur Mutter der Braut gesandt, ein Musikorchester wird engagiert, das Bier gekauft, Blumenkränze für die Leute der Braut werden bestellt, die diese dann auf ihrem Heimweg tragen werden. Die Brautmutter wird etwas überrascht sein, doch auch sie muß schnell handeln: Der Brauch schreibt vor, die Nachbarn zu informieren und eine Delegation zu ernennen, die die Brautfamilie vertreten und das Ereignis im Hause des Bräutigams nach persönlicher Überprüfung bezeugen wird. Dies ist wichtig für die Verhandlungen bezüglich der Eheschließung am folgenden Tag.

Als Augenzeugin und Teilnehmerin der «zur Brautfamilie gehörenden Leute» habe ich an solch einem Ereignis teilgenommen, das ein kollektives und öffentliches Initiationsritual für den Eintritt der Frau in einen neuen Lebensabschnitt darstellt.

Es war kurz nach Mittag, als die ersten geladenen Frauen in ihren eleganten Festtrachten bei der Brautmutter eintrafen. Sie waren von ihr gerufen worden, um sie bei der Familie des Bräutigams zu vertreten. Es ist nicht üblich, daß die Brautmutter selbst mitgeht, denn von ihr wird erst einmal angenommen, daß sie nicht einverstanden ist, daß sie ihre Tochter nicht hergeben will. In diesem Fall war sie nicht einmal die leibliche Mutter; die Braut war ein auswärtiges Mixe-Mädchen, das bei ihr als Dienstmädchen gearbeitet hatte. Doch sie übernahm nun die Rolle der Mutter, um die Interessen der jungen Frau zu vertreten und mit den anderen Frauen die bestmöglichen Bedingungen für sie auszuhandeln.

Es wurde also eine «Patin» ernannt, die die Frauendelegation zur Familie des Bräutigams anführen würde. Um zwei Uhr nachmittags setzte sich die etwa zwölfköpfige Abordnung in Bewegung. Die Frauen gingen zu zweit oder dritt untergehakt und glichen einem Schwarm Kampflustiger, die in die Schlacht ziehen. Am Ziel angekommen, ertönte ein Horn als Signal, und die Feuerwerksraketen wurden gezündet.

Wir gingen in das Haus, in einen großen Raum, der mit einigen Decken eine provisorische Trennwand erhalten hatte, wodurch eine Art kleine Kammer entstanden war, in der das Bett stand. Darin lag die Braut mit ruhigem Antlitz und einem kleinen Lächeln auf den Lippen. Ein weißes Laken bedeckte sie, auf dem rote Hibiskusblüten verstreut lagen. Auf dem mit Basilienkraut und roten Blumen geschmückten Hausaltar lag der Beweis ihrer Jungfräulichkeit: ein weißes Tuch mit

einigen Blutflecken auf einem Lacktablett inmitten von roten Hibiskusblüten. Wir setzten uns in eine Reihe. Auf den ersten Stuhl setzte sich
die Patin, welche bald darauf von der Mutter des Bräutigams gerufen
wurde, die ihr sehr ernst und würdevoll das Beweisstück präsentierte,
indem sie sagte: «Schau, hier ist das Wertvollste einer Frau» («biiya'
rari' nuu ni risaka xtii gunaa»).

Nachdem die Patin wieder auf ihrem Platz saß, gingen wir eine nach
der anderen zur Begutachtung vor den Tisch und gaben mit einem beja-
henden Kopfnicken unsere Bestätigung zu erkennen. Dann wurden al-
koholische Getränke serviert: Sherry, Apfelwein, Bier und Schnaps,
alles durcheinander. Die Frauen neben mir mahnten mich zur Vorsicht
und gaben mir Anweisungen, wie ich zu trinken hatte; keine verschiedenen Biersorten durcheinander, keinen Schnaps, auf keinen Fall betrunken werden! Die Frauen aus der Sippe des Bräutigams versuchten
mit allen Mitteln, uns zum Trinken zu bewegen, sie tranken ununter-
brochen, ein Bier nach dem anderen, mit jeder von uns. Sie erzählten
Witze und Anekdoten, brachten uns zum Lachen, und nach und nach
wurde die Stimmung entspannter.

Die «Leute» der Braut mußten dieses Tempo mithalten, doch ohne
die Kontrolle über die Situation zu verlieren. Alle schauten hin und
wieder versteckt auf die Uhr, und nach etwa zwei Stunden dieses Wett-
kampfes wurden endlich die Blumenkränze an uns verteilt, die wir auf
den Kopf setzten. Dann bekamen wir einen Teller Hühnersuppe serviert. Zuletzt gab man uns ein Stück Brot und eine geschlossene Flasche
Bier für den Heimweg, das Zeichen für unseren Abzug. Begleitet von
der Musikkapelle, die in diesem Moment «BEUA XIÑA», ein pikan-
tes und zweideutiges Hochzeitslied spielte, wurde dann noch ein letztes
Kräftemessen ausgetragen. Mit Späßen und Neckereien verfolgten wir
nun die verwandten Frauen des Bräutigams (außer der Mutter) und
versuchten sie mitzunehmen, um sie im Hause der Brauteltern als Zeichen unserer Stärke betrunken zu machen. Dort angekommen, wurde
Bier und leichtes Essen serviert, man tanzte zwei Runden, und danach
zogen sich auch die Leute des Bräutigams zurück.

Nachdem die Frauen im Hause der Braut endlich wieder zur Ruhe
gekommen waren, bemerkte eine voller Stolz: «Sie dachten, sie würden
gewinnen, aber sie haben sich geirrt. Betrunken konnten sie uns nicht
machen. Außerdem haben wir viele von ihnen hergebracht.» Dies sagte
sie mit kräftiger Stimme, während sie den Sieg mit einem Bier begoß.
Die Stärke der Gruppe war deutlich spürbar, und für die Brautmutter

bedeutete diese Unterstützung ihrer Freundinnen und Nachbarinnen sehr viel, um die Interessen ihrer Tochter gegenüber der Familie des Bräutigams zu vertreten und eine würdige Hochzeit oder Entschädigung auszuhandeln. Diese Würde und Kraft mußte in jedem Moment an den Tag gelegt werden, deshalb die Galatracht der Frauen, kein Anzeichen von Unvernunft, trotz der alkoholischen Getränke, sondern Charakterstärke und Würde, im Nehmen und Geben.

Üblicherweise erscheint am folgenden Tag eine Vertretung der Familie des Mannes, um die nächsten Schritte für die Hochzeit zu besprechen und über die Höhe der Entschädigung zu verhandeln. Wenn sich die Parteien einig geworden sind, wird die standesamtliche Eheschließung innerhalb von sieben Tagen stattfinden. Nach dieser amtlichen Handlung kehrt die Braut bis zur kirchlichen Trauung in ihr Elternhaus zurück. Dieser Termin wird immer angemessen festgelegt, damit der Bräutigam und seine Familie genügend Zeit für die Vorbereitungen und die Beschaffung des nötigen Geldes für das Hochzeitsfest haben.

Diesmal allerdings kam keine Delegation des Bräutigams, sondern das Brautpaar selbst, um der «Mutter» mitzuteilen, daß die standesamtliche Eheschließung erst in zwei Monaten, gleichzeitig mit der kirchlichen Trauung, stattfinden würde und die Braut bis zu diesem Termin bei ihm bleibe. Die Braut«mutter» war sehr zornig und betrachtete es als Schande und Schmach. Auch die anderen hinzugekommenen Frauen äußerten ihre Entrüstung: Die Braut habe sich unter Wert verkauft, sie habe sich keine Achtung verschafft; wenn dies jetzt schon so sei, was käme dann erst später?! Die Familie des Bräutigams habe gewonnen, sie habe dem Mädchen den Kopf verdreht.

All diese Frauen, die der Braut ihre Unterstützung geschenkt hatten, empfanden dies als Schmach. Selbstverständlich hat keine von ihnen an der Hochzeit teilgenommen. Das Gesetz der Gegenseitigkeit war durch die Braut nicht eingehalten worden; Isolierung war die Antwort.

Wie oben erwähnt, bedeutet dieses Ritual eine Absicherung der materiellen und sozialen Existenz der Frau und schützt das junge Mädchen vor männlicher Aufdringlichkeit und Belästigung. Es ist deshalb von äußerster Wichtigkeit, daß eine Frau den Wert ihres Körpers kennt und ihn schätzt, denn er stellt ihre Sicherheit dar. Dies bedeutet nicht, daß sie nur wegen ihres Hymens etwas wert sei. Der Mann muß vielmehr beweisen, daß er bereit ist, eine Verantwortung zu übernehmen. Der erste Schritt seiner Verpflichtung ist genau dieses Ritual. Auch die Unterstützung ihrer «Leute» ist dabei äußerst wichtig. Wenn eine Frau nicht mehr Jungfrau ist (was sehr selten dokumentiert wird, da das Brautpaar auch alles vortäuschen kann), kann der Bräutigam die Braut auch ohne Entschädigung in ihr Elternhaus zurückbringen. Ein Mann aus der juchitekischen Mittelschicht, der sein Mädchen nach der Brautnacht wirklich wieder nach Hause geschickt hatte, wurde jedoch von anderen Männern seines Alters als «herrschsüchtiger Schwachkopf» bezeichnet, die Frau als «zu vertrauensvoll» dargestellt.

Wenn der «Entführer» einer Frau verheiratet ist, aber nicht mit seiner Frau zusammenlebt, wird das Ritual trotzdem vollzogen. Hochzeit gibt es danach keine, doch Verhandlungen und eine hohe Abfindungssumme an die Brautmutter, um die Zukunft und Unabhängigkeit der jungen Frau abzusichern. Der Mann übernimmt auf diese Weise die Verantwortung, indem er trotz seiner vorherigen Bindung die neue Verpflichtung konkret besiegelt.

Die beschriebene moralische Verpflichtung kann auch als Kontrollmechanismus gegenüber verheirateten Männern angesehen werden, die heimlich ein junges Mädchen umgarnen. Denn der Verlust der Jungfräulichkeit bedeutet in jedem Fall, daß er eine Entschädigungssumme zur Absicherung der Frau bezahlen muß. Auch seine Familie ist vor der Gemeinschaft moralisch verpflichtet, die Frau zu entschädigen.

Doch Lebensgemeinschaften werden nicht nur auf diese Weise geschlossen, auch andere Arten sind möglich: Der Mann kann auch um das Mädchen «anhalten». Aber am Tag nach der Hochzeit, selbst wenn das Brautpaar nach westlichem Brauch auf Hochzeitsreise geht, pflegt man ein Telegramm an die Mutter des Bräutigams zu schicken, das sie über den «guten Ausgang» der Hochzeitsnacht informiert. Dieses Telegramm legt die Schwiegermutter auf den mit Blumen geschmückten Hausaltar und erledigt dann alle anderen Formalitäten des Rituals.

Die andere Möglichkeit ist eine Schwangerschaft ohne Entführung und Hochzeit: «bireenebe ndaanibe» sagt man auf zapotekisch, das heißt «dicker Bauch ohne Entführung» und bedeutet nicht nur eine Schande in moralischer Hinsicht, sondern auch ein Problem des Überlebens: Die junge Frau mit einem Kind wird große Schwierigkeiten haben, ihre eigene Existenz und die ihres Kindes angemessen zu sichern. Und sie wird bestimmt einige Zeit von den Leuten geringgeschätzt und gemieden werden, bis sie ihren Arbeitswillen und ihre Vernunft unter Beweis gestellt hat, indem sie ihr Leben klug und besonnen in die Hand nimmt.

Ein Leben in Selbständigkeit und Gemeinschaft

In der Jugend formt die juchitekische Frau durch ihre Arbeit und ihre Beziehungen in der Gemeinschaft, die ihr auch soziales Prestige verschaffen, ein konkretes Bild von sich selbst. Die Juchitekin sieht ihre Verwirklichung im Bau eines eigenen Hauses, der Aufzucht ihrer Kinder, der Hochzeit ihrer Söhne und Töchter, der Spezialisierung in einem Beruf und im Handel, der Organisation und Teilnahme an Festen und Feierlichkeiten.

Der Bau des eigenen Hauses ist unerläßlich, nicht als Rückzugsort oder Schlupfwinkel, sondern als Ort sozialer Beziehungen und wirtschaftlicher Erwerbstätigkeit. Das Haus ist ein Bereich der Frau, wo sie das Sagen hat. Dort brät sie den Fisch für den späteren Verkauf, dorthin kommen die Leute, um Atole und Tortillas zu holen, dort werden die Hängematten hergestellt, verpackt und zum Verkauf geschickt, dort heilt sie, dort werden die verschiedenen Nahrungsmittel und Gerichte zurbereitet, die sie und ihre Kinder auf dem Markt feilbieten; kurzum, das Haus ist lebenswichtig, unentbehrlich für die Subsistenzproduktion.

Mit oder ohne Ehemann baut die Frau ihr eigenes Haus, denn noch wichtiger als die Unterstützung des Mannes ist der Beistand und Rückhalt des sozialen Netzes der Verwandten, Nachbarinnen und Freundinnen. «Der Hausbau ist für uns das Allerwichtigste, selbst wenn wir keine Möbel haben. Fremde hingegen haben meistens viele Möbel, aber leben zur Miete. Sie können nicht selbst bestimmen und sitzen irgendwann auf der Straße. Besser ist: erst das Haus und dann alles andere.» So erzählt eine Frau, die in einer Neubausiedlung in Juchitán wohnt. Anfangs waren es nur Lehmhütten mit einfachen Dachpfannen, jetzt stehen schon mehrere Ziegel- und Zementhäuser. Auch Elidia hat dort ihr Haus gebaut, sie ist 30 Jahre alt und verkauft Horchata auf dem Markt. Stolz und zufrieden erzählt sie uns: «Ich selber schleppte das Wasser für die Herstellung der Zementblocks. Auf der Schubkarre holte ich in Blecheimern das Wasser vom Brunnen und brachte es zur Baustelle. Jetzt habe ich es beinahe fertig, es fehlen nur noch die Fensterscheiben und einige Kleinigkeiten.»

Auch Na Amelia erzählt uns, wie sie ihr Haus, in dem sie mit ihren Enkeln und Urenkeln wohnt, gebaut hat: «Am Anfang, als ich nur zwei Kinder hatte, wohnten wir in einer Lehmhütte meines Onkels Laido. Später habe ich sie ihm wegen des guten Grundstücks abgekauft.

Meine Kinder gingen mit ihrem Vater Sesamsamen zupfen, während ich dutzendweise Kleider nähte. So haben wir gespart, um unser Haus zu bauen: zwei Millionen für die Ziegel, weitere zwei für das Dach. Und dann habe ich einen Obstgarten angelegt, Zitronen-, Mango- und Mandelbäumchen gepflanzt. Mein Vater schenkte mir ein Grundstück, das ich verkaufte, und von dem Erlös bauten wir noch ein Zimmer.» Dies ist jetzt das Arbeitszimmer von Na Amelia, wo sie Kinderkrankheiten wie Erschrecken, Magenverstimmung, Angina und Fallsucht heilt, Schwangere massiert, und wo auch ihre Nähmaschine steht.

Das eigene Haus ist für die Frau fundamental, eine Garantie ihrer wirtschaftlichen Sicherheit und Unabhängigkeit. Der Aneignungsprozeß dieses eigenen Lebensraums ist für sie auch ein Reifungsprozeß, denn es bedarf ihrer vernünftigen Haushaltung und guter Beziehungen, um die nötige Unterstützung und erforderlichen Geldmittel zu besorgen.

In bestimmten Phasen des Hausbaus, etwa beim Aufstellen der Trägerbalken oder der Herstellung der Lehmziegel, kann man mit Nachbarschaftshilfe rechnen («guendara ka ne saa»). Freunde, Verwandte und Bekannte kommen an einem verabredeten Tag frühmorgens zum Bauplatz und beteiligen sich an der Gemeinschaftsarbeit. Die Frauen bereiten indessen das Essen und sorgen für genügend frisches Wasser, das den Helfern ständig angeboten wird. Dieses Prinzip der Gegenseitigkeit bedeutet selbstverständlich, daß die Betreffende im gegebenen Moment auch zur Gegenleistung bereit sein muß oder, bei eventueller Verhinderung, jemanden dafür beauftragen und bezahlen muß.

Außer einer Produktionsstätte, deren Mittelpunkt die Frau ist, ist das Haus jedoch auch ein Ort verschiedener Zeremonien und Rituale des Zusammenlebens in der Gemeinschaft. In jedem Haus steht ein Hausaltar, ein Tisch («mexa bido»), auf den die von der Familie verehrten Heiligenbilder und -figuren gestellt werden: die Heilige Jungfrau Marta, Heilerin des Erschreckens; der heilige Vicente Ferrer, Schutzpatron von Juchitán; die Jungfrau der Einsamkeit, Helferin bei der Suche unauffindbarer Dinge; der Schwarze Christus von Esquipulas in einer Nische, umgeben von Blumen aus Alufolie. Neben diesen Heiligen stehen auch die Bilder der Verstorbenen der Familie.

Dieser kleine Altar wird täglich mit Blumen geschmückt, am 1. eines jeden Monats wird eine Kerze angezündet und um Schutz für den kommenden Monat gebetet. Er ist jedoch auch der unentbehrliche Ort für einige Rituale bei bestimmten Ereignissen: Hier wird der Beweis der

Jungfräulichkeit niedergelegt, hier findet die Totenwache statt, werden Braut und Bräutigam vor der Hochzeit gesegnet, wird Allerheiligen gefeiert.

Für diese Zeremonien ist die Frau zuständig, deshalb empfindet sie den Hausbau auch als eine Notwendigkeit, betrachtet das Haus als ihren Wirkungsbereich. Das Haus wird in Juchitán mit der Frau identifiziert. Auf die Frage «Wo wohnst du?», hört man dort häufig: «Ich bin die Tochter/der Sohn von Frau Soundso», und sofort wird jeder die Adresse kennen.

Auf der ganzen Welt ziehen Frauen ihre Kinder groß und versorgen sie bis zur Hochzeit, doch nicht überall können sie dies unabhängig tun und dafür auch noch ein hohes Ansehen erlangen. Dies ist jedoch in Juchitán der Fall. Aufgrund des Solidarnetzes und der Gegenseitigkeit unter Frauen sowie der weiblichen Arbeitsteilung können Frauen ihre Kinder großziehen und gleichzeitig in Beruf oder Handel tätig sein sowie an Festen, Zeremonien und öffentlichen Veranstaltungen teilnehmen.

Wenn eine ältere Frau ihre Lebensgeschichte erzählt, erwähnt sie selbstverständlich stets die Anzahl ihrer verheirateten Kinder. Stolz sagt sie dann: «Ich habe schon soundso viele Kinder verheiratet, mir fehlen jetzt nur noch soundso viele.» Wenn man einen Sohn verheiratet, bedeutet dies die Organisation sowie die Kostenübernahme des Hochzeitsfestes. Bei Töchtern sind die Mütter für die Aussteuer mitverantwortlich, hauptsächlich Wäschetruhe oder Kleiderschrank, Schrank für den Hausrat, Produktionsmittel (Nähmaschine) und Schmuck.

Frauen betrachten Kinder als eine sehr ernste und verantwortungsvolle Aufgabe, die ihnen aber auch Freude und Erfüllung bringt. Deshalb adoptieren viele, trotz eigener Kinder, noch andere dazu, da sie aufgrund ihrer eigenen Arbeit und finanziellen Unabhängigkeit die Möglichkeiten haben, ein oder zwei weitere Kinder großzuziehen. Auch in diesem Fall können sie auf das soziale Netz ihrer Umgebung vertrauen.

Hierzu ein Beispiel: Eneida ist 25 Jahre alt, hat zwei Kinder (ein zehnjähriges Mädchen und einen fünfjährigen Sohn), ohne mit dem Vater verheiratet zu sein, obwohl sie mit ihm lebt. Sie verdient ihren Lebensunterhalt mit Schneiderarbeiten und dem Verkauf der Hängematten, die ihr Lebensgefährte in seiner Werkstatt herstellt. Obwohl Eneida weitere Kinder gebären könnte, hat sie sich entschlossen, das noch ungeborene Kind einer Bekannten zu adoptieren, die nicht in der Lage sein wird, es großzuziehen. Als sich beide Frauen einig waren, hat sie die Schwangere mehrere Monate in ihrem Haus aufgenommen. Danach hat sie die Entbindungskosten und die Versorgung des Säuglings übernommen.

Adoption ist sehr normal und weitverbreitet in Juchitán. Vielleicht sieht man deshalb auch keine bettelnden Kinder auf den Straßen, ist die Kindersterblichkeit so niedrig. Wenn eine Frau unfruchtbar ist oder ihre Kinder schon verheiratet hat und diese unabhängig leben, passiert es in vielen Fällen, daß sie die Tochter einer Verwandten, eine Nichte oder Enkelin adoptiert. Na Amelia zum Beispiel wurde von ihrer Großmutter väterlicherseits adoptiert, großgezogen und in die Schule geschickt; ihre leibliche Mutter war für sie die große Schwester.

Nach der Heirat aller oder fast aller Kinder beginnt ein neuer Lebensabschnitt, in dem die juchitekische Frau bereit ist, zeremonielle Aufgaben zu übernehmen, zum Besipiel die Schirmherrschaft einer «vela». Auch der Hausbau der Söhne und Töchter wird in dieser Zeit nach Kräften unterstützt. Sie hat nun mehr Zeit und Ruhe für ihre Geschäfte. Auch einigen häuslichen Aufgaben und ihrer eigenen Person widmet sie sich mit zunehmender Aufmerksamkeit und größter Sorgfalt; sie hilft bei der Niederkunft ihrer Töchter und Schwiegertöchter, nimmt an der Entbindung ihrer Enkel und nach und nach auch an ihrer Versorgung, Pflege und Erziehung teil. Wenn ihrem Namen zu guter Letzt das kleine Wörtchen «Na» vorweggesetzt wird (Na Rosa, Na Hilaria), erreicht ihr Ansehen seinen Höhepunkt.

Königinnen bis zuletzt: Alter und Lebensende

Alte Frauen genießen in Juchitán großen Respekt, sie haben ziemlich viel Einfluß und werden von allen Leuten voller Ehrfurcht mit «Tante» angesprochen. Man sucht ihren Rat und ihre Orientierung bei der Durchführung von Zeremonien und Ritualen der Geburtshilfe. Man schätzt ihre Weisheit und Fähigkeiten und ist äußerst zuvorkommend, liebenswürdig und hilfsbereit im Falle ihrer Erkrankung. So ernten sie, was sie im Laufe ihres Lebens gesät haben. Gleichzeitig beginnen sie nun mit den Vorbereitungen für ihre letzte Zeremonie, die ihrer Beerdigung; auf diese Weise schließt sich ihr Lebenskreis in Würde und Selbständigkeit.

Trotz mancher Gebrechen und Beschwerden ist das Alter in Juchitán kein Hindernis, um an Festen teilzunehmen. Ganz im Gegenteil, das Beziehungsnetz der alten Frauen fördert ihre Teilnahme an den verschiedenen Festen. Sie sind jetzt nicht mehr selbst in der Lage, die Vorbereitungen eines Festes zu übernehmen, doch sie können es immer noch leiten und genießen. Kinder, Enkel und Freunde zeigen ihnen ihre Zuneigung, indem sie ihnen ein herrliches Geburtstagsfest ausrichten, mit Orchester, viel Essen, Bier und Tanz. Und sollte sich eine Jubilarin wegen einer Krankheit oder eines Gebrechens nicht mehr wie früher bewegen können, sitzt sie wie eine hofhaltende Königin dabei und freut sich über die Fröhlichkeit zu ihren Ehren. Auf diese Weise nimmt sie allmählich Abschied von all jenen, die wissen, daß es höchstwahrscheinlich ihr letzter Geburtstag sein wird.

Altersbedingte Krankheiten sind recht häufig, besonders rheumatische Erkrankungen oder Diabetes. Wer welche Krankheit hat, ist meistens öffentlich bekannt: «napabe gubaa», sie leidet an Rheuma, oder «napabe dxiña», sie hat Zucker, hört man die Leute dann oft sagen. Im allgemeinen greift man zuerst zu traditionellen, auf Kräutern basierenden Hausmitteln und Massagen; auch die moderne Medizin ist gefragt: Man sucht einen Privatarzt auf, von dem man sich Linderung oder Heilung verspricht. Der alte Mensch ist auf keinen Fall allein mit seinen Sorgen und Krankheiten, er wird nicht in einem Krankenhaus seinem Schicksal überlassen, alle Familienangehörigen und Nachbarn interessieren sich für seine Gesundheit, begleiten ihn zum Arzt, legen Geld zusammen, damit die Arztkosten bezahlt werden können, übernehmen – falls notwendig – abwechselnd die Pflege oder bestimmte Aufgaben. Meistens wird die alte Mutter zu Hause von ihren Angehörigen gepflegt, von denen, die früher von ihr Unterstützung erwarten konnten und erhalten haben.

Regelmäßige Besuche bei alten Frauen sind üblich. Man bringt ihnen Obst, Brot oder andere Kleinigkeiten und unterhält sich eine Weile mit ihnen. Kinder und Enkel kommen von weit her, um ihre alte Mutter und kranke Großmutter zu besuchen. So war es bei Na Isabel, einer über 90jährigen Greisin. In den letzten Monaten vor ihrem Tod war ihr Gesundheitszustand zwangsläufig Thema der Unterhaltung zwischen ihren Töchtern, Schwiegertöchtern und Enkelinnen auf dem Markt. Auswärts lebende Töchter und Söhne kamen für einige Tage mit den Enkeln zu Besuch. Eine Tochter kam aus Oaxaca mit ihren fünf Kindern, um der Großmutter einen Abschiedsbesuch abzustatten.

Bereits Monate und Wochen vor dem Ableben der Greisin durch Altersschwäche oder Krankheit werden Vorbereitungen für dieses Ereignis getroffen. In ihrer Truhe wird die Kleidung für ihr letztes Fest bereitliegen: der feine Rock mit Bluse, die Kopfbedeckung und die neuen Sandalen. Im allgemeinen sammeln die Angehörigen das Geld für die Beerdigungskosten in der Familie: für den Kaffee und den Mezcal, für die Musikkapelle, die Blumen und Kerzen, den Sarg, die Totenwache, die Beerdigung und Messen am 9. und am 40. Tag danach. Die Greisin selbst wird noch letzte Anweisungen geben, wie im Falle von Na Isabel: Sie sagte einige Tage vor ihrem Tod, daß sie Beerdigungen am Morgen nicht so gern habe, da es immer so heiß sei und alle Leute sehr in Eile und im Laufschritt die Feierlichkeit hinter sich brächten. Sie bevorzuge Beerdigungen am Nachmittag, da diese feierlicher seien. Und ihre Angehörigen respektierten diesen letzten Wunsch.

Umgeben von Blumen liegt die Tote in ihrem Sarg vor dem Hausaltar, wo die Totenwache stattfindet. Die Angehörigen und Verwandten treffen alle nach und nach ein. Auch ein Klageweib oder eine Totenbeterin wird bestellt. Während der Totenwache wird über die Krankheiten und das Sterben der alten Dame gesprochen, auch die Ereignisse ihres Lebens sind ein Gesprächsthema. Die Männer bleiben unterdessen auf dem Hof, sie trinken Mezcal und singen zu Gitarrenbegleitung. Wenn die Zeit für die Beerdigung gekommen ist, bildet sich der Trauerzug, begleitet von einer traditionellen Musikkapelle, die ein oder zwei Abschiedslieder spielt, während der Sarg noch vor dem Hausaltar steht. Dieser Trauerzug zieht nun mit Musikbegleitung durch die Straßen und macht vor den Häusern anderer Familienangehöriger halt, um auch dort Abschied zu nehmen. Danach geht es zu Fuß bis zum Friedhof und der Familiengruft, wo die Tote beigesetzt wird, in einem Grab, das Stunden vorher von Familienangehörigen und Freunden ausgehoben worden ist. In Juchitán gibt es keine Totengräber.

Nach der Bestattung sind noch einige Pflichten zu erledigen: die neuntägige Trauer mit täglichen Andachten, die Messe am 40. Tag mit anschließendem Festessen (Tamales und Atole). Sonn- und feiertags wird das Familiengrab besucht und mit Blumen geschmückt. Auch am Totensonntag, zu Allerheiligen (Xandu') und am Palmsonntag ist es üblich, die Gräber der Verstorbenen zu schmücken und die Toten zu ehren.

Cornelia Giebeler

Politik ist Männersache –
Die COCEI und die Frauen

«März 1981. Nur einen Tag blieb ich in Juchitán. Ein heißes, staubiges Provinzkaff. 500 Meter Teerstraße, daran liegen ein paar zweigeschössige Steinbauten. Es ist die Hauptstraße. Sonst nur Hütten, ein paar Tausend. Die Frauen fallen mir auf. Es sind große stattliche Frauen. Sie tragen weite Röcke, dazu bunt bestickte Blusen. Sie wirken selbstbewußt. Man sagt, hier herrsche noch das Matriarchat. Daß sie im örtlichen Leben eine große Rolle spielen, kann ich mir jedenfalls vorstellen. Auch bei den Wahlen, die gerade stattgefunden haben, Provinzwahlen, aber sie hatten ihr Echo sogar in Mexiko-Stadt: Es hatte die COCEI gewonnen, eine linke Allianz aus Bauern, Studenten und Arbeitern. Gegen die PRI, die allmächtige Staatspartei. Trotz massiver Wahlfälschung, trotz Einsatz von Polizei und Militär.»

Auf diese Weise leiten Ignacio Ramirez und Ernesto Reyes ihren Bericht über Juchitán ein, der in den Lateinamerikanachrichten 1984 abgedruckt ist. Sie beschreiben hier, wie so viele Besucher Juchitáns, die beiden auffälligsten Merkmale der juchitekischen Gesellschaft: 1. die starke Dominanz, ökonomische Unabhängigkeit und persönliche Würde der zapotekischen Frauen, 2. den Widerstandsgeist und die erfolgreichen Widerstandsstrategien der Bevölkerung von Juchitán.

Die Widerstandskraft der Zapoteken kann – so die These – nur überleben, solange die Kultur der «starken Mutter» und die Ökonomie der Reziprozität den sozialen und kulturellen Reichtum Juchitáns prägen. Die Andersartigkeit dieser Gesellschaft und die Wertschätzung dieser Andersartigkeit schaffen die innere Haltung im Charakter eines jeden einzelnen, um sich ausdauernd und erfolgreich gegen unerwünschte Einflüsse zu wehren.

Die COCEI ist eine politische Bewegung, die in den siebziger Jahren begonnen hat, die soziale Frage am Isthmus zu thematisieren. Wie in allen sozialen Bewegungen waren auch hier am Anfang zu mindestens 50 Prozent Frauen beteiligt, die sich jedoch dann, als die Bewegung sich zu institutionalisieren begann, aus dem politischen Geschäft zurückzogen.

Die COCEI, die Coalición de Obreros Campesinos y Estudiantes del Istmo, hat große Erfolge im Widerstand gegen Landumverteilung, Enteignung, Korruption und niedrige Löhne verzeichnet. Sie hat sich in blutige Auseinandersetzungen begeben und innerhalb der letzten 20 Jahre der zuvor allmächtigen PRI (Partei der Institutionalisierten Revolution) die politsche Macht entrissen. Seit 1990 stellt die COCEI in Juchitán und in etlichen Kleinstädten und Dörfern der Umgebung die regierende Partei.

In den umfangreichen Berichten über die politische Bewegung und die politischen Erfolge der COCEI am Isthmus von Tehuantepec kommt eine Seite der Medaille stets zu kurz: die tiefe Verwurzelung der linken Aktivisten der COCEI innerhalb der zapotekischen Gesellschaft. Die in den siebziger und achtziger Jahren stattgefundenen Versuche, die COCEI als linke Bewegung in die internationale sozialistische Front zu vereinnahmen und zum Beispiel als trotzkistisch zu klassifizieren (Trepko-Schapira 1984), gehen nur auf einen Aspekt der Bewegung ein: auf die teilweise erfolgte Identifizierung mit sozialistischer Programmatik durch die Studentenbewegung, die seit 1968 in der Folge der gewaltsamen Auflösung einer Studentendemonstration in Tlatelolco einen Aufruhr junger Menschen in ganz Mexiko bewirkte. Tlatelolco steht seitdem als Symbol für die Brutalität der PRI gegenüber andersdenkenden linken Bewegungen, die mit militärischer Gewalt zerstört werden. Dieses Schicksal sollte zunächst Anfang der achtziger Jahre auch die COCEI erleiden, doch die Geschichte nahm eine Wende.

Ethnizität und Politik

In Juchitán sind traditionell Politik und die ethnische Identität der Zapoteken des Isthmus nicht voneinander zu trennen. Die Identifizierung mit der eigenen Geschichte, der eigenen Sprache, der Stolz, Zapoteke zu sein – all dies gehört zu Juchitán und ist Grundlage politischen Handelns. Hier gehören ethnische Identifizierung und politische Orientierung zusammen – hier ist das Realität, wonach die Mestizengesellschaft Mexikos in den letzten Jahrzehnten sucht (Giebeler 1992 b). Guillermo Bonfil Batalla ist einer der zahlreichen Intellektuellen Mexikos, die sich einig sind darin, daß es keine nationale mestizische Kultur gibt, sondern daß alle Versuche der Definition einer eigenen nationalen Identität Varianten europäischer Kulturen sind. Umgekehrt wurden und werden die verschiedenen ethnischen Gruppen Mexikos zusammengefaßt und unter den Begriff des Campesinado, der Bauernschaft, subsumiert, womit der Verschiedenheit der indianischen Gesellschaften keinerlei Rechnung getragen wird. Was statt dessen versucht wird, ist, diese unterschiedlichen indianischen Völker Mexikos zu einer einzigen ethnischen Gruppe zusammenzudefinieren und aus den einzelnen Elementen eine neue Identität zu konstruieren. Nicht nur in Lateinamerika, in der ganzen Welt sind Fragen der Selbstbestimmung der Völker, der Bedeutung ethnischer Unterschiede für das Zusammenleben von Menschen und der Verquickung von Ethnizität und Ökonomie brandaktuell. Es ist verführerisch vor dem Hintergrund der internationalen Entwicklung, einen neuen Universalismus ethnischer Selbstbestimmungsbewegungen festzustellen. Es ist notwendig, jede einzelne Ethnie gesondert zu betrachten und ihre kulturelle Verwurzelung ernst zu nehmen.

Die Wertschätzung und Hochachtung vor dem Eigenen schafft in Juchitán alltäglich bestimmte politische Verhältnisse: Die Pferdekutsche wird dem Taxi vorgezogen, der einheimische Mais dem Hybridmais, das eigene Essen schmeckt besser als das aus anderen Landesteilen. Die alltäglichen Entscheidungen für das, was die zapotekische Ethnie ausmacht, reproduziert diese Gesellschaft, so wie sie ist – mehr als es die parlamentarische Politik der COCEI oder PRI vermögen, die eingebunden sind in nationale Abhängigkeiten. Die innere Identifizierung mit den Kleinigkeiten des Daseins, die Kenntnis der Rituale, die jeder Junge und jedes Mädchen während seiner/ihrer Sozialisation erwirbt, führt zur Selbstdefinition als Zapoteke – und nicht die Blutsverwandtschaft.

Manuel Musalems (Tarú) beispielsweise, ein Geschäftsmann und Halblibanese, hatte in Juchitán einen bedeutenden Einfluß inne. Er war einer der charismatischen Führerpersönlichkeiten, die sich außerhalb der PRI, etliche Jahre vor der Konstituierung der COCEI, profilierten. Er entschied sich, Zapoteke zu sein. Er war in Juchitán geboren, hatte jedoch Jahre seines Lebens außerhalb verbracht. Seine Mutter war Juchiteca, sein Vater ein libanesischer Geschäftsmann. Vor diesem Hintergrund hat er es fertiggebracht, den eindeutig zapotekischen PRI-Kandidaten heftigst wegen seiner nicht-zapotekischen Herkunft zu attackieren. Dieser war einige Meilen außerhalb Juchitáns geboren, er selbst jedoch konnte darauf verweisen, daß seine Placenta in Juchitán begraben sei.

Mann und Frau leben in Juchitán in verschiedenen Räumen, die fast alle öffentlich sind. Durch die unterschiedliche Art und Weise, wie

Frauen und Männer in ihren jeweiligen gesellschaftlichen Raum hineinwachsen, sind auch die Formen des Umgangs mit den alltagspolitschen Entscheidungen grundverschieden (Giebeler, 1993). Häufig ist die weibliche Form erfolgreich – nicht zuletzt auch deshalb, weil es sich um einen starken und ausgeprägten Frauenraum handelt, der wichtige gesellschaftliche Räume besetzt. Dieser ist hier nicht so leicht durch formal-politische Zielsetzungen und scheinbar übergeordnete Kollektivinteressen, die das ausschließlich männlich besetzte Parlament vertritt, dominierbar.

Das Muster der Dualität von Öffentlich und Privat, Haus und Straße, Arbeit und Nicht-Arbeit bzw. Freizeit greift in Juchitán nicht. Das soziale Leben ist öffentlich, Privatheit gibt es kaum – und der gesamte Raum der Öffentlichkeit ist geschlechtsspezifisch unterschiedlich besetzt. Dies bedeutet nicht, daß in den jeweiligen Räumen keine Personen des anderen Geschlechts anwesend wären, doch es bedeutet, daß diese Bereiche durch ökonomische und kulturelle Aktivitäten von jeweils einem Geschlecht dominiert werden.

Frauenräume
Markt
Straße
Haus / Hof (Kinder und Nahrungsmittelproduktion)
Kirche / Tempel
Feste / Velas

Männerräume
Parlament
Cantina
Haus / Hof (Artesanía)
Land und Wasser
Musik, Dichtung und Malerei

Beide Geschlechter wachsen auf unterschiedliche Weise in ihre spezifische Öffentlichkeit hinein. Die Jungen werden von den Vätern an deren Arbeit und Sozialleben beteiligt, die Mädchen an der Arbeit und dem Sozialleben der Frauen.

In dieser Gesellschaft der Geschlechterseparierung und des ethnischen Stolzes hat sich Mitte der siebziger Jahre eine neue soziale Bewegung herausgebildet. Der Zusammenschluß von Bauern, Studenten und Arbeitern, wie sich die COCEI genannt hat, deutet bereits auf die Schwerpunkte der Auseinandersetzungen: die Kämpfe um Land, die Demokratisierungsprozesse und die Kämpfe um Lohn.

Der Kampf um das Land

Durch den Bau der Eisenbahn im vergangenen Jahrhundert, die den Pazifik mit dem Golf von Mexiko verbindet, die Fertigstellung der Panamericana (zentrale Straßenverbindung von Alaska bis Feuerland, die an Juchitán vorbeiführt) 1948, die Fertigstellung des Staudamms Benito Juarez 1958 und des Bewässerungssystems 1961 erfolgen gravierende Umstrukturierungen der Landwirtschaft und des Ökosystems am Isthmus von Tehuantepec. Noch Anfang der vierziger Jahre bemerkt Orozco (1946), in Juchitán gäbe es keine Agrarprobleme. Zehn Jahre später sieht das Bild völlig anders aus. 1959 beginnt der nationale Staat zu intervenieren, um das Kanalsystem, das mit dem Staudamm verbunden ist, zu etablieren. Zu diesem Zweck wird kommunales Land enteignet. Die Bauern wehren sich erbittert und erreichen 1966 eine Aufhebung des Erlasses, der die Enteignung angeordnet hat. Eine Phase der Auseinandersetzungen zwischen dem Staat und regionalen Interessen beginnt.

1964 beginnt die Auseinandersetzung um die Colonia Alvaro Obregon. 1910 war dieses Land den juchitekischen Kämpferinnen und Kämpfern in der mexikanischen Revolution von Alvaro Obregon verliehen worden. Es wurde als Titel auf den Namen von General Charis (einem der zapotekischen Generäle der Revolution) überschrieben, galt jedoch als Dank für sämtliche Soldaten und Soldatinnen der damaligen Zeit. Die Revolutionäre lebten und arbeiteten auf dem zunächst 2227 Hektar großen Land und nannten es «Colonia Alvaro Obregon». Vor seinem Tod 1964 vererbte Charis das Land an seine Tochter, deren Mann, ein «Großgrundbesitzer», es daraufhin für sich nutzen wollte. Die dort lebenden Campesinos begannen, um ihr Land zu kämpfen. Sie gründeten das «Ejido Emiliano Zapata», nach dem Bauernführer aus der Revolution, um ihren Landbesitz rechtlich abzusichern und ihn vor der Agrarbehörde zu legalisieren. «Ejidos» waren die mexikanischen ländlichen Produktionsgenossenschaften, durch die landlose Bauern an Grund und Boden kommen sollten. Fünf Jahre lang dauerte die Auseinandersetzung um die Rechtmäßigkeit der Bewirtschaftung durch die Familien der ehemaligen Soldaten und Soldatinnen. Letztlich entschied die Behörde zugunsten des «Großgrundbesitzers». Aus dieser Colonia und den darüber ausgebrochenen Auseinandersetzungen und Kämpfen stammen viele der Menschen, die Anfang 1971 die «Frente Campesino Estudiantil de Juchitán» gründen, die sich dann 1974 in der COCEI auflöst.

Der von Charis Erben angestrebte Grundbesitz hätte die ökonomische Stabilität der lokalen Subsistenzwirtschaft erschüttert.

«Besitz» meinte bislang hier nicht den rechtlich gesicherten Privatbesitz, der vererbbar wäre, sondern war kommunalrechtlich definiert. Derjenige, der das Land bewirtschaftet, besitzt es. Eigentümer ist er nicht. Diesen Umgang mit Besitz hat Charis zunächst gepflegt. Solange er den Titel des Landes innehatte, war klar, daß die ehemaligen Revolutionäre das Land besitzen und bearbeiten. Der Titel des Besitzrechtes war lediglich gegenüber dem nationalen Staat von Bedeutung, nicht jedoch innerhalb der juchitekischen Gesellschaft. Der Akt, den Besitz des Landes in individuelles Eigentum zu überführen, richtet sich gegen das Gewohnheitsrecht, und die empörten Bauern suchen die Möglichkeit der Ejidogründung, um dagegen vorzugehen und den vorherigen Zustand zu erhalten – wenn auch mit anderem Ettikett. Die soziale Verpflichtung, mit «Besitz» in der alten traditionellen Weise umzugehen, ist durch die Generation nach Charis angezweifelt worden, doch die Besitzenden haben einen Weg gefunden, um den Status quo zu erhalten.

Eine Problemursache für die Auseinandersetzungen um Land war der sogenannte DR 19, der Distrito de Riego 19 (Bewässerungsgebiet 19), das Anfang der sechziger Jahre eingeführt wurde. Es handelt sich um die Talsperre Benito Juarez und die Bewässerungskanäle. Bewässertes Land sollte laut Dekret von 1964 grundsätzlich nur von staatlich anerkannten Ejidos benutzt werden. Damit richtete sich die nationale Politik eindeutig gegen kommunales Land. Lopez Nelio, ein COCEI-Aktivist, behauptet heute noch, am Isthmus von Tehuantepec gäbe es keinen Privatbesitz, alle «privaten Grundbesitzer» hätten sich ihr Land unrechtmäßig angeeignet. Die hier deutlich werdenden Unklarheiten in der Definition zeigen die politischen Differenzen zwischen großen Landeignern und kleinen Landbesitzern, die ihre Arbeit im Rahmen kommunaler Rechte und traditioneller Verpflichtungssysteme begreifen. Mit dem zunehmenden Interesse und Einfluß des nationalen Staates verändern sich jedoch auch die Bewirtschaftungsstrukturen.

1985 sind 83 Prozent pequeña propiedad (kleiner, privater Landbesitz) und 17 Prozent sind in Form der Ejidos bewirtschaftet. Durch solche Veränderungen wurden faktisch 2000 Bauern «enteignet», wurde ihnen ihr angestammtes Recht, ein Stück Land zu bewirtschaften, genommen. Bis heute reklamieren sie ihre Rechte und sind eine der starken politischen Kräfte, die die COCEI ins Leben gerufen hat.

Durch die Organisierung in der COCEI und die darauffolgenden Kämpfe bis Anfang der achtziger Jahre wird nicht nur in Juchitán, sondern auch in den anliegenden Gemeinden Land erkämpft und landlosen Bauern zurückgegeben. Die COCEI, die sich zunächst als ethnische Partei und Bewegung formierte, hat also über ihre ethnische Begrenzung hinaus gewirkt und auch in interethnischen Relationen Landumverteilungen bewirkt. Dies ist ein bemerkenswerter Umstand, zumal den Zapoteken des Isthmus von verschiedenen Seiten immer wieder ihre Dominanz gegenüber anderen Ethnien vorgeworfen wird.

In San Francisco del Mar, einem Dorf, das ausschließlich von Huave bewohnt wird, erreicht die COCEI, daß die Gemeinde 49 000 Hektar Land zugesichert bekommt. Die Großgrundbesitzer, gewohnt daran, die einzelnen Dörfer gegeneinander auszuspielen, verlieren diese Möglichkeit durch die zentrale Organisierung in der COCEI, die dörfliche und ethnische Grenzen überschreitet. Faktisch jedoch gelangen nur 15 000 Hektar Land in die Hände der Huave, der Rest geht in den Besitz der Viehzüchter über.

In Comitancillo will die COCEI 259 Hektar von den Viehzüchtern zurückbekommen. Die Einigung nach dem Landkampf läuft darauf hinaus, daß 80 Hektar für die Bauern bleiben, der Rest wird von den Viehzüchtern genutzt, und zwar genau das Land, das nach dem Kanalbau durch den Bewässerungsplan 19 fruchtbares Land ist. Hier sollte durch eine «Forschung» der Landbesitz festgestellt werden. Die Ergebnisse sind bis heute unbekannt. Seitens der Agrarbehörde ist es das gleiche Vorgehen wie in Juchitán, wo Victor Pineda Henestrosa die Koordination ähnlicher Nachforschungen übernahm und die Ergebnisse bis heute verschwunden sind – er selbst ebenso. «Victor Yodo», so sein Spitzname, ist bis heute eine symbolische, charismatische Figur der COCEI.

Die Auseinandersetzung um Land, die Kämpfe der Bauern, sind die tragende Kraft für die Entstehung und Entwickung der politischen Bewegung der COCEI. Mit diesen Auseinandersetzungen beginnt eine neue Epoche in der politischen Geschichte der Zapoteken. Bis dato wurde grundsätzlich eine durch Ethnizität getragene, den alten Werten und Reziprozitätssystemen verpflichtete einheitliche Orientierung zapotekischer Politik gepflegt. Mitte der siebziger Jahre jedoch beginnt die Differenzierung der Zapotekengesellschaft. Die neue Wahrnehmung dieser Gesellschaft als «Klassengesellschaft» fällt in die Zeit der Studentenbewegung und der neuen internationalen marxistischen Diskussion. Die aufbrechende politische Differenzierung in Kleinbauern, Eigentümer und Landlose, Reiche und nicht an Entscheidungsprozessen beteiligte Arme, beginnt gleichzeitig mit dem Kampf um die Landverteilung und der Auseinandersetzung um Demokratisierung. Zum ersten Mal in der Geschichte der Zapoteken des Isthmus werden innerhalb ihrer Ethnizität ökonomische und politische Interessenunterschiede benannt und miteinander verhandelt bzw. kämpferisch ausgetragen. Dies ist neu und ist doch nur für eine relativ kurze Zeitspanne von Bedeutung gewesen: Denn heute, 20 Jahre später, sind die «Klassenunterschiede» durch die Akzeptanz der COCEI, ihre politische Verantwortung am Ort und die viel stärkeren Familienbande, die es verstehen, politische Gegnerschaften innerhalb des sozialen Systems zu minimieren, irrelevant geworden.

Der Kampf um Demokratisierung

Der Kampf um Demokratisierung in Juchitán findet durch drei Bewegungen statt:
a) durch die Bauernbewegung
b) durch die Wahlbewegung
c) durch die Studentenbewegung.

Im Laufe der Auseinandersetzung um das Landproblem 1970 bis 1980 gelingt es der COCEI, zunehmend Vertreter in die Agrarbehörden zu entsenden. Sie begeben sich damit in den Prozeß der Beteiligung an Entscheidungsprozessen und an der Macht. Die Debatte über eine Teilhabe an Macht über Demokratisierungsprozesse und Repräsentanz erfährt wesentliche Verstärkung durch die Ereignisse um die Wahlen in Juchitán. Seit der Ära Charis hatte die PRI keinen charismatischen, überzeugenden Wahlkandidaten mehr aufgestellt (Campbell

1991). 1974 wirft die COCEI der PRI Wahlbetrug vor. Am 20. November wird eine Demonstration gegen den Kandidaten der PRI organisiert und während dieser Demonstration die schwangere Lorenza Santiago erschossen. Die Ermordung geschieht vom Haus des PRI-Kandidaten aus.

Ein Jahr nach der Ermordung von Lorenza Santiago wird eine Gedenkdemonstration durchgeführt. Während der anschließenden Versammlung erscheinen sechs Pistoleros, darunter eine Frau, die sich als Mitglieder der «Liga 23. September» ausgeben, und erschießen sieben Bauern und ein Kind. Die Täter erklären später, sie seien von der nationalen Regierung beauftragt worden, die COCEI-Führer zu erschießen. Wegen der Veröffentlichung ihrer Auftraggeber werden die Täter von den «Autoridades» Juchitáns ins Gefängnis gesteckt (Rosa Villalobos 1989, S. 105).

Diese Ereignisse sind der Auftakt für ein Jahrzehnt gewalttätiger Auseinandersetzungen in Juchitán, die sich um Landfragen, Wahlen, Preise und Demokratie drehen. Sie stehen im Kontext des in ganz Mexiko aufbrechenden Widerstands gegen die Staatsgewalt, sei es durch die Studentenbewegung oder durch Bauern und Arbeiter. Nirgendwo jedoch war eine Bewegung so erfolgreich wie in Juchitán. Die Studenten in Juchitán beginnen, sich für ihre eigenen Interessen einzusetzen. Sie streiken gegen die Buspreiserhöhungen, woraufhin die Schule des Tecnológico vom Militär umstellt wird. 1976 herrscht im ganzen Staat Oaxaca ein Klima des Aufbruchs. Alle Buslinien sind lahmgelegt. Die Fakultäten der Universität Benito Juarez in Oaxaca sind im Streik, viele Schulen in Ixtepec, Tuxtepec, Oaxaca und Juchitán ebenfalls. Die Bauern besetzen die Agrarreformbehörde in Mexiko-Stadt. In der reginalen und überregionalen Presse erscheinen wöchentlich Berichte über COCEI-Aktivitäten.

Im November 1976 schließlich werden die Führer der COCEI gefangengenommen – offensichtlich mit dem Ziel, die Bewegung auf diese Weise zu lähmen. Dies gelingt jedoch nicht. Im September 1976 erläßt der Staat Oaxaca ein Dekret, nach dem Versammlungen, Informationsverteilung und Demonstrationen verboten sind. Die Studenten fahren jedoch fort, Straßen zu besetzen und ihre Forderungen zu publizieren. Die Reaktion der neuen Regierung Aquino ist repressiv. Am 20. Dezember 1976 besetzen Hunderte von Polizisten das Tecnológico in Juchitán. Die Auseinandersetzungen sind Teil der gesamten Repression gegen die Studentenbewegung in Mexiko. Es werden Stu-

denten verhaftet, es folgen neue Demonstrationen, um die Verhafte-
ten zu befreien, die Straßen von Juchitán, Ixtepec, Espinal, Ixaltepec,
Tehuantepec, San Blas, Salina Cruz und Jalapa del Marques werden
immer wieder durch Massendemonstrationen besetzt. 1977 werden
Schüler der Secundaria (Gymnasium) in Juchitán gefangengenommen,
als sie Informationsblätter verteilen – ein Tatbestand, der zu weiteren
Demonstrationen in der ganzen Region führt. Die COCEI organisiert
am gleichen Tag eine Massenversammlung vor dem Gefängnis. Es gibt
zwei tote Demonstranten, zwölf bleiben verschwunden. Ein paar Tage
später tauchen drei der Verschwundenen tot in der Nähe von Salina
Cruz wieder auf, mit Zeichen der Folterung am Körper. Die anderen
neun erscheinen lebend aus verschiedenen Teilen der Region. Von
diesem Moment an konzentriert sich die Auseinandersetzung der Bewegung auf den Staat. Die Hauptforderungen lauten: Absetzen des Re-
gierungschefs von Oaxaca, Respekt für alle demokratischen Autoritä-
ten, demokratische Lösung der Probleme der Universität. Schließlich
wird General Eliseo Gimenez Ruiz als neuer Regierungschef Oaxacas
ernannt: Von nun an werden Aktivisten der COCEI beschattet, Tele-
fone abgehört und alle Familienmitglieder und Freunde überprüft.

Derweil wird in Juchitán die nächste Wahl vorbereitet. Zum zweiten
Mal kandidiert die COCEI, diesmal mit dem Kandidaten Leopoldo
de Gives. Der PRI-Kandidat gewinnt jedoch durch Wahlbetrug, und
die COCEI errichtet 1978 das erste «Ayuntamiento Popular». Während der Etablierung dieses parallelen Gemeinderats wurde bereits die
Hauptarbeit in den Nachbarschaftsgruppen der einzelnen Stadtteile
geleistet. Auf der anderen Seite wurde die PRI immer korrupter. Immer offensichtlicher wirtschafteten ihre politischen Vertreter in Juchitán öffentliche Gelder in die eigenen Taschen. Allerdings ist die Ver-
untreuung von Staatsgeldern für die Zapoteken Juchitáns generell das
geringere Problem. Die Korruption gilt quasi als normal, und die Bevölkerung findet es völlig verständlich, daß Bürgermeister und andere
politische Vertreter versuchen, sich in den Jahren ihrer Amtszeit zu
bereichern. Was ihnen jedoch überhaupt nicht gefällt, ist, wenn ein
politisch gewählter Vertreter schlicht gar nichts tut und darüber hinaus
noch Andersdenkende unterdrückt. Der Sohn eines Präsidenten beispielsweise (Martinez Lopez 1985: 46) wurde, nachdem er einen Jugendlichen getötet und mehrere verwundet hatte, freigesprochen, und
dies zur gleichen Zeit, in der COCEI-Bauern ins Gefängnis geworfen
und durch juchitekische Polizisten gefoltert wurden (TIS 1984:

330–334), weil sie sich gegen den Wahlbetrug wehrten oder öffentlich Land forderten.

Letztlich wurden die Wahlen annulliert, da die COCEI mit verschiedenen Aktivitäten an die überregionale und internationale Öffentlichkeit ging. Die guatemaltekische und indische Botschaft im Distrito Federal wurden besetzt, das Rathaus Juchitáns ebenfalls. 34 Tage lang wurde ein Sit-in in der Kirche von Oaxaca veranstaltet, bis die PRI gezwungen war mit der COCEI zu verhandeln. Diese Verhandlung hatte folgendes Ergebnis:
– Annullierung der Wahlen,
– Amnestie für die exilierten COCEI-Aktivisten,
– Neuwahlen,
– Kriterien für ein ehrliches Wahlverfahren sollen entwickelt werden.

1988 endlich ist dei COCEI erfolgreich, in dem Sinne, daß sie nach einem erneuten Vorwurf von Wahlbetrug gegenüber der PRI, nach gewalttätigen Auseinandersetzungen mit dem Staatsapparat und durch die Einmischung nationaler Politik einen Sieg erringt. Die COCEI zieht mit ebenso vielen Sitzen in das Parlament ein wie die PRI. Der Bürgermeister allerdings wird weiterhin von der PRI gestellt. 1990 dann hat die historische Stunde geschlagen. Coceistas kontrollieren die Wahlurnen mit, und die Wahl wird zu einem Erfolg der COCEI. Hector Sanchez zieht als Bürgermeister in das Stadtparlament ein; seitdem arbeiten PRI und COCEI zusammen im Parlament unter der Führung der COCEI. Seit 1988 haben sich die kämpferischen Wogen geglättet.

Seit 1980 ist die Institutionalisierung der COCEI zur Partei langsam und stetig vorangeschritten – bis hin zur heute gut funktionierenden Verwaltung und der Aufgabe kämpferischer Töne zugunsten partieller Kooperation mit den Machthabern. Die Pragmatik hat derzeit Vorrang, und es geht darum, Verbesserungen für den Ort zu erreichen. Das Klima in Juchitán, das bis 1986/87 von einer politischen Spaltung gezeichnet war (wer mit Priistas befreundet war, konnte nicht mit Coceistas reden und umgekehrt), hat sich verändert. Seit 1990 finden auch öffentlich wieder Gespräche statt: Mitglieder beider Parteien sitzen wieder an einem Tisch.

Arbeiterkämpfe? Klassengegensätze?

Den meisten Informationen zufolge scheint die Arbeiterbewegung für die konkrete Entwicklung der COCEI eher unbedeutend gewesen zu sein. Dies ist naheliegend, da es keine Arbeiterbewegung geben kann in einer Region, in der es kaum Lohnarbeit und keine industrialisierte Produktion gibt. Die Ökonomie der Reziprozität, Kultur und Frauenarbeit sind die Stützen der Ethnizität und nicht die Lohnarbeit – so sehr die Auseinandersetzungen um Lohn, Mitbestimmung, Armut und zunehmende Verelendung Themen der COCEI als soziale Bewegung sind.

Vor allem in der Landbewegung und im Kampf um Demokratie zeigen sich Brüche der zapotekischen Gesellschaft, die es bis zur Mitte der siebziger Jahre nicht gegeben hat. Das gängige Muster der Interpretation lautet, daß hier jetzt die Klassengegensätze in Juchitán deutlich werden, daß die Unterschiede zwischen Arm und Reich, zwischen Kapitalist und Arbeiter, zwischen Eigentümer und Kleinbauer Anlaß für die Kämpfe und für die Formierung der COCEI waren. Auf der Ebene der Demokratisierungsprozesse wird Juchitán gar als das leuchtende Beispiel für nationale Politik gefeiert: Ein neuer politischer Stil in ganz Mexiko sei nötig, und Juchitán liefere das Beispiel, wie es gehen könne.

Der politische Diskurs, die Demokratisierungsbewegung, die realen Interessenkonflikte haben die COCEI erstarken lassen; und die ethnische Identifizierung, die starke Verwurzelung als Zapoteke scheinen mir eine sehr große Triebfeder für die gesamte politische Bewegung gewesen zu sein. Die PRI-Kandidaten nach Charis haben es versäumt, ihre zapotekische Verwurzelung anzunehmen. Viele der reichen Zapoteken Juchitáns haben in den letzten 20 Jahren eher nach Mexiko geschaut als in den eigenen Ort und damit sehr viel an Unterstützung durch die Bevölkerung Juchitáns verloren. Die COCEI hat hier eingesetzt. Durch Nachbarschaftsgruppen, durch die Errichtung des «Ayuntamiento Popular», durch permanente Diskussion, durch Basisarbeit, die anknüpft an Traditionen zapotekischen «Palavers» aus dem 16. Jahrhundert, haben die Coceista auf der Alltagsebene Beziehungen neu aufleben lassen und neu geknüpft, die bis heute für ihre politische Arbeit tragfähig sind. Nachbarschaftskonflikte, Ehestreitigkeiten, Probleme mit den Kindern, materielle Not, alles waren Themen, die in den Nachbarschaftsgruppen verhandelt werden konnten.

Die COCEI hat also die überlieferte Art des sozialen Zusammenlebens ernstgenommen und ihre politische Arbeit auf die Beziehungszusammenhänge zapotekischer Familien gegründet. In Juchitán bedurfte es keiner Flugblätter und keiner großen Wandgemälde, um Tausende von Menschen von einem Tag auf den anderen zu mobilisieren. Dies funktioniert über ein enges Beziehungsnetz, in dem Informationen schnellstens weitergegeben werden können. Ohne diese soziale Basis hätte die COCEI ihren politischen Kampf nicht führen können.

Zapotekische Widerspenstigkeit – Geschichte durch Geschichten

Was bedeutet nun dieser Kampf der Zapoteken, und durch welche Gründe wurde und ist es immer wieder möglich, daß am Isthmus von Tehuantepec und speziell in Juchitán die Widerspenstigkeit der Bevölkerung so groß ist? Auch in anderen Regionen Mexikos gibt es Probleme mit der Landverteilung, sind Demokratisierungsprozesse und Arbeiterkämpfe vorhanden – doch nirgends werden sie so radikal, so unbeirrt und obendrein erfolgreich ausgetragen wie in Juchitán.

Die Ursachen liegen in der alltäglichen zapotekischen Kultur mit ihrem spezifischen Geschlechterverhältnis und in der ausgeprägten, dominanten, modernen Mustern widerstehenden ethnischen Identität, die durch Mythenbildung immer neu konstruiert wird. Reale Geschichte erhält durch Überlieferung neue Bedeutung und stärkt das Selbstbewußtsein der Zapoteken. Die Mythenbildung wirkt als kollektives Gedächtnis, das die politische, widerständige Geschichte Juchitáns immer neu konstruiert und sich in der Subjektivität der politischen Akteure niederschlägt.

Als ich zum ersten Mal 1986 juchitekischen Boden betrat, wurde mir in den ersten Tagen mehrfach folgende Geschichte erzählt: Es gäbe einen großen, entscheidenden Unterschied zwischen den Bewohnern Juchitáns und den Bewohnern der umliegenden Dörfer. Vor allem Tehuantepec unterscheide sich grundlegend von Juchitán. Warum? Weil die Juchitekos sich immer verteidigt hätten gegen Übergriffe und Überfälle durch Fremde. Die Zapoteken aus Tehuantepec jedoch hätten damals die Franzosen nicht geschlagen, sondern einen faulen Kompromiß geschlossen. Daraufhin seien die französischen Truppen weiter vorgedrungen bis Juchitán und hätten versucht, auch diesen Ort kriegerisch einzunehmen. Doch dieses sei ihnen nicht geglückt. Mit den Frauen an der Spitze, kämpfend in der Schlacht, hätten die Juchitecos die Franzosen am Rio de los Perros, dem Fluß der Biber, besiegt.

Diese Geschichte wurde mir erzählt, als sei sie erst gestern geschehen, obwohl die Ereignisse bereits 150 Jahre zurückliegen. Mythen ranken sich um die kämpferischen «Indios» aus dem Isthmus von Tehuantepec. Die Juchitecos sind seit dem vorigen Jahrhundert die Zapoteken, mit denen kein Mestize und kein Ausländer sich gerne anlegen möchte. Der Stolz auf ihren Ruf kommt in vielen Äußerungen zur Geltung: «Der Kampf der Zapoteken, der Kampf der Einwohner des Zapotekenlandes ist kein Kampf, der erst in den sechziger oder siebziger Jahren entstanden ist. Es ist ein Kampf, der seit vielen Jahren besteht, ein Kampf des Widerstands gegen die spanische Kolonisierung, ein Kampf, in dem es durchgängig Rebellionen gegeben hat. Es ist ein Kampf, der sich zeigt in der Verteidigung unserer Erziehung, der Verteidigung der Traditionen, der Verteidigung der zapotekischen Identität und im Zurückweisen der okzidentalen Kultur.» (Toledo/De la Cruz 1983).

Die Geschichten um die Eroberung des Zapotekenreiches am Isthmus könnten durchaus verschiedene Lesarten nach sich ziehen. Auffällig jedoch ist, daß hier die Zapoteken, wenn die Geschichten vom Zapotekenreich erzählt werden, nicht in erster Linie als Opfer der Kolonisierung auftauchen, sondern als kluge und mutige Akteure, die sich mit ihren alten Göttern verbünden, um die Folgen der Unterwerfung so gering wie möglich zu halten.

Der gleiche Eindruck entsteht, wenn von dem Aufstand von Tehuantepec 1660 berichtet wird, der größten Rebellion zur Zeit der spanischen Kolonialepoche in ganz Mexiko. Der spanische Bürgermeister Juan de Avalon war ein grausamer Herrscher, der durch Auspeitschen und Verstümmeln seiner Untergebenen versuchte, seine Einkünfte zu erhöhen. 1660 wurde er in einem Aufstand getötet, alle spanischen Gebäude wurden verbrannt und eine indianische Regierung übernahm für länger als ein Jahr die Macht. Alle umliegenden Dörfer erhoben sich ebenfalls. Nur durch ein Heer von Mulatten und Sklaven konnte der Aufstand niedergeschlagen werden (Manso 1661, Taylor 1978, Barrabas/Bartolomé 1984).

Auch während der Revolution taten sich die Juchitecas rühmlich hervor. Nicht weniger als zehn Generäle wurden während der Revolution von den Juchitekos gestellt. Der berühmteste von ihnen war der bereits erwähnte Heliodoro Charis. Trotz seiner vielen, nicht gerade

ruhmeswerten Eigenschaften ist Charis bis heute ein Symbol zapotekischer Stärke geblieben. In seiner Armee kämpften viele Frauen. Sein
Umgang mit den Soldatinnen allerdings war ausbeuterisch. Es heißt,
daß er viele Soldatinnen als Geliebte gebraucht und junge Bauernmäd-
chen ihren Eltern abgekauft habe, wenn sie ihm nicht freiwillig folgen
wollten. Dennoch blieb Charis eine charismatische rebellische zapotekische Führerpersönlichkeit, die bis zu seinem Tod 1964 die Geschicke
Juchitáns bestimmt und bis heute Anlaß für Witze, Geschichten und
Ironie bietet – lebendig im Alltag des heutigen Juchitáns geblieben ist.

Alle diese Geschichten, die sich zumal im Rahmen einer Geschichts-
schreibung des Isthmus von Tehuantepec beliebig erweitern ließen, bilden eine wesentliche Grundlage für die Entstehung und Durchset-
zungsfähigkeit der COCEI: eine ethnische Mythenbildung, die zur
Stärkung zapotekischen Widerstandsgeistes beiträgt. Diese Mythenbildung, die positiv-stärkende Lesart zapotekischer Geschichte, schafft so
etwas wie ein «kollektives Gedächtnis», das in jeder einzelnen Person
in Juchitán verankert ist und die subjektive Stärke untermauert. Es sind
von diesem spezifischen kollektiven Gedächtnis getragene soziale und
politische Akteure, die hier die Geschicke des Ortes bestimmen.

Die Begrenzung juchitekischer Politik auf das Eigene, die Autonomie, die unabhängige Ökonomie, die nach alten Regeln erfolgt, ist
somit eingebunden in die jahrhundertealte Tradition. So läßt sich vielleicht auch verstehen, wieso die politischen Führer Juchitáns letzlich
nur begrenztes Interesse an den anderen fortschrittlichen, linken Bewegungen und Parteien haben und sich nicht in «größere» Zusammenhänge einbinden lassen. Das politische Modell für die Zukunft stammt
aus der Vergangenheit – und die regionale Begrenzung ist gleichzeitig
Begrenzung politischer Utopie. Politisches Handeln ist zeit- und raum-
abhängig – weder wird einmal Programmiertes für alle Ewigkeiten fest-
geschrieben, noch ein Anspruch entwickelt, die derzeit richtige, er-
wünschte Politik für Juchitán sei übertragbar auf andere Regionen
dieser Welt.

Mexikanische Anpassung –
Geschichte einer Vergewaltigung

Die heutigen Mexikaner sind zu 80 Prozent Mestizen, indianisch-spanische Mischlinge. Der erste Mexikaner war der Sohn von Cortez und Malinche, der Frau, die Cortez half, die Azteken zu besiegen, die seine Geliebte wurde und deren Sohn ein tragisches Schicksal im Kampf um sein Erbe erlitt. Wegen seiner indianischen Mutter wurde er nicht als rechtmäßiger Sohn von Cortez anerkannt.

Diese Geschichte ist bis heute hochaktuell. Symbolisch wiederholt sich millionenfach das Schicksal eines Kindes aus einer Opfer-Täter-Verbindung: die Geburt des Mexikaners. Eine Gedenktafel auf dem Platz der drei Kulturen in Tlatelolco erinnert an die letzte Schlacht der «mexica» gegen die Eroberer: «Es war weder ein Sieg noch eine Niederlage, sondern die schmerzhafte Geburt des Mestizenvolkes, das heißt der Mexikaner von heute.» Octavion Paz meint, daß diese schmerzhafte Geburt im Bewußtsein vieler Mexikaner bis heute als Schändung der indianischen Mutter empfunden wird und sie sich selbst als Söhne des weißen Vergewaltigers und der indianischen vergewaltigten Mutter verstehen. Diese Selbstdefinition ist – wohl weil sie die tiefsten Verletzungen eigener Identität berührt – mit Schimpf und Schande belegt. «La Chingada», die «Vergewaltigte», und «hijo de la chingada», «Sohn der Vergewaltigten», sind die übelsten Schimpfwörter Mexikos. Dennoch sind sie gehr gebräuchlich und haben auch eine andere Variante: «Chinga» = toll, «chingon» = «super» sind die höchsten Ausdrücke des Lobs. Alltäglich liegt so die vergewaltigte Mutter dem Mestizen auf der Zunge – die, wenn auch unbewußte, Erinnerung an die erste Vergewaltigung der indigenen Frau.

Mexikaner haben heute zwei kulturelle Identitäten – eine, die sich aus der hochbewerteten, machtvollen spanischen Eroberkultur speist und die ihre Fortsetzung in der europäischen und US-amerikanischen findet, und die verachtete und entwertete, aber gesuchte und zum Teil verklärte, über die Mutter vermittelte indianische Kultur.

Täglich wiederholt sich die Geschichte der Eroberung im Geschlechterverhältnis, in der Verantwortungslosigkeit mexikanischer Männer für ihre Kinder, in der Aufspaltung und unterschiedlichen Bewertung der Hautfarbe (je heller, desto schöner, mächtiger), in der Alleinverantwortlichkeit und Resignation mexikanischer Frauen.

Für den Mann ist das Trauma ein doppeltes: großgezogen von der

Mutter und auf der Suche nach einer männlichen Identität (30 Prozent aller mexikanischen Familien sind vaterlos), findet er keine männlichen Vorbilder in seiner Kinder-Welt. Sucht er die Attribute der Männlichkeit außerhalb, findet er das Vorbild des Eroberers, den mit männlich-definierten Symbolen ausgestatteten kleinen und großen Helden, der, um seine Männlichkeit zu finden, die eigene Mutter, ihre Liebe und Zuneigung verachtet. Er muß sie verachten, um bei der Gestaltung der «Macho»-Identität erfolgreich sein zu können.

Hierin unterscheidet sich die Entwicklung einer mexikanischen Männlichkeit nicht grundsätzlich von der psychogenetischen Entwicklung des Mannes in der modernen Kleinfamlie Europas und des internationalen Bürgertums. Auch hier ist die Abwesenheit einer lebendigen, positiv zu besetzenden männlichen Identifikationsfigur die zentrale Bedingung für die psychische Internalisierung des hierarchischen Geschlechterverhältnisses.

In Mexiko ist dieser Prozeß jedoch darüber hinaus gekoppelt an das Rassenverhältnis. Im «Trauma des ersten Mexikaners» hat sich das Geschlechterverhältnis mit dem Rassenverhältnis historisch kombiniert. Martin und Maria, die Kinder der Malinche, geben das historische Beispiel: Während Martin, der Sohn von Cortez, noch geachtet aufwächst und nach Spanien fährt, wird Maria, die Tochter von Juan Jaramillo, von ihrem Vater ausgesprochen schlecht behandelt. Diese Kombination von Rassismus und Sexismus ist der Hauptgrund für den spezifischen Machismo der Mexikaners: Männlichkeit, Stärke, Präsenz, das Spiel der Eroberung mit der Frau auf der Straße – die Belästigungen, Pfiffe, Zurufe, Blicke gegenüber den Frauen, deren sozialer Rahmen undefiniert ist.

Er braucht die Eroberung, um zum Macho-Mann zu werden, will seinem Geschlecht die Macht des Eroberns verleihen; er braucht die Eroberung, um sich von der geliebten Mutter zu befreien, von der Liebe zu einer entwerteten, erniedrigten Person, einer Person, die der Liebe eines werdenden Mannes nicht wert ist, die keine Rechte hat, keine gesellschaftliche Person ist. Und in der Beziehung zu jeder Frau reproduziert sich die traumatische Ambivalenz zwischen Eroberersein und Abhängigkeit von der entwerteten, geliebten Frau.

Für die Persönlichkeit der männlichen Mestizen heißt dies nun, daß die Identifizierung mit Siegern und Besiegten gleichermaßen angelegt ist – der darauf folgende Spagat im Prozeß der Identitätsentwicklung ist kaum ohne innere Zerrissenheit zu bewältigen. Eine «Lösung» jedoch bietet sich an: In der Macho-Persönlichkeit der Männerkultur wird die Ambivalenz durch die Kultivierung von Erobererattributen und einer Erotik der Macht negiert. Die Ambivalenz wird auf der Oberfläche ausgemerzt, tritt nicht in Erscheinung und wird immer wieder abgewehrt, wenn die «Frau auf der Straße», die eigene Geliebte, die Ehefrau und Mutter, das weibliche, indigene Erbe erniedrigt wird.

Vor dem Hintergrund dieses Bildes einer traumatischen psychogenen Entfaltung von Geschlechtsidentität mestizischer Mexikaner erscheinen die Geschlechtsbeziehungen in der zapotekischen Gesellschaft im Isthmus von Tehuantepec außergewöhnlich und «verdreht». Hier haben die Frauen, die Händlerinnen, ein hohes Ansehen, sie dominieren den Markt, die Familienbeziehungen, bewegen sich frei in der Öffentlichkeit, lernen von Kindesbeinen an, öffentlich aufzutreten, beziehen sich selbstbewußt auf ihre zapotekische Geschichte, sprechen zapoteco und kultivieren ihre Sprache und ihre sozialen Beziehungen. Hier sind Frauen gesellschaftliche Personen, sie gestalten die sozialen Beziehungen durch ihre Ökonomie der Reziprozität, sind Mittelpunkt der Feste, die während des ganzen Jahres auf der Straße stattfinden, sind auffällige, würdevolle Personen und werden selbstverständlich geachtet und ernstgenommen.

Juchitán ist anders

Politik ist in Juchitán Männersache. Doch wenn Entscheidungen die Interessen der Frauen verletzen, setzen diese ihre Macht ein. Die Organisation des Marktes ist Sache der Frauen, und hier treffen dann plötzlich zwei Welten aufeinander, wenn die COCEI als derzeitige Regierungspartei beschließt, den Markt zu reformieren. Immer wieder gab und gibt es Diskussionen, den gesamten Markt an den Rand der Stadt zu verlagern – bislang ohne Aussicht auf Erfolg. Auch die Abgaben für die Marktstände sollten einmal angehoben werden, womit die Marktfrauen nicht einverstanden waren. Bislang kam täglich ein Kassierer von der Stadtverwaltung, und wenn der Betrag einmal nicht aufgebracht werden konnte, wurde er eben auch nicht entrichtet. Nun sollte der Preis angehoben werden mit dem Argument, der Markt, vor allem der Teil der Köchinnen, müsse renoviert und angestrichen werden. Während einer Versammlung von Marktfrauen und Stadtverwaltungsvertretern sollte darüber verhandelt werden. Verhandlungen führten jedoch nur die Frauen untereinander. Jeder Versuch des Mannes, das Wort zu ergreifen, scheiterte – niemand hörte ihm zu. Er ging schließlich mit der Information, daß die Marktfrauen gedenken, die Situation folgendermaßen zu handhaben: Die Preise bleiben. Wenn die Stadt den Markt renovieren möchte, werden sie sich beteiligen und höhere Standgebühren entrichten – aber erst dann, wenn auch die Stände angestrichen sind. Außerdem werden sie höchstens die Hälfte von dem bezahlen, was sich die Verwaltung vorgestellt hat. Hier entscheiden die Frauen, und diese Entscheidung wird respektiert.

Auf diese Weise betreiben die Frauen Politik. Es ist selbstverständlich, daß sie über die Gestaltung ihres Raumes entscheiden, nicht eine von Männern besetzte Verwaltung. In diesem Fall hat die Partei/Verwaltung bislang keine Chance, ihre Interessen durchzusetzen. Die Frauen handeln ohne jeden Respekt vor modernen Hierarchien – Personen werden als Personen wahrgenommen und nicht als Funktionsträger. Die Präsenz des einzelnen zählt, und nicht das System, das er oder sie repräsentiert. Dieses System interessiert sie nicht – viele kennen es gar nicht. So gesehen, entspricht ihr Umgang mit der Politik einer feministischen Herangehensweise: der befreienden Kraft unmittelbaren Lebens, spontaner Kreativität, Ungeregeltheit und Wildheit (Giebeler 1992). Die anarchische, respektlose Umgangsweise haben hier letztlich auch die männlichen Aktivisten der sozialen Bewegungen gelernt und davon profitiert. Formale Hierarchien bedeuten auch ihnen nicht sehr viel. Was zählt, ist die Persönlichkeit der betreffenden Person, mit der zu verhandeln ist. Ob irgend jemand eine Funktion hat – im Parlament oder sonstwo –, beeindruckt hier wenig, und genau diese Unangepaßtheit an moderne Hierarchiebildung und Institutionsfunktionen ist einer der ausschlaggebenden Gründe für den Erfolg der sozialen Bewegung COCEI.

Doch seit die COCEI an der «Macht» ist, die Aufgaben der parlamentarischen Demokratie erfüllt und die Verwaltung bestimmt, greifen auch hier Muster moderner Politik und Hierarchiebildung. In unserem Beispiel ist das Handeln beider, von Stadtverwaltung und Regierung auf der einen Seite und der Marktfrauen auf der anderen Seite, politisches Handeln. Beide agieren nach ihren jeweiligen Vorstellungen von Politik und bemühen sich auf ihre Weise, die gegebenen Verhältnisse zu verbessern. Doch die Hintergründe ihres Handelns sind völlig verschieden – geboren aus der unterschiedlichen Sozialisation in eine nach Geschlechtern getrennte Öffentlichkeit.

Außerhalb von Parteien und Verwaltungsproblematik gibt es immer wieder Gruppierungen, in der Regel Nachbarschaftsgruppen, die sich um die Lösung bestimmter Probleme kümmern. Eine kleine Gruppe hat vor Jahren begonnen, die Umweltproblematik in Juchitán zu thematisieren, und ist bis heute erfolgreich mit ihrem Projekt. Gleichzeitig versucht diese Gruppe, Tradition, zapotekische Kultur und Ökonomie ernst zu nehmen und in die politische und Projektarbeit zu integrieren. Aus dieser Initiative heraus bildete sich später eine zivile Vereinigung, die sich zum Ziel setzte, das Müllproblem Juchitáns zu lösen und die Flußreinigung voranzutreiben (Giebeler 1993). Seit Mitte 1991 gibt es eine Sammelstelle für die Separierung von Müll in dem Stadtteil Ivo von Juchitán, seit Mitte 1992 das Zentrum am Fluß. Durch die starke Beteiligung der Bewohner des Stadtteils am Bau der Sammelstellen werden sie zunehmend stark frequentiert. Die gesamte Informations- und Aufklärungsarbeit findet statt innerhalb der traditionellen rituellen Formen der Beziehungspflege Juchitáns. 1992 wurden zwei Flußfeste organisiert, zu denen Tausende von Menschen strömten. Die Feste, als ein Bestandteil der zentralen zapotekischen Ökonomie, bilden eine beeindruckende, meist weibliche Öffentlichkeit. Das Foro Ecológico weist neue Wege auf: das Ernstnehmen der Umwelt als unverzichtbarer Bestandteil für die zapotekische Kultur und Ökonomie. Mit dem am 1.1.93 gegründeten Umweltdezernat im Stadtparlament hat die COCEI auch dieser Orientierung einen Platz in der formalen Politik eingeräumt.

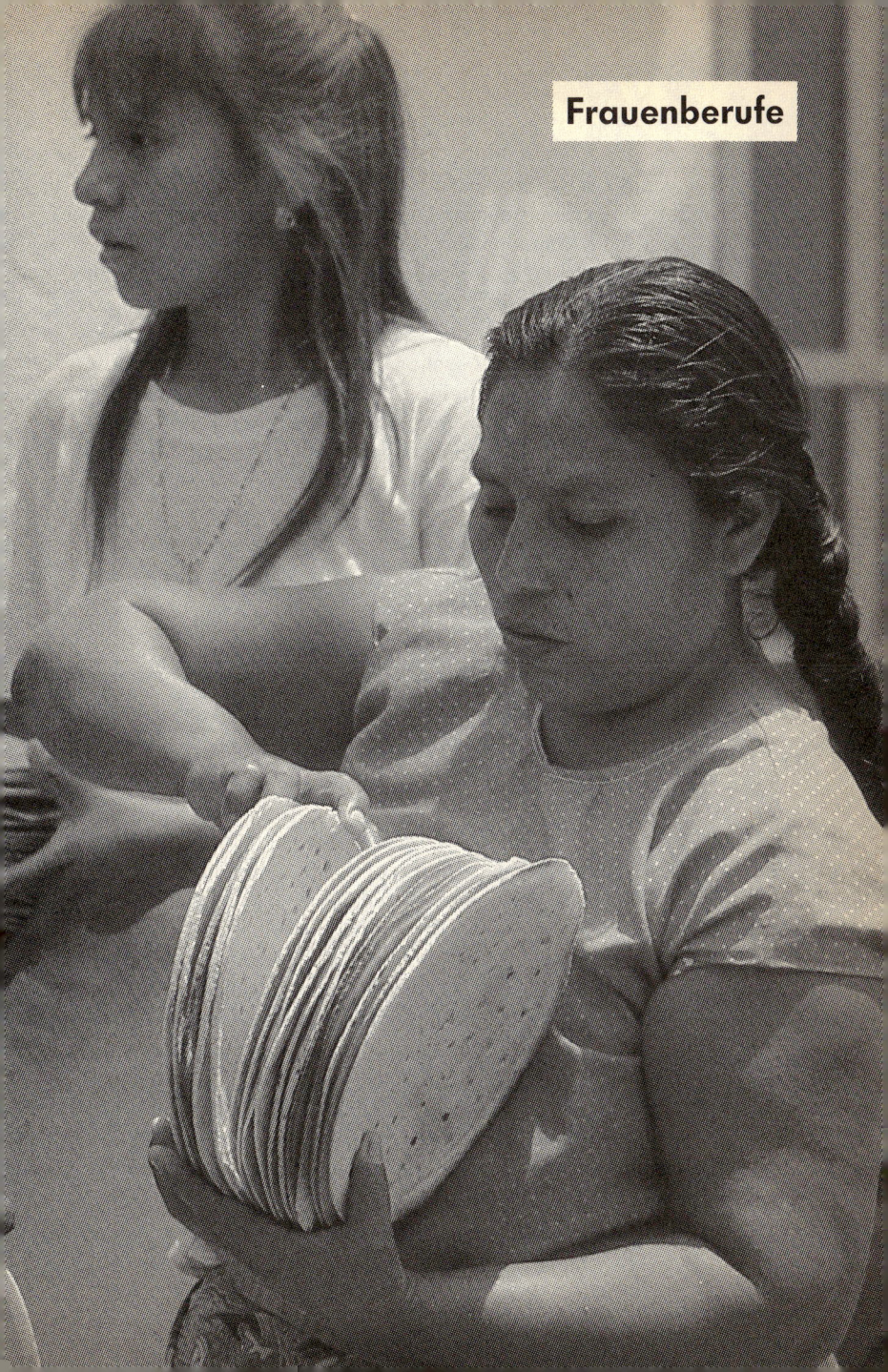

Die juchitekische Gesellschaft hält für Frauen immer einen Beruf bereit, mit dem sie ihren Lebensunterhalt und den ihrer Kinder bestreiten können. Denn die Dinge des alltäglichen Lebens zu produzieren und zu verkaufen ist hier die eigentliche, gesellschaftlich notwendige Ökonomie geblieben. Und da für das alltägliche Leben alles gleichermaßen wichtig ist, gibt es auch keine Unterschiede im Ansehen der Berufe. Die Brotbäckerin, die «Tortillera», hat denselben Platz und dasselbe Gewicht in der Gesellschaft wie etwa die einheimische Ärztin oder Heilerin. Aber auch die «Tabernera», eine Art juchitekische Barfrau, vermag hohes Ansehen zu erringen, obwohl sie als «leichte Frau» gilt. Sie muß nur (geschäfts-)tüchtig sein und ihren Kindern, die meist verschiedene Väter haben, ein gutes Auskommen sichern.

Brigitte Holzer

Die Tortillera

Die Tortilla, der runde, dünne Maisfladen, ist in Juchitán und überhaupt in Mexiko, was bei uns das «tägliche Brot». Mehr noch: In Mexiko ist keine Mahlzeit ohne Tortilla denkbar. Die Tortillas fallen regional verschieden aus und variieren nach der Sorte Mais, die verwendet wird, nach Größe und Stärke, nach der Art, wie sie gebacken werden, und ob sie handgemacht oder maschinell hergestellt sind.

In Juchitán werden im wesentlichen drei Sorten unterschieden. Es gibt die «Blanditas», die glatten, weichen Fladen, die auf einem flachen, großen Ton- oder Metallteller («comal») auf offenem Feuer gebacken werden, den «Totopo» und die «Tortilla al horno» (aus dem Ofen) – Spezialitäten, die nur die Frauen des Isthmus herstellen. Der Totopo hat eine Konsistenz wie das Knäckebrot. Er wird im «comixcal» gebacken, einem großen Tongefäß, das mit Lehm ummauert ist und mit einem Holzfeuer erhitzt wird. Die Totopera macht große, runde Fladen aus der Maismasse, in die sie mit dem kleinen Finger Löcher stupft, um sie dann, mit etwas Wasser bestrichen, zum Garen an die Seiten des Tongefäßes zu kleben. Die Tortilla al horno wird im Prinzip genauso hergestellt, allerdings wird der Fladen kleiner und dikker gehalten, wodurch er selbst nach dem Backen einen weichen, massigen Kern behält. Totopos gibt es in vielen Variationen[1], doch nennenswert ist der gängige, rein aus Mais bestehende, ohne Salz und andere Zutaten (Zapotekisch: Gueta-Bigui). Aufgrund seiner Haltbarkeit und seiner nationalen Einzigartigkeit gehören der Totopo (und in begrenzterem Umfang die Tortilla al horno) zu den Produkten, die die Frauen vom Isthmus in den anderen Regionen Mexikos erfolgreich zum Verkauf anbieten.

Alle drei Arten von Tortillas werden aus «Nixtamal» hergestellt, aus mit Kalk gekochtem Mais. Die Nixtamalisation entfernt das Häutchen, die äußere Schale des Kornes, die nicht nur schwer verdaulich wäre, sondern auch die Verdauung anderer, zur selben Zeit konsumierter Nahrungsmittel beeinträchtigen würde. Zudem rufen der Kalk und die Hitze chemische Prozesse im Mais hervor: Die Proteine sind von höherem biologischem Wert im Nixtamal als im nicht-behandelten Korn, und das Niacin wird aufgeschlossen und so für den Körper verwertbar. Der Kalkzusatz ist in fast allen lateinamerikanischen Regionen üblich, in denen Menschen vom Mais leben (El Maíz, 1984: 22f). Darin heben sich die juchitekischen Tortillas nicht hervor. Sie unterscheiden sich aber sehr wohl durch die verwendete Maisart. Die Tortillas müssen mit dem «Zapalote chico», einer speziell im extremen Klima des Isthmus gedeihenden Maissorte, hergestellt werden, um eine Qualität zu bekommen, die sowohl dem strengen Blick der Leute in

---

1 Die Totopovariationen:

1)	Natur	Gueta-Bigui
2)	mit Salz	Gueta-Sidi
3)	mit Melasse	Gueta-China
4)	mit Kürbiskernen	Gueta-Vichiguitu
5)	mit Sahne	Gueta-Mantequiaa
6)	mit Bohnen	Gueta-Vizaa
7)	mit Epazote	Gueta-Vitiaa
8)	mit Kokos	Gueta-Coco
9)	mit Yuca	Gueta-Guxaga
10)	mit Erdnuß	Gueta-Cacahuate

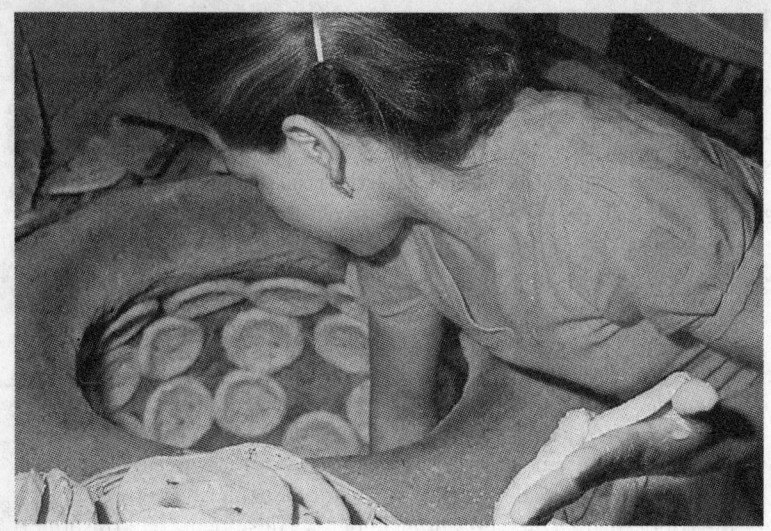

Juchitán standhält – sie müssen weiß sein – als auch ihrem eigenwilligen Geschmacksurteil.

Die anspruchsvolle Haltung der Juchitecas ihrer eigenen Tortilla gegenüber hat bislang verhindert, daß die fabrikmäßige Herstellung die Tortilleras – die Tortillabäckerinnen – verdrängen konnte und daß die handgemachte Tortilla nur noch ein Luxusprodukt für wenige wäre, wie es in anderen Teilen Mexikos längst der Fall ist. Erst die neueste Erfindung scheint sich gegen die handgemachten Maisfladen durchsetzen zu können. Es ist die Tortilla aus industriell produziertem Maismehl, das, um zur Teigmasse zu werden, nur noch mit Wasser angerührt zu werden braucht. Ihr Nährwert kann sich mit dem der Tortilla aus Zapalote chico und Kalk nicht messen, sehr wohl aber ihre weiße Farbe. Ob jetzt doch der Stab über die einheimische Tortilla und damit den Beruf der Tortillera gebrochen wird?

La Tortillera Ana

Der Arbeitstag der zwölfjährigen Tortillera Ana beginnt am Vorabend. Wenn die Krähen in Scharen in den über 100 Jahre alten riesigen Tamarindenbaum im Hof des Hauses der Großmutter zurückkehren und mit ihrem lauten und eindringlichen Geschrei den Sonnenuntergang untermalen, weiß sie, daß es höchste Zeit ist, den Mais zum Kochen aufzusetzen. Eine Stunde muß sie ausharren, steht der Mais erst einmal auf dem Feuer. Sie nutzt das Warten, um mit der Mutter, Schwester und Großmutter zu reden oder sich vom Großvater Geschichten über die Zapotecas von früher erzählen zu lassen. Ana muß beim Maiskochen aufpassen, daß sie nicht zuviel Kalk beimischt und daß er nicht anbrennt. Erst wenn der Mais vom Feuer ist, darf sie mitten in den Erzählungen einfach einschlafen.

Wenn die Krähen im Baum am Morgen mit dem gleichen lauten Geschrei das warme und ruhige Licht des Sonnenaufganges begleiten, steht Ana bereits am «comal» und backt Tortillas. Während sie den Mais wäscht, ist ihre Großmutter längst vom Gang zur Mühle zurück, wo sie sich ihren gewaschenen Mais hat mahlen lassen.

Ana wohnt im Haus der Großmutter. Ihre Mutter hat nie geheiratet. Lange Zeit teilten alle miteinander einen Haushalt und eine Kasse. Als Ana acht Jahre alt war, drängte sie die Mutter dazu, eine eigene Haushaltskasse, getrennt von der der Großmutter, einzurichten. Die Mutter gab dem Drängen der Achtjährigen nach, unter der Bedingung, daß diese die Tortillas verkaufen gehen würde. Bald schon mußte Ana die ganze Produktion in die Hand nehmen, da die Mutter krank wurde und ihr allenfalls beim Verkaufen helfen konnte.

Ana hat zwei Kleider, ein altes für die Nacht und ein neueres für die Arbeit. Sie trägt das neuere zunächst mit der Innenseite nach außen, wenn sie jetzt die Maismasse auf dem Reibstein mit etwas Wasser gut durchknetet. Erst wenn die erste Ladung Tortillas frisch und dampfend in dem mit einem Tuch ausgeschlagenen Korb liegt, wendet sie das Kleid, frisiert sich und geht zum Markt.

Ana arbeitet schnell. Sie hat den Zeitvorsprung der Großmutter schon fast wieder aufgeholt, dafür aber auch nicht gefrühstückt. Und sie verkauft schnell. Sie geht auf die Passantinnen zu, hat das Tuch, das die Tortillas warm hält, schneller zurückgeschlagen als die anderen und kann die noch heißen Tortillas, von denen viele in der Mitte beim Backen aufgeplustert sind, mit gutem Gewissen anpreisen.

In den Jahren, in denen Ana zur Schule geht, bleiben ihr nach dem Verkauf nur noch wenige Minuten, um zu frühstücken, denn um 8.30 Uhr beginnt der Unterricht. Sie kommt oft zu spät, und der Unterricht bringt ihr nicht viel. Sie versteht nicht, worum es in dieser Welt geht. Es ist für sie eher erlösend, um zwölf Uhr nach Schulschluß zum Markt laufen und die Mutter ablösen zu können, die währenddessen weiter ihre Tortillas verkauft hat. Die Mutter nimmt aus der Kasse mit, was sie zum Einkauf des Essens benötigt, und es obliegt jetzt Ana, auf jeden Fall so lange auszuharren, bis sie das Geld für den Mais und das Feuerholz für die Produktion des nächsten Tages erwirtschaftet hat. Sind allerdings sehr viele Verkäuferinnen am Markt, und verläuft der Verkauf schleppend, bricht sie ihn ab, um rechtzeitig zum Nachmittagsunterricht zu kommen. Den Mais besorgt sie dann auf Pump, und die restlichen Tortillas bekommen die häuslichen Schweine, die im halben Dutzend unter dem Tamarindenbaum herumspringen, oder sie tauscht sie mit Freundinnen gegen Früchte oder bereits fertig zubereitetes Essen.

Wenn Ana um 18 Uhr aus der Schule kommt, muß sie schon wieder daran denken, den Mais zu kochen und ihr Kleid, die Tücher für die Tortillas und die Wäsche der Mutter zu waschen. Nach dem dritten Schuljahr will Ana nicht mehr zur Schule. Die Mutter redet ihr zu weiterzumachen, aber: ihre Freundin will auch aufhören, und überhaupt erscheint ihr der Alltag ohne Schule und mit Tortillabacken viel abwechslungsreicher. Außerdem müßte sie die ökonomische Eigenständigkeit aufgeben, die sie mit zwölf, dreizehn Jahren bereits hat. Ihre Mutter geht seit neuestem in den Haushalt eines Bruders, um der Schwägerin, die kleinere Kinder hat, behilflich zu sein. Ana ist also weitgehend allein mit der Produktion und dem Verkauf, und neben der Schule würde sie nie so viel bewältigen, daß sie davon leben könnte. Sie müßte sich wieder in den Haushalt der Großmutter eingliedern, selbständige Verpflegung und eigene Kasse aufgeben – ein Schritt zurück, der ihr inzwischen undenkbar erscheint, zudem sie jetzt auch ihren Großvater mitversorgt, da sich die Großmutter von ihm getrennt hatte: Eines Nachts kamen sie von einem Fest zurück, Ana, ihre Schwester Otilia, eine Schwägerin und die Großmutter, als der Großvater, völlig betrunken, seine Frau mit Schimpfwörtern und Gewalt angeht und erst von ihr abläßt, als Ana zu einem Brett greift, es ihm über den Kopf zieht und ihn verwundet. Von dieser Nacht an weigert sich die Großmutter, ihn zu versorgen, und trennt ihren Haushalt von seinem, wenngleich sie weiterhin das Haus miteinander teilen. Ana kümmert sich jetzt darum, daß er zu essen hat.

An ihrem 15. Geburtstag bereitet die Mutter Ana ein Fest mit Kapelle, Patin, schönem Festkleid und vielen Geladenen. Damit wird sie in die juchitekische Gesellschaft eingeführt. Tatsächlich setzt sich für sie von diesem Tag an das Festkarussell in Bewegung. Jeden Abend oder Nachmittag holen die Freundinnen einander ab. Kaum ein Fest, auf das sie nicht gehen, kein Tanz, den sie nicht tanzen. Und gibt es kein Fest, dann geht's ins Kino.

Nur die tägliche «Ökonomie» darf nicht darunter leiden. Die Festbesuche verursachen beträchtliche Kosten durch den Geldbeitrag für die Gastgeberin. An so manchem Abend setzt jetzt der Großvater den Mais zum Kochen auf, wenn er ahnt, daß «seine Tochter» (mi hija) zu spät oder vielleicht beschwipst vom nachmittäglichen Fest heimkehren würde. Manchmal allerdings bleibt Ana morgens auch einfach liegen und geht nicht zur Mühle, wenn sie genug Reserve in der Tasche weiß. Sie ist ihre eigene «Herrin». Allerdings gibt es viele Tage, an denen sie aus dem Festkleid ins Arbeitskleid steigt und sich, ohne geschlafen zu haben, direkt an die Arbeit macht.

Elf Jahre lang ist sie so bei der Sache. Doch das Geschäft mit der Tortilla befriedigt sie schließlich nur noch wenig. Sie beginnt, ihre Tortilla am Stand der Köchin Criselda am Markt zu verkaufen. Das heißt, die Kunden essen zur Mahlzeit der Köchin Anas Tortillas. Damit kann sie den Wert ihrer Tortillas erhöhen («vale más mi tortilla»), sie teurer verkaufen, und sie bekommt außerdem ihr Essen. Sie muß für die Vergünstigungen allerdings auch bezahlen, indem sie der Köchin das Geschirr spült und ihr auch sonst «unter die Arme greift». Zu Beginn verkauft sie noch die selbstgemachten Tortillas. Bald überzeugt sie Na Criselda, daß es besser sei, mit maschinengefertigten zu handeln. Die Gäste, die oft von auswärts sind, beharren hier nicht auf den handgemachten. Ana kann dadurch Arbeitszeit und Produktionsmittel sparen und ihre Einkünfte verbessern.

Ana hat mittlerweile die kleine Tochter ihrer Schwester adoptiert, sorgt für ihren Unterhalt und nimmt sie jeden Tag mit zum Markt. Sie unterstützt den Bruder und dessen Frau, kauft Kleider für die beiden Nichten und versorgt die Familie mit Essen, während sie ihr Haus bauen. Zusammen mit dem Geld der Mutter vermag sie schließlich auch das kleine, längst regendurchlässige Lehmhaus der Großmutter durch ein großes, stattliches aus Backstein mit ziegelgedecktem Dach zu ersetzen.

Mit Mitte Zwanzig ist Ana eine Persönlichkeit, eine sozial angesehene Person geworden.

Schule des Lebens

Die Geschichte von Ana ist vergleichbar mit der anderer Mädchen. Den beruflichen Werdegang der Tortillera einzuschlagen steht jeder Frau offen. Sie macht zur Ware, was als tägliches Brot ohnehin produziert werden muß. Jede ist somit im Besitz der Produktionsmittel, die Bestandteil der durchschnittlichen Haushaltsausstattung sind. Die jungen Frauen hatten und haben zwar die Möglichkeit, die Schule zu besuchen und eine formale Ausbildung mit Examina zu wählen, entscheiden sich aber mehrheitlich für den Beruf der Mutter. Die Mütter lehren ihre Töchter Fingerfertigkeiten und Kenntnisse und üben mit ihnen die Regeln des juchitekischen Marktgeschehens ein, sind ihnen die Lehrerinnen in ihrer «Schule des Lebens» (Na Romelia). Die Mütter in Juchitán haben ihren Töchtern ein Vermächtnis weiterzugeben. Das Vermächtnis der Mutter als Tortillabäckerin sind weder Vermögen noch Besitztümer. Sie hat auch keine politische und militärische Macht. Ihre Stärke besteht nicht darin, von sich behaupten zu können: «Ich kann mir anschaffen, was ich will», oder: «Ich bestimme über mehrere Personen», oder: «Ich vermag eine Arbeit zu leisten, wie sie sonst nur Männer verrichten.» Ihre Unabhängigkeit und Stärke, die sie den Töchtern vorleben kann, liegt darin, zu wissen: «Ich kann mein Leben und das meiner Kinder gestalten.» Sie lebt und arbeitet selbstbestimmt. «Wenn ich Lust habe, arbeite ich, wenn nicht, bleibe ich morgens liegen und versorge nur die Kinder», erklärt mir Eli, 32, Mutter von zwei Kindern und verheiratet mit einem Gelegenheitsarbeiter der Ölraffinerien. Wenn ich die Aussage von Eli mit ihrem Alltag vergleiche, den ich beobachten kann, weiß ich, wie ich sie verstehen muß: «Damit wir zu essen haben, muß ich zwar ungefähr zehn Stunden am Tag arbeiten. Aber wenn wir Gespartes haben oder mein Mann Geld bringt, bleibe ich zu Hause.»

Trotz langer Arbeitstage erfahren die Frauen ihre Arbeit nicht als ungebührlichen Zwang und als Notwendigkeit, denn sie können selbst über die Einteilung ihrer Arbeitszeit verfügen. Der Reichtum, den die

Mütter an die Töchter weiterzugeben haben, ist ein Leben, das die Befriedigung der unmittelbaren Bedürfnisse: Essen, Trinken, Entspannen, Tanzen und ein reges Gemeinschaftsleben, in den Mittelpunkt stellt.

Professionelle Frauenarbeit und Subsistenz

Ich möchte die Arbeit der Tortillera als ein Handwerk und einen Beruf beschreiben. Eine solche Definition widerspricht Vorstellungen, die eine Wirtschaft in einen formellen, öffentlichen Sektor und einen Sektor der Schattenarbeit einteilen. Im formellen Sektor werden alle geregelten und über Steuern erfaßten Erwerbsarbeiten, Handwerke, Berufe und Ämter angesiedelt. Als Schattenarbeit gelten die «private», unbezahlte und ungelernte Arbeit für den Eigenbedarf (die Subsistenzproduktion) und alle anderen informellen Aktivitäten, die «weder in der amtlichen Statistik erfaßt noch den Regelungs- und Revenueansprüchen des Staates unterworfen sind» (Evers 1987: 353).

Die Tortilla ist ein Subsistenzprodukt, das Frauen in privater Hausproduktion für den Eigenbedarf herstellen; sie ist auch Ware, wird aber auf einem «informellen» Markt vertrieben. Dennoch bestehe ich darauf, die Arbeit der Tortillera als Handwerk, Beruf und Amt zu beschreiben, um darauf hinzuweisen, daß eine Arbeit nicht erst dann einen gesellschaftlich anerkannten und institutionellen Charakter hat, wenn sie dem Regelwerk unterworfen ist, das den (nationalen) Staat konstituiert. In Juchitán sind die Herstellung von Subsistenzprodukten und der Handel damit gesellschaftliche, öffentliche Arbeit, und die Frauen lassen sich diesen Rang auch nicht streitig machen: Damit werden die Wertmaßstäbe, die unsere Wahrnehmung leiten, vom Kopf auf die Füße gestellt. Sie gehorchen den Werten einer Kultur, in der Leben und Arbeit für und mit der Subsistenz selbstverständlich sind. Die Arbeit der Tortillera ist an die Regeln gebunden, die die lokale zapotekische Gemeinde zusammenhalten.

Die Tortillera muß bestimmte Fertigkeiten erlernen: Sie muß die Maiskörner mit Hilfe des Windes von Sand, Steinchen und Blattresten befreien können; der Kalk zum Kochen des Maises muß richtig dosiert sein und der Mais im richtigen Moment vom Feuer genommen werden; der gekochte Mais muß anschließend gut, aber auch nicht zuviel gewaschen werden, und die Tortillera muß die Kunst beherrschen, immer gleichzeitig viele Tortillas zu backen und dabei jede genau zu ihrem präzisen Zeitpunkt des Garseins vom Feuer zu nehmen. Die jungen

Frauen müssen darüber hinaus Marktstrategien beherrschen, müssen Rechnungen machen, Preise bilden und handeln können. Und doch ist dies alles nur eine Erfolgsgarantie, wenn sie sich auch sozial in der Gesellschaft zu bewegen wissen. Wenn die Frauen die Feste besuchen und ihren Obulus und ihre Gaben einbringen, bei den Vorbereitungen unaufgefordert mithelfen oder selbst die Kosten übernehmen, wenn sie zeigen, daß sie sowenig am eigenen Geld und an der eigenen Zeit festhalten wie an den eigenen Waren – erst dann sind sie angesehene Personen, die des Vertrauens und nachbarschaftlicher Hilfsdienste würdig sind und deren Preise als berechtigt angesehen werden.

Vergleichen wir die sozioökonomische Lage der Tortillera Ana mit der von Frauen, die auch im fortgeschrittenen Alter «von der Tortilla leben», sehen wir, daß zwar der finanzielle Aufstieg davon abhängt, wie die Betreffende sich um soziales Ansehen bemüht, daß dieses Ansehen gleichwohl nicht an den finanziellen Aufstieg gebunden ist. Anas gleichaltrige Bekannte Chona stellt, seit sie verheiratet ist, Tortilla al horno her. Während die beiden sich vor 20 Jahren in derselben finanziellen Lage befanden, ist Ana heute weit besser gestellt als Chona. Eines Tages kommt es zum Konflikt zwischen den beiden, weil Ana die Vorbereitung der Hochzeit der Nichte Chonas versäumt hatte, obwohl sie vom bevorstehenden Fest gewußt und die Einladung erhalten hatte. Ana wird am Festnachmittag öffentlich darauf angesprochen, wofür sie sich sehr schämen muß. Ana kann sich nicht darauf zurückziehen, Chona in Notzeiten finanziell unterstützt zu haben, und damit rechtfertigen, daß sie nicht persönlich Hand anlegt. Chona ist eine angesehene Person und kann die Hilfe Anas erwarten.

Der Anerkennung des Aufstieges steht nicht die Disqualifizierung derer gegenüber, die «lediglich» ihren Status quo halten. Es wird genauso positiv bewertet, beim immer gleichen Amt zu bleiben. Diese Art der gegenseitigen Wertschätzung verhindert, daß alle Frauen den jeweils einträglichsten Beruf anstreben. Die Juchitecas vermögen eine arbeitsteilige Subsistenzsicherung aufrechtzuerhalten, die die moderne «Hausfrau für alles» nicht kennt. So wie die Frau, die gebratene Hähnchen verkauft, für sich und ihre Kinder die Tortillas nicht selbst zubereitet, kocht die Tortillera Ana nicht selbst zu Mittag und zu Abend, sondern kauft/tauscht das fertige Hähnchen ein; und auf keinen Fall würde es ihr je in den Sinn kommen, selbst einen Kuchen zu backen, selbst Früchte einzukochen oder einzulegen, selbst Totopos oder kleines Maisgebäck herzustellen oder selbst ein Oberteil für die

Tracht zu sticken. Durch die Aufteilung von Zuständigkeiten – Ämtern – ist der Alltag der Juchiteca vergleichsweise stressfrei. Sie ist davon verschont, alles selbst und ständig hundert Sachen gleichzeitig tun und bedenken zu müssen, wie es für die Lebenssituation von Frauen in der modernen Gesellschaft charakteristisch ist.

Die ökonomische Sicherheit der Tortillera

Unsere durchschnittlichen Berechnungen des Erlöses in der Tortilla-produktion ergeben zwischen 17 500 und 20 100 Mexikanische Pesos täglich auf die Hand. Wenn man in Betracht zieht, daß von Tortillas allein nicht gelebt werden kann, ein Kilo Rindfleisch aber schon 18 000 Pesos kostet, ein Kilo Huhn etwa 8000, ein Kilo Fisch zwischen 6000 und 10 000, ein Kilo Tomaten bis zu 5000, zehn Eier 4000, ein Kilo trockene Bohnen 7000 Pesos (Preise von 1991), scheint der Erlös für eine Mutter mit Kindern gerade fürs Essen zu reichen. Woher dann Geld für den Karton Bier (16 000) und den monetären Festbeitrag nehmen, um der Einladung nachkommen zu können? Woher das Geld für die Schulutensilien und Kleidung der Kinder?

Die reinen Zahlen zeichnen das Bild einer Tortillera, die immer knapp am Hunger vorbeiwirtschaftet, deren Kinder unterernährt, schlecht gekleidet und barfuß, früh arbeitend und ohne Schulbildung groß werden, und die es sich nicht leisten kann, am regen Festleben der Juchitecas teilzunehmen. Tatsächlich entspricht das Bild nicht der Realität. Das Leben der Juchitecas ist besser.

Chona hat vier Töchter und einen Sohn. Der Vater läßt sie mit der Verantwortung für die Kinder völlig allein. Dennoch haben bereits zwei der Mädchen ihre Ausbildung als Kindergärtnerin und Krankenschwester abgeschlossen, macht der Sohn seine Lehre, gehen zwei Mädchen noch zur Schule. Auch Maria betont, daß sie alle Kinder «mit der Tortilla» groß bekommen hat. «Mit der Tortilla» haben sie sich die Häuser auf dem Terrain der Großmutter gebaut und hat sie die Kinder so lange zur Schule gehen lassen, wie diese wollten. Alljährlich beteiligt sich ihre Familie mit Essen und Trinken und eigenen Gästen an der Vela Calvario.

Quellen der Lebenssicherung
Die Tortilleras leben nicht am Rande des Existenzminimums, wie aus

den Zahlen geschlossen werden könnte. Die Juchitecas schreiten gewiß auch nicht so selbstsicher und stolz durchs Leben, weil sie aus anderen Quellen reich wären oder weil sie sich keine Gedanken machten. Wie müssen wir uns also die Lebensgrundlagen erklären, die den Frauen einen so hohen Grad an Kontrolle über die Gestaltung ihres Lebens und ein so großes Sicherheitsgefühl geben?

Es ist ein immer wiederkehrendes Phänomen in Studien über sozioökonomische Verhältnisse an Orten der Dritten Welt, daß der Aufwand für den Konsum über dem Einkommen aus dem formellen oder informellen Sektor liegt. Forscher und Forscherinnen haben erkannt, daß es notwendig ist, in die Haushaltsbudgetberechnungen mit aufzunehmen, was Familienmitglieder an Gütern und Dienstleistungen für den Eigenkonsum nicht käuflich erwerben, sondern selbst herstellen. Die Subsistenzproduktion wird berechnet (Goldschmidt-Clermont 1978, Evers 1981 und 1987).

Für Juchitán aber würde dieses Vorgehen keinen Sinn machen. Sowenig wir von einem informellen Sektor sprechen können, sowenig läßt sich ein Bereich der Subsistenzproduktion ausmachen, der «alle gebrauchswertorientierten wirtschaftlichen Tätigkeiten für den Selbstgebrauch und Eigenkonsum außerhalb marktwirtschaftlicher Beziehungen erfaßt» (Evers, 1987: 353). Hier gibt es keinen Bereich der Subsistenzproduktion außerhalb des Marktes. Vielmehr zeichnet dieser sich gerade dadurch aus, daß selbstproduzierte Güter und Dienstleistungen für den Eigenbedarf über Geld vermittelt so getauscht werden, daß eine Frau und die Mitglieder ihres Haushaltes nicht alles zum Leben Notwendige selbst erarbeiten müssen. Die Subsistenzproduktion selbst geht, über den Markt vermittelt, arbeitsteilig vonstatten. Für den Eigenbedarf Güter herzustellen und Dienste zu leisten, die auf dem Markt erhältlich sind, würde nicht nur der Logik der juchitekischen Ökonomie zuwiderlaufen, sondern wäre auch Zeichen mangelnden Prestiges der Betreffenden und läge deshalb unter ihrer Würde.

Schweine und Gold

Hin und wieder verkauft Joaquina eines ihrer Schweine. Es ist vom gekochten Mais, der nicht verarbeitet worden war, von Essensresten und sonstigen Küchenabfällen dick und fett geworden. Das Schwein ist die Sparanlage. Wenn der Verkaufserlös nicht unmittelbar für größere Anschaffungen gebraucht wird, wird er in goldenem Festschmuck angelegt. Ein Schwein bringt ihr zwei Goldmünzen. Sie wird sie so lange

sammeln, bis sie zu einer Kette in angemessener Länge zusammenge-
fügt werden können. Oder sie spart, um sich die schweren, massiv goldenen Armreifen und die langen, pompösen Ohrringe anzuschaffen,
mit denen die Frauen Juchitáns auf den Festen zu glänzen pflegen. Das
Gold ist Bestandteil des materiellen Reichtums, den die juchitekischen
Mütter an ihre Töchter weitergeben. Verkauft oder gepfändet wird es
nur dann, wenn das «Familienunternehmen» Krisenzeiten überwinden
muß oder die Tochter die Mutter im Alter im Stich lassen sollte.

Der Blick fürs Notwendige
Die Maispasteten, von denen die Nachbarin Kostproben schickt, das
Essen, das die Mütter vom Fest mit nach Hause bringen und das dem
einen oder anderen Kind ein Abendessen ist, sind wertvoll, denn jede
Mahlzeit, die bestritten ist, jede kleine Ausgabe, die nicht getätigt zu
werden braucht, ermöglicht das Leben heute und morgen. Gerade dadurch, daß die Juchitecas ihren Blick aufs Notwendige, aufs Hier und
Jetzt gerichtet halten, können sie sich größere Anschaffungen leisten.
«Poco a poco», Stück für Stück, kann Maria das ersparen, was sie zum
Hausbau benötigt. «Ich kaufe Essen, Seife, Zucker. Wenn etwas übrig-
bleibt, dann lege ich es zur Seite. Nicht alles auf einmal. Así, poco a
poco.»
Ihr Mann verfügt nicht über eigenes Geld. Maria verarbeitet und
verkauft, was er auf seinem Land erwirtschaftet. Er wird von ihr mit
allem, was er braucht, versorgt. «Verkauft dein Mann nie einen Och-
sen, eine Ziege, um eigenes Geld zu haben?» – «Warum sollte er, wenn
Lebensmittel da sind.» Hin und wieder schenkt er ihr zwei Ochsen oder
eine Ziege. Davon kauft sie ihren Söhnen Land für den Hausbau oder
Nähmaschinen für die Töchter. Die Organisation der Ökonomie des
Notwendigen ist Frauensache, und sie bleibt es auch, wenn es sich um
Geld dreht.
Die Leute in Juchitán arbeiten nicht, um Geld zu verdienen, sondern
sie verdienen Geld, um ihre Bedürfnisse zu erfüllen. Überschüsse flie-
ßen in den kollektiven, festlichen Konsum. Diese Art des Wirtschaftens
ist sehr flexibel, sie vermag Unwetter und ökonomische Krisenzeiten zu
überbrücken, und sie geht mit der Umwelt wesentlich pfleglicher um
als Betriebe mit einer kapitalistischen Logik. Die müssen sich ständig
übernehmen, Profite machen, investieren, erweitern und sind deshalb
längst nicht so stabil.
Die Juchitecas überprüfen das Verhältnis des Familienbedarfs zum

notwendigen Arbeitseinsatz sehr genau. Dabei kann sich herausstellen, daß sich eine Arbeit nicht bezahlt macht. Es kann sich aber auch herausstellen, daß der Bedarf das alltägliche Budget übersteigt und die Frauen gezwungen sind, an die Grenzen ihrer Leistungsfähigkeit zu gehen und (periodisch) mehr zu arbeiten. Mehr oder weniger Arbeit – das Leben erscheint den Juchitecas auf jeden Fall immer als machbar.

Die Juchitecas sind selbständige Händlerinnen, und doch sind für sie Kategorien zur Analyse bäuerlicher Produktion angemessener als die zur Analyse selbständiger Unternehmer. Auf ihrem Markt herrscht nicht das Gesetz, daß nur die Stärksten überleben. Sie sind nicht gezwungen, zu reinvestieren und sich zu vergrößern, um sich im Konkurrenzkampf halten zu können bzw. andere auszuschalten. Sie wollen ihre Bedürfnisse befriedigen, was jeder als Recht zuerkannt wird; dafür tauschen sie gegenseitig ihre Produkte.

Veronika Bennholdt-Thomsen
Die Tabernera

Die Bezeichnung «tabernera» ist, wie man unschwer erkennen kann, mit dem Begriff «Taverne» verwandt. Der Ort aber, an dem die Taberneras von Juchitán Bier und Mezcal, aber auch Limonade ausschenken, hat nur wenig mit der geläufigen europäischen Vorstellung von einer Taverne oder Schenke zu tun. Die «Wirtinnen» von Juchitán bauen einen langen Tisch und zwei Bänke unter freiem Himmel auf, stellen eine Kühltruhe mit einem Eisblock daneben, setzen eine Kerosinlampe auf den Tisch, dazu das Holzkästchen für das Geld, und dann beginnt der Ausschank. Diese mobilen Schenken werden bei jeder größeren Feier vor dem eigentlichen Festplatz aufgebaut, vor allem bei den «velas», aber auch unweit des Altars, der Kapelle, der Heiligenfigur, die feucht-fröhlich geehrt werden, oder am Palmsonntag vor dem Friedhof, wenn die Leute von Juchitán zusammen mit ihren Toten feiern.

Noch vor 30 Jahren wurde auf den Festen selbst kaum Alkohol konsumiert. Die Frauen tranken Limonade oder «horchata» und nicht wie heute Bier, die Männer das eine oder andere Gläschen Mezcal, nicht wie heute Bier und Schnaps bis zum Umfallen. Heute bauen sich die Bierverkäuferinnen vor jedwedem Festereignis mit einem Stapel Bierkartons auf, so daß die herbeiströmenden Gäste ihren obligaten Beitrag von einem Karton Bier gleich bei ihnen kaufen können. Aber diese Bierverkäuferinnen umgibt allenfalls nur noch ein kleiner Schein im Vergleich zu jenem Glanz, in dem die echten Taberneras erstrahlten. Tatsächlich ist Tabernera ein aussterbender Frauenberuf in Juchitán.

An der Figur der Tabernera können wir viel über die Geschlechterbeziehung in Juchitán erfahren, über das Verhältnis von Frauen, Geld und Sexualität. In ihr spiegelt sich auch die juchitekische Eigenart, scheinbar unvereinbare Widersprüche miteinander zu versöhnen. Die Tabernera gilt als leichte Frau. Zugleich aber ist sie eine allseits bekannte Person, der eine besondere Anerkennung zuteil wird. Ihre politische Meinung hat besonderes Gewicht, sie gilt als Wortführerin und hat viele Verpflichtungen im Netz der sozialen Gegenseitigkeit. Eine Tabernera hat auch schön zu sein. Tatsächlich haben nur die hübscheren unter ihnen jene glanzvolle Karriere gemacht, die man von ihnen erwartet. Taberneras sind zumeist alleinstehende Mütter, das heißt, eine alleinstehende Mutter ist dazu prädestiniert, Tabernera zu sein. Wenn sie hübsch ist und wenn sie klug ist, dann nutzt sie die Tatsache, daß die Männer sie umschwärmen, indem sie sich von ihnen reich beschenken läßt. Tut sie das nicht, dann ist ihr die Verachtung ihrer Geschlechtsgenossinnen sicher – wohlgemerkt, nicht deshalb, weil sie eine leichte Frau ist, sondern weil sie nicht das Geschäft daraus gemacht hat, das möglich wäre. Eine leichte Frau zu sein ist auch ein Beruf, und eine tüchtige leichte Frau ist auch eine tüchtige Juchiteca. Verwerflich ist nicht, daß sie aus der Liebe der Männer Kapital schlägt, sondern es wäre verwerflich, ja dumm, wenn sie auf diese Weise nicht genug verdienen würde. Das Verhältnis von Frauen und Geld sowie von weiblicher Sexualität und Geld ist in Juchitán definitiv ein anderes als bei uns.

Anders als in der uns geläufigen Prostitution, verkauft oder vermietet die Tabernera nicht ihre sexuellen Dienste. Vielmehr lebt sie über einen gewissen Zeitraum hinweg fest mit einem Mann zusammen. Aber sie ist dafür bekannt, daß sie ihre Männer leichter wechselt als andere Frauen. Entsprechend muß er sich, will er sie behalten, anstrengen. Wieviel ihr diese Anstrengungen einbringen, hängt von ihrem Verhandlungsgeschick und seinem Einkommen ab. Gleichzeitig fühlen sich andere Verehrer durch die feste Beziehung nicht entmutigt, denn schließlich ist sie ja Tabernera. Am ehesten zu vergleichen sind die Taberneras mit den Hetären der Griechen oder den «bonae» der Römer. Hetären wie «bonae» wurden auch nicht für ihre sexuellen Dienstleistungen bezahlt, sondern lebten über längere Zeit hinweg als Geliebte eines Mannes und konnten eine gesellschaftliche Stellung erlangen, die der des freien Mannes nahe kam. Doch der gesellschaftliche Rahmen, in dem diese «leichten Frauen» sich bewegten, war ein ganz anderer als in Juchitán. Sie erfuhren eine relative Freiheit in einer Gesellschaft, die sonst vom patriarchalen Sklavenhaltertum gekennzeichnet war. Am Isthmus von Tehuantepec hingegen entspringt die gute gesellschaftliche Stellung der Tabernera einer durchgängig starken sozialen Position der Frau.

In Juchitán trägt es einem Mann Ehre ein, die Liebe einer Tabernera gewonnen zu haben. Man mag einwenden, daß Vergleichbares auch in der sexistischen Männergesellschaft gilt, gleichsam als Bestätigung der Virilität. Ich will auch nicht behaupten, daß Juchitán frei von den pubertären Potenz- und Herrschaftsphantasien des «machismo» sei. Dennoch vermögen sie hier nicht die gesellschaftlichen Strukturen zu prägen. Betrachten wir zum Vergleich etwa die Verhältnisse zur Zeit der Entstehung der modernen, das heißt der typisch geld- und warenwirtschaftlichen Version der Prostitution. Auch die französische Kurtisane des 19. Jahrhunderts bringt ihrem Liebhaber Ansehen in der Männergesellschaft ein. Aber gerade am anderen Umgang mit Geld wird der Unterschied zur juchitekischen Gesellschaft sichtbar. Die Kurtisane muß das Geld und die Geschenke, die sie von ihrem Liebhaber erhält, zur Schau stellen. Er bezahlt sie, damit sie einen verschwenderischen, demonstrativen Konsum betreiben kann, denn das ist, was ihm Ehre einbringt (Mey 1985). Die Tabernera hingegen behält ihren eigenen Kopf. Sie muß sich nicht als «schönes Eigentum» oder «Luxusweibchen» inszenieren. Das Geld steht ihr zu, sie hat es erwirtschaftet. Weder ist es schmutziges, sie entehrendes Geld, noch muß sie dem Mann dafür eine Verfügung über ihre Person oder ihre Handlungen einräumen. Für eine Tabernera gilt wie sonst auch in Juchitán: Eine Frau *ist* nicht Eigentum, sie *hat* welches.

Über die Geschichte der Entstehung des Berufes der Tabernera vermögen wir wenig zu sagen. Vermutlich ist er eine neuere Erscheinung, weil er voraussetzt, daß es genügend Männer gibt, die über Bargeld verfügen, daß also die Gesellschaft bereits monetarisiert ist. Eine solche Monetarisierung hat aber am Isthmus, wie in den anderen ländlichen

Regionen Mexikos, erst in der zweiten Hälfte des 19. Jahrhunderts eingesetzt, und zwar im Gefolge der Reformgesetze, die das Gemeineigentum abschaffen und den Boden in Ware verwandeln.

Eingebettet aber ist die Figur der Tabernera, in der sich ökonomische und soziale Anerkennung mit einer gewissen moralischen Verurteilung seltsam verquicken, in eine ältere Tradition. Die besagt, daß am Isthmus der Mann die Frau bezahlen muß. Wenn ein junger Mann eine Braut geraubt hat – die ältere und geläufigere Form der Verheiratung –, die Mutter der Frau aber nicht einwilligt, dann muß seine Familie ihr eine sogenannte Mitgift zahlen. Hintergrund dieses Brauches ist die zyklische Vorstellung vom Lebensablauf der Frau, dessen Abschnitte von konkret-körperlichen Ereignissen markiert werden. Verlust der Jungfräulichkeit bedeutet, daß das Mädchen zur Frau geworden und nun die Zeit für ihr eigenes, unabhängiges Wirtschaften gekommen ist. Würde sie heiraten, dann hätte dies eine Existenzgründung in Verbindung mit dem Mann zur Folge. Wäre er Bauer, so würde sie vielleicht Tortilla-Bäckerin. Heiratet sie jedoch nicht, dann braucht sie um so notwendiger ein Startkapital für ihre Existenzgründung. Das gleiche gilt, wenn sich eine junge Frau von einem bereits verheirateten Mann hat rauben oder auch heimlich umgarnen lassen. Auch er muß ihr eine Mitgift zahlen. Dies wird die Mutter der Frau zusammen mit ihrer gesamten Familie gewiß mit Nachdruck von ihm fordern und es auch durchsetzen können.

Die Tabernera steht insofern in der erwähnten Tradition, als sie nicht heiratet, sondern sich jeweils eine «Mitgift» zahlen läßt. Einerseits also entspricht die Lebensweise der Tabernera nicht der gesellschaftlichen «Norm». Ihre sexuellen Verbindungen mit Männern gelten deshalb als unmoralisch. Andererseits aber gibt es durchaus Ähnlichkeiten mit den Formen, unter denen sonst Verbindungen geknüpft werden. Deshalb wird die Tabernera sozial nicht ausgegrenzt. Anders als bei uns gibt es hier keine doppelte Moral. Schließlich wäre auch in unseren deutschen oder europäischen Zusammenhängen bei einer anderen Grundhaltung unschwer zu erkennen, daß abweichendes oder unmoralisches Verhalten sich in Wirklichkeit von dem der Mehrheit nicht so sehr unterscheidet. Die Grenzen sind nicht real, sondern fiktiv, und sie werden von der Wirklichkeit abstrahierend gesetzt. In Juchitán hingegen gilt das Konkrete. Und wie jede andere Person auch, kann die Tabernera Anerkennung und Ansehen gewinnen, insbesondere wenn sie die Erwartungen und Verpflichtungen im Netz der gesellschaftlichen Gegenseitigkeit erfüllt und wenn sie erfolgreich ist.

Warum ist gerade eine alleinstehende Mutter dazu prädestiniert, Tabernera zu sein? Es drängt sich das Bild vom «gefallenen Mädchen» auf, von dem die Tabernera tatsächlich auch etwas hat. Wenn eine Frau ihr Kind jenseits der vielfältigen Heiratsformen und Regelungen geboren hat, also ohne dafür eine wirtschaftliche Grundlage zu haben, dann leidet ihr Sozialprestige. Sie gilt als nicht klug, mit mangelndem Pragmatismus versehen, als eine, die sich von ihrer puren Lust leiten läßt. Aber Juchitán wäre nicht Juchitán, wenn dem nicht auch eine andere, gute Seite abgewonnen werden könnte. Erotik und weibliches sexuelles Begehren sind unter den Frauen hoch angesehen. Puritanerinnen sind die Juchitecas gewiß nicht, und sie sind auch nicht zimperlich. Im Gegenteil, ihr Gerede und ihre Gebärdensprache wirken so manches Mal anzüglich. Auch prahlen sie mit ihrer sexuellen Potenz. Das also, was der alleinstehenden Mutter einerseits Geringschätzung einträgt, wird auf der anderen Seite durchaus hoch geschätzt. Deshalb wird es als gutes Startkapital für eine Karriere als Tabernera betrachtet. Vermutungen über ihr Lustverhalten lassen die Begehrlichkeit wachsen, und das fördert das Geschäft.

María Ciro: Der Beruf als Sprungbrett

Im Frühjahr 1993 stirbt Cantinflas, der große mexikanische Komiker und Schauspieler. Tausende defilieren an seinem Sarg vorbei, der in der großen Oper «Bellas Artes» aufgebahrt worden ist. Auch María Ciro, die zu diesem Zeitpunkt zu Besuch bei ihren Kindern in Mexiko-Stadt weilt, erweist dem Komiker die letzte Ehre. Die Filmkamera der mexikanischen Tagesschau wählt, wie magisch angezogen, von den Hunderten von Gesichtern genau dieses eine aus. María Ciro erscheint in Großaufnahme auf den mexikanischen Fernsehschirmen zu den Achtuhrnachrichten. So ist sie. Sie strahlt Selbstbewußtsein, Stolz und Stärke aus, eine schöne Frau. Die königliche Tracht der Zapotekinnen unterstreicht ihre Präsenz. Man kann sie nicht übersehen.

María ist 60 Jahre alt, mittelgroß (für juchitekische Verhältnisse) und nicht dick (ebenfalls für juchitekische Verhältnisse), sehr lebendig, mit einem immer offenen, direkten Blick. Der Haaransatz an Stirn und Seiten ist grau, das übrige Haar noch ziemlich dunkel, was einen Farbkontrast ergibt, der ihr sehr gut steht. Ihre Körperhaltung entspricht der der juchitekischen Frau: aufrechter Gang, hocherhobener Kopf, die Schultern zurückgebogen, vorgeschobenes Becken, lange Schritte.

María Ciro ist hoch angesehen in Juchitán, sie hat unendlich viele soziale Verpflichtungen – an manchen Festtagen muß sie drei, vier, fünf Besuche machen. Sie erfüllt die Anforderungen an die gegenseitige Aufmerksamkeit in vorbildlicher Weise. Sie ist um ihr Prestige bemüht, und dieses Bemühen wird auch entsprechend honoriert. Vor einigen Jahren hat sie zusammen mit ihrem zweitältesten Sohn die Mayordomía der «Vela Calvario» übernommen und dabei glanzvoll repräsentiert, wie zahlreiche Fotos zeigen. In die Zeit unseres Aufenthaltes fiel die Hochzeit ihres ältesten Sohnes. An ihrem Ablauf konnten wir lernen, was es in Juchitán für die Mutter des Bräutigams bedeutet, dieses große, sich lang hinziehende Fest auszurichten. Die Gemeinschaft konnte lernen, wie der Ablauf des Hochzeitsprozesses traditionellerweise auszusehen hatte.

María Ciro ist eine typische Teca, typisch in der Liebe und Bewunderung für ihr eigenes Volk und typisch in ihrer gesellschaftlichen Stärke als Frau. Wirklich auffallend ist ihre Schönheit. Deshalb und verbunden mit einigen unerwarteten Wendungen ihrer Biographie war sie speziell dafür geeignet, Tabernera zu sein. Vermutlich war es ihr Erfolg, der zu ihrem Aussehen auch noch die Ausstrahlung von Stolz und selbstbewußter Weiblichkeit hinzufügte, die sie so unübersehbar macht.

María Ciro arbeitete fünf Jahre ihres Lebens als Tabernera. Ebenso geradlinig, wie ihr Lebensverlauf auf diese Beschäftigung zuführte, ließ sie sie andererseits auch zielstrebig hinter sich. Heute würde sie kaum jemand noch als Tabernera betrachten, dennoch hat diese Tätigkeit ihren Lebensweg entscheidend geprägt. María Ciro wird 1930 geboren. Ihr Vater ist Bauer. Noch heute wohnt sie auf dem ererbten väterlichen Grundstück und zeigt mir, wo der Viehpferch war, wo gemolken wurde. Aufgabe ihrer Mutter war es, die Milch, den Käse, den Mais, das Feuerholz und manchmal auch Fleisch zu verkaufen. Damals gab es feste Maße und Preise. Ein viertel Liter Milch, ausgeschenkt aus einem Meßbecher aus Metall, kostete einen Centavo. Mit einem «tostón», das sind 50 Centavos, konnte man ein ganzes Essen einkaufen. Vieles mußte in Gramm und Kilogramm gerechnet werden. Da die Mutter nicht rechnen konnte, schickte sie María in die Schule. Aber sie geht nur zwei Jahre und unregelmäßig hin. Dennoch sagt die Mutter zur erst Zehnjährigen: «Hier, Tochter, hier sind die Schlüssel. Ich bleibe ab jetzt zu Hause, und du machst die Geschäfte.»

Mit 14 Jahren heiratet María.[2] Ihr Ehemann kommt aus einer reichen, gebildeten Familie. Er selbst hat die Sekundarschule abgeschlossen und etliche Jahre studiert, allerdings ohne je einen Abschluß zu machen. «Es war eitel von mir, ehrgeizig, diesen Mann zu heiraten», sagt María. «Auch sah er nicht gut aus, er war häßlich, aber aus einer reichen, angesehenen Familie, und er hatte auch seinen Charme, denn er hat süßes Blut. Er war ein Schürzenjäger. Aber ich war arm.» An diesem Punkt der Erzählung angekommen, zieht sie ihre Sandalen aus und stellt die bloßen Füße auf den Boden, wie jedesmal, wenn sie von der Armut in ihrer Kindheit spricht. Das soll heißen: Damals besaß ich keine Schuhe und ging barfuß. «Ich stamme aus einer einfachen Familie. Hübsch, sanft, schüchtern, akzeptierte ich die Heirat.» Sie läßt sich «rauben».

Ein Jahr später wird ihre erste Tochter geboren. Sie erhält den Namen einer Großmutter aus der Familie ihres Mannes. Auch sonst wird es nicht ihr Kind sein. Schon vor der Geburt hatte sie versprochen, daß es bei der Schwiegermutter bleiben würde. Bis heute würde die Tochter nicht mit ihr sprechen: «Wenn wir uns auf der Straße sehen, grüßt sie noch nicht einmal.» Die fortgesetzte Untreue ihres Mannes und die Demütigungen im Haus der Schwiegermutter, in dem sie wie ein Dienstmädchen behandelt wird, lassen sie das Weite suchen. Doch bis sie sich zu diesem Schritt durchringt, wird ein Jahr nach der ersten auch ihre zweite Tochter geboren und wieder in kurzem Abstand der erste Sohn. Ein erneuter und öffentlich gewordener Fall von Treuebruch ihres Ehemannes führt dazu, daß sie in ihr Elternhaus zurückkehrt. Aber auch er muß die Stadt verlassen. «Weil sie einen Mann hier zahlen lassen, wenn er ein Mädchen entjungfert, und weil er dem entgehen wollte, hat er sich abgesetzt. Aber wie sehr hat mir doch mein Ehemann gefehlt», sagt sie und umarmt sich mit ihren eigenen Armen. Es folgen die Wiedervereinigung in der fremden Stadt, die Geburt des zweiten Sohnes, dann die endgültige Trennung.

Nun hat sie vier Kinder. Drei davon leben bei ihr. So ist sie nach mehreren Jahren Ehe eine alleinstehende Mutter geworden, die für kleine Kinder zu sorgen hat. Das Geld, das ihr von ihrem Ehemann

---

2 Ihren eigenen Jahresangaben zufolge müßte sie bereits 18 gewesen sein. Sie hat, wie die meisten Juchitecas, Probleme mit den Jahresdaten und den Angaben über das Alter. Meinem Empfinden nach will sie damit sagen, daß sie sich damals noch sehr jung für die Heirat gefühlt hätte.

zugestanden hätte, will sie nicht erstreiten. «Wozu nehme ich sein Geld, wenn er es nicht freiwillig geben will?»

Eines Tages, als sie schon länger von ihrem Mann getrennt lebt, kommt der Vertreter einer Brauerei und trägt ihr an, den Ausschank in einem Bierzelt zu betreiben. Die drei großen Brauereien sind in starker Konkurrenz, deshalb sind die Bedingungen günstig. Das Zelt, die Tische und die Eistruhen werden gestellt, dazu vier Kellnerinnen und ein Mann, der das Eis zerhackt. Sie soll das Ganze organisieren und kontrollieren. Dafür wird sie am Umsatz beteiligt. Ein Bier kostet einen Peso, der Karton im Einkauf 17 Pesos, im Verkauf 25. Die Differenz ist ihr Einkommen.

María Ciro wird Tabernera. Ihr Vater ist strikt dagegen. Das ginge gegen die Ehre, sei eine Schande. Ihr Vetter beschimpft sie als Hure. Als sie aber nach der ersten Arbeitswoche zurückkehrt, mit einem Käse für die Eltern, mit Totopos und Fleisch, die Taschen voller Geld, da besinnt sich der Vater und spricht wieder mit ihr.

Doch allzu lange hat sie das Geschäft nicht betrieben, denn dann wird sie von einem reichen Mann «gekauft». Er sieht sie bei der Arbeit. Dann sucht er ihre Eltern auf, um ihnen vorzuschlagen, daß die Tochter mit ihm leben solle. Er bietet eine monatliche Zahlung an die Eltern. Beide sind sehr dafür. Er ist Viehzüchter, besitzt eine Hazienda mit über 3000 Hektar und 500 Stück Vieh. «Er ist ein bißchen häßlich, aber edelmütig.» María plagt sich mit der Entscheidung. Sie hat einen «novio», einen Freund, hübsch, jung, aber arm. Sie liebt ihn, aber er selbst sagt ihr, daß sie das «Angebot» des «hacendado» annehmen soll. Sie würde eigentlich lieber mit ihrem jungen Novio gehen, aber alle, Mutter, Vater, Geschwister, Kinder, Nachbarn, sind für den Großgrundbesitzer. So stimmt sie zu. «Denn wenn eine Frau sich in dieser Weise einem Mann verpflichtet, dann muß er zahlen.» Sie ist zu diesem Zeitpunkt etwa 27 Jahre alt, er ist wesentlich älter. Sie betont immer wieder, daß sie ihn nicht liebe. Alle wissen das, auch er. Er meint, die Liebe würde mit der Zeit schon kommen.

Eine ältere Frau rät ihr, ihn zu nehmen, sich aber Liebhaber zu halten. Nein, das hätte sie nie gemacht, «ich habe mich niemals über ihn lustig gemacht». Sie zieht mit ihm auf die Hazienda. Jetzt braucht sie nicht mehr zu arbeiten. Sie wird bedient, reitet mit ihm aus, genießt den Reichtum. Er führt sie aus, sie fahren im Auto, mit Chauffeur. So besucht sie auch die Kinder, die bei den Großeltern geblieben sind.

«Vier Jahre bin ich in seiner Gewalt.» Sie bekommt zwei Kinder von ihm, einen Sohn und eine Tochter. Er besteht darauf, daß der Sohn nur seinen Namen trägt. Sie akzeptiert, weil er ihr Geld dafür gibt. Tatsächlich aber begibt sie sich so jeden Rechtes auf das Kind. Es wird getauft und dann gleich von der Schwester des «hacendado» nach Mexiko-Stadt mitgenommen. Das Kind war damals gerade sechs Monate alt, und sie habe sehr darunter gelitten. Kurz vor der Entbindung ihrer Tochter erfährt sie, daß der «hacendado» bemüht sei, eine andere junge Frau zu «kaufen».

Als ihr dann zu Ohren kommt, daß er am Vortag tatsächlich «das gekaufte Mädchen defloriert hat», packt sie ihre Sachen und kehrt nach Juchitán zurück. Hier wird ihre jüngste Tochter geboren. Der Großgrundbesitzer will sie zurückholen, will die Tochter haben, aber das läßt sie nicht zu.

Der «hacendado» heiratet nach einem Jahr die neue Frau. «Das war sehr anständig von ihm. Er hat meinetwegen ein ganzes Jahr gewartet.» Insgesamt redet sie gut von ihm. «Ich bin ihm dankbar, er hat aus mir eine Señora gemacht; durch ihn wurde ich zur geachteten Frau.» Sie meint damit zum einen, daß sie auf diese Weise ihre Arbeit als Tabernera aufgeben konnte, zum anderen, daß er sie durch seinen Reichtum und seine Reputation in einem guten Licht erscheinen läßt. Schließlich habe sie das Beste daraus gemacht, meint eine gemeinsame Freundin anerkennend. Noch vor der Geburt des ersten Sohnes hat sie sich von ihm das Grundstück kaufen lassen, das an den väterlichen Besitz angrenzt. Sie hatte also niemals den Blick für die Realität verloren.

Nach der Trennung von ihrem reichen Verehrer kehrt sie nicht mehr zu ihrer Arbeit als Tabernera zurück. Vielmehr greift sie eine ältere Fertigkeit wieder auf, die sie nun zur Meisterschaft ausbildet. Sie stellt eingelegte Früchte her und verkauft sie nachmittags auf dem Markt und bei den vielen Festgelegenheiten. Sie sind, unserem Rumtopf verwandt, eine begehrte Leckerei.

Bis das Geschäft gut angelaufen ist, und später als Ergänzung dazu, verkauft sie in der nahe gelegenen Busstation ein selbst zubereitetes Getränk aus gemahlenem Mais und Milch (atole de leche), selbst gemachte Pasteten aus Maisteig und Hühnchen (tamales con pollo) sowie Käse. Mit ihrer Arbeit ernährt sie sich und die drei ihr verbliebenen Kinder und gibt ihnen eine gute Ausbildung. Sie beenden alle die Sekundarschule, gehen auf das College und schließen eine Fachausbildung an. Bei den großen sozialen Ereignissen versammeln sich ihre Kinder um sie, den strahlenden Mittelpunkt. Denn sie versteht es, mit

Rumtopffrüchte in Sirup:

Halbreife Früchte wie Mangos, Pflaumen, Pfirsiche und die einheimische Kirsche, «nanche», werden in Alkohol eingelegt. Dazu wird der Zuckerrohrschnaps von 96 Prozent mit Wasser verdünnt. Durch diesen Prozeß werden die Früchte haltbar gemacht. Wenn sie den ganzen Alkohol aufgesogen haben, werden sie herausgenommen, und die Flüssigkeit wird weggeschüttet. Dann werden die Früchte in Zuckersirup eingelegt; der nimmt wieder etwas von dem Alkohol auf. Jetzt sind sie fertig und beliebtes Schleckzeug für Kinder und Erwachsene.

Großzügigkeit und Grazie zu repräsentieren. Und alle kommen, denn es ist eine Ehre und eine Pflicht der Gegenseitigkeit, der Einladung von María Ciro zu folgen.

Rosa: Karriere als Tabernera

Während María die Zeit als Tabernera als Sprungbrett nutzte, um etwas anderes machen zu können, kann Rosa als «Vollblut»-Tabernera betrachtet werden. Sie wollte niemals etwas anderes sein und hat in ihrer Berufssparte richtig Karriere gemacht. Als ich sie für mein Vorhaben, ihre Lebensgeschichte aufzuschreiben, gewinne, ist sie stolz dabei. «Uuih, dann wirst du aber ein sehr dickes Heft mitbringen müssen.»

Rosa ist nach eigenen Angaben 57 Jahre alt. Sie ist mittelgroß, für Juchitán nicht dick, sondern «gerade richtig». Ihre ersten grauen Haare färbt sie sich mit Henna rot. Wenn sie zum Markt geht, schminkt sie sich heftig: Brauen, Augen, Wangen, Lippen. Und sie zieht sich gut an, meist tekische Tracht. Man sieht, daß sie eine sehr schöne junge Frau war. Selbstbewußt klemmt sie die unvermeidliche schwarze, große Handtasche mit den kurzen Henkeln unter die Arme, so, wie es alle Geschäftsfrauen in Juchitán tun. Sie schwankt sehr stark im Ausdruck. Oft ist sie laut, lacht unglaublich breit, dann wieder spricht sie so leise, daß ich sie kaum verstehe. Sie ist das jüngste von fünf Kindern. Ihre Eltern waren arm. Mit 14 Jahren fängt Rosa bei einer Nachbarin, einer Garnachera, als Lehrmädchen an. Um halb sieben Uhr morgens beginnt ihr Arbeitstag: Wasser herbeischaffen, Feuerholz schleppen, das Geschirr vom Verkauf am Vorabend waschen. Dann lernte sie Tortillas formen, Hühner schlachten, rupfen, kochen und kleinschneiden. Am späten Nachmittag half sie die Dinge auf den Markt tragen, half verkaufen, machte Handreichungen, während die Köchin die zahlreiche Kundschaft bediente. Die Lehrherrin war sehr streng, verteilte Kopfnüsse, wenn die Tortilla nicht richtig geriet.

Nach acht Monaten macht Rosa sich selbständig, verkauft selbst Garnachas. «So habe ich angefangen zu arbeiten.» Dabei lernt sie ihren ersten Mann kennen, einen Taxifahrer. «Mit ihm bin ich geflohen, ich habe mich rauben lassen.» Sie heiraten, streiten sich, Eifersuchtsszenen, er schlägt sie. Als sie ihn schließlich Wange an Wange mit einer anderen tanzen sieht, ist die Sache für sie erledigt. «Ich bin sehr eifersüchtig. Ich weiß nicht, warum, aber so etwas kann ich nicht akzeptieren. Dann wird mir so, ich weiß nicht wie, ich kann das nicht definieren. Wut steigt in mir auf.»

Kurz darauf lernt sie den Vater ihres ältesten Sohnes kennen. Er kauft ihr ihren ersten Verkaufsstand, einen Getränkeausschank. Sie konnte ihn an einem günstigen Platz mitten im Zentrum aufstellen. «Dort habe ich gelernt, Bier zu trinken.» Als der Bauch schwillt, verschwindet der zukünftige Vater und kehrt erst wieder zurück, nachdem das Kind geboren ist. Es geht wohl hin und her zwischen Rosa und ihm, aber es wird nichts mehr aus der Beziehung. Ihre Mutter kümmert sich um das Kind. «Meine Mutter hat mir viel geholfen. Mein Vater wollte mich aus dem Haus werfen, aber meine Mutter hat es nicht erlaubt.»

Nach dem ersten Kind «machte ich erst richtig etwas her. Vorher war ich sehr dünn. Um so mehr begehrte mich der Vater meines Sohnes. Aber ich war schon in den Mann verliebt, der der Vater meines zweiten Kindes werden sollte». Sie bleibt acht Jahre mit ihm zusammen, obwohl es auch mit ihm ein ständiges Auf und Ab ist. Aber er strengt sich sehr an, ihr zu Gefallen zu sein. Und er gibt ihr Geld für den Lebensunterhalt («Me da para mi gasto.» Wörtlich: Er gibt mir für meine Ausgaben).

Ihr werden drei weitere Kinder geboren von unterschiedlichen Vätern. Ihr Kriterium für ein längeres Zusammenleben ist zunehmend, ob der Gefährte ihr die Ausgaben bezahlt oder nicht. «Ich bin nicht dein Dienstmädchen», pflegt sie zu sagen. «Du bekommst deine saubere, gut gebügelte Wäsche, deine weichgekochten Eier zum Frühstück, wenn du einen Kater hast, dein Essen, deinen Kaffee und dein süßes Brot zum Abend und in der Nacht eine Frau. Das gibt es nicht gratis, du mußt mir meine Ausgaben bezahlen.»

Dann erzählt sie, in wie vielen Sparten sie darüber hinaus Handel getrieben hat: mit Kleidung, Spielzeug, Blumen, Schweinefleisch, einem Spezialitätengericht, Schmuggelware von der Grenze nach Guatemala. Auf diese Art und Weise, durch die Kombination der vielen Tätigkeiten, baut sie langsam, Stück für Stück, ihre Häuser. Erst die Ziegel, dann die Balken, die Dachpfannen, dann wird irgendwann mal mit dem Bau begonnen. Inzwischen stehen auf ihrem Grundstück vier zusätzliche Häuser, dazu eine Cantina, ein Wirtshaus. «Ich sehe es als eine Art Pension, für die Zeit, wenn ich alt bin und nicht mehr arbeiten kann. Um nicht von den Kindern abhängig zu sein.» Schon jetzt lebt sie hauptsächlich von den Mieteinnahmen.

Immer wieder betont Rosa, daß sie viel gearbeitet habe. Wenn andere auf ein Fest gingen, um zu feiern, dann ging sie los, um zu arbeiten. Aber sie habe es der Kinder wegen getan. Sie sollten eine gute Ausbildung erhalten. Die beiden ältesten wurden mit acht Jahren ins Internat geschickt. Alle haben sie die Sekundarschule und das College abgeschlossen. Ein Sohn ist Arzt, ein anderer Musiklehrer, eine Tochter lehrt an der Universität.

Rosa hat auch vor einigen Jahren die Mayordomía bei einer großen Vela des Zentrums von Juchitán übernommen. Ich zähle auf: die abgeschlossene Berufsausbildung aller fünf Kinder, die Häuser, die Mayordomía und die zahlreichen Goldmünzen, und alle sagen «Na» Rosa, benutzen den ehrenvollen Titel für ältere verdienstvolle Frauen. Wieso haben es andere nicht so weit gebracht? «Die sind vielleicht nicht so hübsch gewesen», sagt sie blitzenden Auges.

Zur Geschlechterbeziehung in Juchitán

Die Tabernera ist eine typisch juchitekische Frauenfigur. Sie ist arbeitsam, tüchtig und mit einem besonderen Blick für den wirtschaftlichen Nutzen ausgestattet. Sie definiert sich selbst in erster Linie als Mutter, ganz in Übereinstimmung mit der gesellschaftlichen Zuschreibung, wonach eine alleinstehende Mutter als prädestiniert für diesen Beruf gilt. Sie arbeitet für die Zukunft ihrer Kinder.

Es ist in Juchitán keine Schande, Kinder von verschiedenen Vätern zu haben. Auch sind nicht alle alleinstehenden Mütter Taberneras, bei weitem nicht. Doña Serafina, 71 Jahre alt und aufmerksame Beobachterin der juchitekischen Gesellschaft, meint, daß es 20 Prozent «madres solteras» gäbe. Wenn wir bedenken, daß mit diesem Ausdruck Mütter gemeint sind, die ihr Kind unabhängig von den verschiedenen Heiratsregeln bekommen, dann mag diese niedrige Einschätzung stimmen. Wenn allerdings Frauen gemeint sind, die zusammen mit ihren Kindern leben, ohne jeglichen Beitrag zum Haushaltseinkommen von seiten eines festen Gefährten, dann betrifft diese Situation unserer Erfahrung und der Stichprobenerhebung nach die Hälfte aller Haushalte. Aus den Geschichten der mündlichen Überlieferung ist noch deutlicher die «Mutterfamilie» mit fernen, häufig wechselnden Vätern als vorherrschendes Muster der jüngeren Vergangenheit zu rekonstruieren, als dies für die Gegenwart gilt. Unumstößlich allerdings ist auch heutzutage die Zuordnung des Hauses zur Mutter. Es gibt kein «Vaterhaus» in Juchitán, sondern nur das «Mutterhaus».

Die Taberneras sind aufgrund ihrer Tätigkeit in besonderer Weise mit den Problemen der Geschlechterbeziehung zwischen Mann und Frau konfrontiert. Obwohl sie unabhängig sind, weil sie sich frei fühlen, eine Beziehung jederzeit abzubrechen, wenn ihnen etwas nicht paßt, sind sie doch der Untreue, dem Alkoholismus und der Gewalt der Männer besonders ausgesetzt. Sie sind herausgehobene Protagonistinnen der Inszenierung der Geschlechterverhältnisse, in deren Lebensgeschichten sich der allgemeine Charakter der Geschlechterbeziehung in Juchitán spiegelt. Sie ist heutzutage von einem gewissen Antagonismus geprägt, in dem durchaus ein Ton von Feindseligkeit mitschwingt, in dem Sinne, daß die Machtfrage zwischen Mann und Frau gestellt wird. Dies steht im Gegensatz zu einer älteren Tradition, in der die Kooperation überwog, und zwar von einer jeweils unangefochtenen, autonomen Position her.

Heutzutage aber sind die Männer zunehmend auf Lohnarbeit angewiesen und werden dadurch ihrer Autonomie beraubt, die sie als Bauern und Fischer, zumal unter gemeinschaftlichen und nicht privaten Besitzverhältnissen hatten. Damit wird der konkreten materiellen Kooperation mit der Frau die Basis entzogen. Männliche Hierarchie-Erfahrungen in der Lohnarbeit prägen ein Denken, das in die Machtfrage, wer ist oben, wer ist unten, mündet. Verschärft wird die Situation dadurch, daß der juchitekische Mann sich nicht in der Rolle des «Brotverdieners» sehen kann, die sonst die männliche Lohnarbeit versüßt. Dafür fehlt am Isthmus zum einen die Tradition, zum anderen bietet die ökonomische Lage keine Möglichkeit dafür. Die Krise der Erdölindustrie und das Scheitern zahlreicher agroindustrieller Projekte im Bewässerungsland, auch die jüngst erfolgte Schließung der Zuckerrohrfabrik, führen zu verstärkter ökonomischer Unsicherheit bei den Männern. Die Frauen hingegen bleiben aufgrund ihrer Händlerinnentätigkeit selbständig und vermögen dank ihrer erstaunlichen unternehmerischen Energie auch weiterhin Einkommensquellen zu erschließen. «Viele Männer», meint der Maler und Arbeiter der Erdölraffinerie Puga im Interview, «sehen sich gezwungen, bei ihren Frauen mitzuarbeiten. Das aber nagt an ihrem Selbstbewußtsein. Es ist nicht gut angesehen, wenn ein Mann sich an die Arbeit der Frau dranhängt. Aber besser so. Denn die anderen verbringen ihre Zeit mit Saufen. Viele Männer werden dann gewalttätig gegen die Frauen.»

Wir können nur schwer beurteilen, ob die Gewalt gegen Frauen in Juchitán in den letzten Jahren zugenommen hat, denn dafür fehlt uns eine Vergleichsbasis. Allerdings wurde uns von allen Seiten berichtet, daß sie insgesamt zugenommen hätte und daß die Menschen zunehmend Angst vor Diebstahl, nächtlichen Überfällen und Attacken auf den Straßen hätten. Daraus schließen wir, daß auch die Gewalt gegen Frauen zugenommen haben muß, denn Gewaltdrohungen und Verunsicherung des öffentlichen Raumes treffen immer in erster Linie die Frauen. Was dies jedoch für die Zukunft der Geschlechterbeziehungen zwischen Männern und Frauen bedeutet, vermögen wir nicht zu sagen. Denn in Juchitán sind die Frauen auch besonders unerschrocken und in der körperlichen Auseinandersetzung mit den Männern mitnichten von vornherein die Unterlegenen.

Wir selbst haben in Juchitán keine Szenen männlicher Gewalt gegen Frauen beobachtet, aber uns wurde davon berichtet. Vor allem betrunkene Männer würden gewalttätig gegen Frauen. Nicht gesehen noch gehört haben wir davon, daß Erwachsene Kinder schlagen.[3] Bekannt ist, daß so manche Auseinandersetzung zwischen den Frauen handfest ausgetragen wird. Auch muß die Geliebte des Mannes einer anderen Frau gewärtig sein, daß diese sie nicht nur mit Worten, sondern auch tätlich zur Rechenschaft zieht. Darüber hinaus gibt es in Juchitán die Kategorie der geschlagenen Männer. Es sind jene, die wiederholt die Schläge ihrer Frauen einstecken müssen, weil sie ihnen physisch und psychisch unterlegen sind. Sie werden «peruanos» genannt, in Ableitung von dem zapotekischen Ausdruck für «geschlagen werden» («bis sie dich singen machen»). Obwohl Objekt des Spottes, haben sie sich dennoch zusammengeschlossen, gaben sich Statuten und haben über einen gewissen Zeitraum hinweg sogar eine eigene Vela veranstaltet. Für geschlagene Frauen gibt es nichts dergleichen.

Allgemein gilt, daß tätliche Angriffe von Männern auf Frauen in Juchitán nicht im verborgenen geschehen, weil sie nicht privat gehalten werden können. Immer sind andere Familienmitglieder, Nachbarn oder Freunde schnell zur Stelle. Sich einzumischen ist hier kein Tabu,

---

3 Eine, m. E. wohlverdiente Dusche aus einer Flasche Coca-Cola in meiner Hand, die sich über den Kopf meines elfjährigen Sohnes ergoß, war Anlaß für harsche Kritik von seiten zweier meiner zapotekischen Freundinnen. Sie nahmen mich später zur Seite und erklärten mir meinen Fehler. «Er ist dein einziges Kind. Du solltest ihn nicht verletzen. Wenn er groß ist, soll er sich doch um dich kümmern.»

sondern ein Gebot des Prinzips der «convivencia», des Zusammenlebens. Unberührt von diesen schützenden Zusammenhängen aber bleibt die Tatsache bestehen, daß in Juchitán der Alkoholismus und die Gewalttaten der Männer zunehmen und daß die Frauen sich davon bedroht fühlen. Es bleibt nur zu hoffen, daß auch der weibliche Wille, sich zu wehren, weiterhin so stark ist, wie es scheint. Dafür spricht die ungeteilte Bewunderung und der Beifall, den die Mehrheit der Juchitecas den Taberneras für ihren unerschrockenen und handfesten Umgang mit den Männern zollen.

Waren und Wege

Mit diesem Kapitel verfolgen wir die Absicht, den Charakter der juchitekischen Marktwirtschaft anhand zentraler Güter exemplarisch zu illustrieren. Neben dem Mais, der in ganz Mexiko das entscheidende Grundnahrungsmittel ist, haben wir als typisch regionale Spezialität die «camarones», Garnelen, gewählt, dazu die Tracht der Frauen, ein verarbeitetes Produkt des Frauenhandwerks. Indem wir den Weg der Güter nachzeichnen, soll gezeigt werden, wie durch die gut florierenden regionalen Tauschbeziehungen von den Frauen mit ihrem Händlerinnenkönnen ein regionaler Wohlstand geschaffen wird.

Brigitte Holzer

Mais: Tauschbeziehung zwischen Männern und Frauen

Landwirtschaftliche Produktion ist in Mexiko, genau wie in den überindustrialisierten Ländern, schon lange keine Subsistenzproduktion mehr. Landwirtschaft bedeutet heute weltweit maschinellen Anbau großen Stils, um möglichst hohe Erträge zu möglichst niedrigen Preisen auf den Markt bringen zu können.

Auch in Juchitán ist die Modernisierungswelle bereits über die Landwirtschaft gekommen, und doch vermögen die Bauern in erstaunlichem Maße, den Subsistenzcharakter ihrer Arbeit und Produktion aufrechtzuerhalten. Ich stelle mir die Frage, wie und warum dies möglich ist. Zusammengefaßt lautet die Antwort, daß der Praxis der juchitekischen Bauern eine hohe gesellschaftliche Wertschätzung der Subsistenzproduktion zugrunde liegt, die ihre Entscheidungen immer wieder zugunsten derjenigen Produkte beeinflußt, die lokal konsumiert werden.

Juchitán ist eine Stadt mit dörflichem Charakter. Am Abend drängen sich im dichten Straßenverkehr Kühe und Ochsen, die die Männer von den Feldern, die außerhalb der Stadt liegen, hinter die Tore ihres häuslichen Geheges zurückbringen. Am frühen Morgen, wenn viele Lohnarbeiter Juchitán in Bussen verlassen, um ihre Arbeit in den Erdölraffinierien in Salina Cruz anzutreten, fahren noch einmal so viele in Kleinlastern, Sammeltaxis und auf Ochsenkarren aus der Stadt, um ihrer Arbeit auf den Feldern nachzugehen. Fast die Hälfte der männlichen Bevölkerung (von zwölf Jahren aufwärts) betreibt Landwirtschaft, sei es ausschließlich, sei es in Kombination mit anderen Arbeitsverhältnissen. Kaum ein Haus, in dessen Hof nicht ein Berg getrockneter Maiskolben, Säcke voller trockener Maisblätter, Eimer mit wilden Pflaumen, Mangos und Zitronen, Stapel trockenen Feuerholzes, ein Ochsengespann oder gar ein Pferd Zeugnis dafür ablegen würden, daß der Haushalt eine Verbindung zur landwirtschaftlichen Produktion hat.

Mais ist in Juchitán wie in ganz Mexiko das wichtigste Nahrungsmittel. Er deckt landesweit etwa 50 Prozent des gesamten Kalorienbedarfs ab (El Maíz 1984:7). Dennoch läßt sich seit den sechziger Jahren in Mexiko beobachten, daß der Staat im Verein mit den Banken auf eine Modernisierung der Landwirtschaft drängt, in deren Verlauf die Bauern den Mais durch Produkte ersetzen sollen, deren Marktwert höher ist, und die nicht in erster Linie dem Eigenkonsum dienen, sondern dem Verkauf.

Auch die Ländereien Juchitáns sind Teil eines großen Modernisierungsprojektes, das Staat und Banken in den fünfziger Jahren in Verbindung mit dem Stausee Benito Juarez entworfen haben. Das großangelegte Bewässerungsprojekt sollte die Gegend als Getreidekammer des Isthmus weiter ausbauen und eine auf *cash-crops* basierende Landwirtschaft forcieren. Dennoch bauen die Bauern Juchitáns und der umliegenden Dörfer noch 1988 auf 67 Prozent ihrer insgesamt 68 917 Hektar Land Mais an, während der Anteil der in Gesamt-Mexiko mit Mais bebauten Nutzfläche nur noch 35 Prozent beträgt (Salcedo et al 1993: 302). Die Bauern Juchitáns und der näheren Umgebung decken den Bedarf der Stadt an Mais zu mindestens zwei Dritteln mit ihrer Produktion.[1]

1 Pro-Kopf-Konsum für 1988 142,4 kg im Jahr bei einer Einwohnerzahl von 65 016

Daniel Lopez Nelio, derzeit Abgeordneter im Ausschuß für Land- und Wasserwirtschaft, schätzt die Maisproduktion in Juchitán sogar noch höher ein. Die Statistik kann uns nicht vollständig Aufschluß darüber geben. Die Erträge aus dem Anbau mit Krediten sind in den offiziellen Zahlen unvollständig wiedergegeben. Da die Bauern die Kredite aus dem Erlös zurückbezahlen müssen, den sie aus dem Verkauf der Ernte gewinnen, geben sie an, keine verkauft zu haben. Lopez Nelio macht deutlich, daß man dieses Vorgehen nicht als Betrug bewerten könne: Der Mais ist ein Subsistenzprodukt, das heißt, er wird für den Eigenbedarf angebaut und nicht verkauft, also gibt es keinen Erlös. Dabei heißt Subsistenzproduktion für die Juchitecos, daß die Frau, Mutter, Schwester oder Cousine des Bauern seine Ernte verkauft. Sie verkaufen den Mais nicht so, wie er vom Feld kommt, sondern in verarbeiteter Form, sei es literweise die abgepuhlten Körner, sei es in Form von Tortillas, Maispasteten, Maiskuchen und anderen Spezialitäten dieser Region. Der Bauer selbst verdient mit seinem Mais kein Geld, sondern erwirtschaftet sich damit die Versorgungsleistungen der Frauen seiner Familie.

Betrachten wir den Bauern Mario, der 20 km vom Stadtkern entfernt 25 Hektar besitzt, die er fast ausschließlich der Viehzucht widmet. Er hat die materiellen Grundlagen, die ihn in der industrialisierten Welt zum warenproduzierenden Landwirt machen würden. Er könnte intensive Viehwirtschaft betreiben, das heißt die Tiere im Stall halten und sein Ackerland nutzen, um Viehfutter anzubauen, und damit sowohl zum Fleischproduzenten werden als auch seine Milch- und Käseproduktion erheblich steigern. Statt dessen betreibt er extensive Viehwirtschaft und verkauft die Tiere nicht zur Fleischherstellung, sondern fährt vielmehr in seinem kleinen Lastwagen täglich hin und zurück, um Milch und Eier vom Land in die Stadt zu bringen. Martha, seine Frau, macht Käse, den sie auf dem Markt zusammen mit einem Teil der Milch verkauft. Wenn der Mais, den Mario auf drei Hektar anbaut, junge Kolben hat, fährt er sie auf den freien Platz neben der Markthalle, wo seine Frau sie verkauft. Die beiden haben sechs Söhne und eine Tochter. Sie finanzieren allen das Studium und können das, weil Mar-

(Bevölkerung minus Kinder unter einem Jahr) und einer Maisproduktion für 1988 von 65 612 t (Encuesta Nacional Agropecuaria Ejidal 1988, INEGI, Aguascalientes 1990, Vol II. XI Censo General de Población y Vivienda, 1990, Estado de Oaxaca, México, INEGI; 1992. SARH op. cit.)

tha den Erlös aus Mais, Milch und Käse in Waren (Kerzen und Hühner) investiert und ihn so steigert.

Das zentrale Merkmal, das die juchitekische Ökonomie zu einer subsistenzorientierten macht, ist nicht, daß die Menschen, anstatt Geld zu verdienen, ausschließlich für den Eigenkonsum produzierten. Martha legt ihre Arbeit vielmehr darauf an, Geld zu verdienen. Rubén, ein juchitekischer Angestellter der gehobenen Verdienstklasse, der in Mexiko-Stadt lebt, erzählt, daß auch er wieder gerne in seiner Heimatstadt leben würde, es sich aber nicht leisten könne: Das Geld, das er monatlich auf der Hand hat, reicht für ein Leben in der Hauptstadt, nicht aber für das in Juchitán. Ausschlaggebend für die hohen Lebenshaltungskosten in Juchitán sind die Summen, die er für die Festbeiträge aufbringen müßte. Obwohl er damit als Mann weit weniger belastet wäre als jedwede Juchiteca, würden die Festbesuche bereits zwei Drittel seines monatlichen Einkommens verschlingen.

Subsistenzorientiert sind die landwirtschaftlichen Aktivitäten in Juchitán, weil ihr Bezugspunkt der lokale Markt, die lokale Weiterverarbeitung und die lokale Gesellschaft sind. Mario baut Zapalote Chico an. Dies ist eine Maissorte, die aufgrund ihrer Eigenschaft (nur!) auf dem Isthmus angebaut wird: Erstens ist sie als einzige Maissorte von ausreichend niedrigem Wuchs, so daß ihr die Nordwinde («El Norte») nichts anhaben können, die zwischen Oktober und März über den Isthmus fegen und mitunter eine Geschwindigkeit von 200 km/Stunde erreichen; zweitens erträgt der «Zapalote Chico» die hohen Tagestemperaturen, und drittens ist die Sorte in hohem Grad resistent gegen Plagen und Krankheiten. Die Zeit zwischen «Samen und Samen» (zwischen dem Tag des Säens und dem des Erntens) beträgt 90 Tage, eine verhältnismäßig kurze Wachstumsperiode, die zwei Ernten im Trockenfeldbau und drei im Bewässerungsland ermöglicht. Der Zapalote Chico hat nur einen Nachteil: Sein Kolben mit durchschnittlich acht cm ist der kleinste aller in Mexiko gedeihenden Maissorten (El maíz 1987: 74f). Sein Ertrag ist daher vergleichsweise niedrig. Es mangelt von seiten der Agrarindustrie nicht an Versuchen, ertragreichere Maissorten anzubieten, die die Bauern über die Eigenbedarfsdeckung hinaus für den nationalen Markt anbauen könnten. Zuerst einmal scheitern die versuchsweise eingeführten Hybridsorten am Klima, dann aber auch an der «Totopo-Probe»: Sie lassen ihn spröde und brüchig werden, und so akzeptieren die Frauen sie für die Totopoproduktion nicht. Nur das Korn des Zapalote Chico hat die Öle, die den

Totopos, Tortillas und anderen Maisspeisen die gewünschte Konsistenz und den gewünschten Geschmack verleihen.[2] Das heißt, der eigene Geschmack und die Wertschätzung des eigenen «Brotes» stützen die regionale Selbstversorgung.

Die Bauern fällen die Entscheidung, schwerpunktmäßig Mais für den lokalen Konsum anstelle von Reis oder anderer *cash crops* anzubauen, nicht immer bewußt und freiwillig. Mit den Worten Leticia Reinas: «Der Traditionalismus der Gemeinden kommt nicht daher, daß diese danach streben würden, gleich zu bleiben, sondern daher, daß alle Modernisierungsprojekte nicht sehr eindeutige Auswirkungen zum Wohl der bäuerlichen Bevölkerung hatten, obwohl sie vorgeblich den Einheimischen oder den Bauern ohne Land in die «Zivilisation» miteinbeziehen wollen» (Reina 1988: 19). Auch das Modernisierungsprojekt für Juchitán und Umgebung in Verbindung mit dem Bewässerungsstaudamm galt bereits 1969 als gescheitert, und bis heute kann es diesen Stempel nicht mehr loswerden.[3]

Interessant ist es, zu erleben, wie wenig die juchitekischen Bauern auf den Erfolg solcher Projekte angewiesen sind. Es ist so, als hätten sie das Scheitern von vornherein erwartet. Sie haben mitgemacht, weil es etwas zu holen gab (der Start der landwirtschaftlichen Modernisierungsprojekte ist meist gut subventioniert), aber sie haben diesem land-

2 Der Agraringenieur Desiderio de Gives erzählt aus der Zeit, in der er in einem staatlichen Versuchsprogramm arbeitete, das ertragreichere Hybridmaissorten auf die Klimaverträglichkeit hin untersuchen und den Bauern nahebringen sollte: «Der höhere Ertrag beeindruckte die Bauern wenig, vielmehr war ihre erste Frage jedesmal: ‹Taugt der Mais für Totopos?›»

3 1970 vermag der Stausee nur etwa 20000 Hektar der vorgesehenen 47000 zu bewässern, von denen 15000 Hektar bereits vor dem Bau bewässert wurden (Warman 1972: 16). 1979 erreicht das Projekt mit 70 Prozent der vorgesehenen Bewässerung seine Höchstleistung, 1990 sind mit etwa 45 Prozent rund 21000 Hektar bewässert. In der Gegend liegt die dünne, fruchtbare Erdschicht über salzigen Bodenlagen, die einst die Lagune hinterlassen hatte. Bei starker Bewässerung löst sich das Salz in den unteren Erdschichten auf, steigt nach oben und versalzt die Erde derart, daß sie auf unabsehbare Zeit für alle Pflanzen unfruchtbar bleibt. Große Flächen, auf denen der Reisanbau durch Kredite gefördert worden war, liegen deshalb heute verödet und brach. 1987 trifft dies auf 40 Prozent des bewässerten Bodens zu, 15 Prozent sind versumpft (Rodriguez, N. 1990). Die starken Nordwinde legen Pflanzen wie Baumwolle und Hybridmaissorten schlicht um. Dennoch werden Baumbestände vernichtet, die gegen den Wind abzuschirmen vermögen, um die von staatlicher Seite geplanten, großflächig angelegten Bepflanzungen durchzuführen (Lopez Ornelas, 1988: 286f).

wirtschaftlichen Glücksspiel nicht ihren Geist oder ihr Herz verschrieben. Das Scheitern bedeutet für sie keinen Prestigeverlust, denn dank der besonderen kulturellen Konstellationen halten sie an der Subsistenzorientierung fest, selbst wenn sie zwischenzeitlich an Modernisierungsprojekten beteiligt sind. Tatsächlich können wir die juchitekischen Verhältnisse genau umgekehrt «lesen» wie sonst üblich. Nicht nur schafft die landwirtschaftliche Subsistenzproduktion eine entsprechende, auf die unmittelbaren alltäglichen Bedürfnisse gerichtete Kultur, sondern die Tauschverhältnisse, die dieser Kultur verpflichtet sind, festigen umgekehrt ebenfalls die agrarische Subsistenzorientierung. Konkret vollzieht sich dies in Juchitán durch den Gütertausch zwischen Männern und Frauen und das gegenseitige Geben und Nehmen auf den Festen. Die Subsistenzorientierung schafft einen Boden, der Mißerfolge und wirtschaftliche Krisen abzufedern vermag.

Der Bauer Rafael – ein Porträt

Rafael ist Bauer, 55 Jahre alt. Sein Landbesitz hat ungefähr die Größe von drei Fußballfeldern. In dem größten Teil baut er Mais, Kürbisse und Melonen an. Ein Teil liegt brach und ist sowohl mit Gestrüpp bewachsen, aus dem Feuerholz geschlagen wird, als auch mit Pflaumen- und einigen Mangobäumen. Manche Saison pflanzt er auch Tomaten. Inmitten der Felder steht ein einfaches Haus aus Ziegelsteinen mit einem Dach aus Schilf. Rafael lebt nicht wie die meisten anderen Bauern in der Stadt. Denn er hat keine Frau, die ihm ein Haus in der Stadt in Ordnung halten und ihm abends, wenn er von den Feldern kommt, sein Essen auf den Tisch stellen oder morgens Frühstück kochen würde, bevor er, mit Tortilla, «Camarones» oder getrocknetem Fisch versorgt, mit dem Zug, dem Kollektivtaxi oder dem Ochsengespann wieder zur Arbeit führe. Er muß sich selbst bekochen, und so teilt er sich das zehn Quadratmeter große Häuschen sowohl mit seinem Mais, den er dort lagert, als auch mit vielen verschließbaren Plastikeimern, in denen er Lebensmittel und Geschirr vor Mäusen und Staub schützt.

Das Land, auf dem er lebt, ist das seiner Familie. Seine Geschwister wollten dort nichts mehr anbauen. Auch er hatte dem Land und der Arbeit seines Vaters zunächst den Rücken gekehrt, um sein Glück als Lohnarbeiter zu versuchen. Er arbeitete überall im Süden Mexikos bei der Zuckerrohrernte. Zeitweise bediente er in einem Hotel eine Bodenwischmaschine, was ihm aber in den Schultern starke Schmerzen verursachte. Er wechselte in eine Kaffeeplantage, wo allerdings harte Arbeit schlecht entlohnt wurde. Schließlich wurde er Maurer.

Vor ungefähr drei Jahren kehrte er auf das Land seines Vaters zurück. Inzwischen verurteilt er die Arbeit für Lohn und das Leben in der Stadt. «An einem Tag wirst du bezahlt, am nächsten Tag ist das Geld schon weg.» In der ganzen Zeit habe er sehr viel Alkohol getrunken. Sein Nachbar unterstützt ihn: «Als Lohnarbeiter bist du nicht mehr als ein Sklave. Einer der Männer in der Gruppe bekommt mehr bezahlt, damit er die anderen antreibt. Und wenn du einmal nicht so arbeitest, wie sie es wünschen, dann wirst du eben gefeuert.» Auch er ist wieder auf das Land seiner Familie zurückgekehrt.

Das Land mußte erst gerodet werden, da es viele Jahre lang nicht bearbeitet worden war. Es ist Land im Trockenfeldbau, kommunales Land, das nach dem Gewohnheitsrecht seinem Vater gehörte, weil dieser es beackert hatte. Aus demselben Grund ist es jetzt seines.

Ein Stück Land zu haben, das ihm zusteht und das ihm keiner wegnehmen kann («tener lo suyo»), ist die Voraussetzung dafür, sein eigener Herr zu sein und sein Leben, den Alltag und die Arbeit selbst bestimmen zu können. «Wie viele Tage brauchst du, um dein Terrain zu roden?» frage ich ihn, mit der Absicht, mir nach bekannten Mustern eine Übersicht über seinen Arbeitsrhythmus zu verschaffen. «Oh, ich arbeite nicht Tage. Immer nur eine Zeitlang. Heute morgen habe ich das Feld da hinten abgebrannt. Danach habe ich die jungen Obstbäume und Sträucher um das Haus gegossen. Ich mache ständig etwas anderes. Das ist das Leben, das ich mag.»

Im Sommer 1991 rodet Rafael einige Quadratmeter seines Brachlandes, indem er das grobe Strauchwerk mit der Machete entfernt und anschließend abbrennt. Es hatte wenige Tage zuvor geregnet. Jetzt geht er das neugerodete Stück Reihe für Reihe ab, um mit einem Pflanzstock im Abstand von 30 cm Löcher in die Erde zu bohren, in die ein Nachbar zielsicher jeweils drei Körner Mais wirft. Das große Stück Land hingegen (ein Hektar) kann mit dem Traktor gepflügt und mit dem Ochsengespann besät werden, da alles Wurzelwerk bereits maschinell entfernt worden ist. Doch dieses Jahr ist ihm das Geld ausgegangen, so daß er den Traktor nicht bezahlen kann. Das Feld muß warten, bis er mit Tagelöhnerarbeit das Nötige dafür erwirtschaftet hat.

Etwa eine Woche später kann mich Rafael bereits zur neugesäten

«Milpa» – der Maisparzelle – führen, um stolz die kleinen Pflänzchen, die Wasser- und Honigmelonenkeimlinge sowie die Kürbissprößlinge, zu zeigen. Seit dem Tag vor der Aussaat hat es noch nicht wieder geregnet. Die besorgten Aussagen der Juchitecas in der Stadt noch im Ohr, daß es auch dieses Jahr wieder nicht regnen werde, frage ich ihn, was mit den Pflanzen passieren würde, wenn sie kein Wasser mehr bekämen. «Es wird regnen», antwortet er kurz und knapp und mit beeindruckender Zuversicht.

Drei Tage später führt mich Rafael auf das kleine Stück gerodeten Brachlandes, das er zuerst bearbeitet hatte. «So, damit du siehst, was eine Plage ist.» Die Maispflänzchen sind alle weiß und scheinen zu vertrocknen. Ein kleiner Wurm, der sich durch die Blätter frißt, hat nur die Melonen und Kürbispflänzchen verschont. Die Maispflanzen waren zu schwach, weil seit gut zwei Wochen kein Regen mehr gefallen war. Rafael ist sehr niedergeschlagen. «Das ist die Arbeit der armen Leute.» Diesen Satz wiederholt er immer wieder.

Wenige Tage später regnet es endlich. Der Mais erholt sich, und Rafael kann das große Feld sogar mit dem Traktor bearbeiten, weil ihm eine Freundin das Geld dafür leiht. Er hat kein Ochsengespann. Tatsächlich ist die Feldbearbeitung mit dem Ochsengespann teurer als mit dem Traktor, da er drei Tage lang mindestens eine Person bezahlen und verköstigen müßte. Außerdem braucht er Futter für die Ochsen.

Bargeld braucht Rafael lediglich einmal, um sich einen Traktor zu leihen, sonst für fast gar nichts. Insektenschutzmittel kauft er nicht. Er hat seine Hunde darauf abgerichtet, Heuschrecken zu jagen. Kunstdünger hat er nur einmal verwendet, worauf das Stückchen Land versalzte und vorerst nicht mehr zu gebrauchen ist. Saatgut muß er nicht kaufen, weil er von der Ernte des einen Jahres etwa 16 Liter für die Aussaat des nächsten zurückbehält. Das heißt, er verkauft nur gerade so viel Mais, um das Geld für den Traktor zusammenzubekommen. Als ich Rafael zu Beginn unserer Bekanntschaft fragte, ob er seine Erträge denn auch verkaufen würde, antwortete er unwirsch und ungeduldig ob meiner Unwissenheit: «Wovon soll ich denn leben, wenn ich meinen Mais verkaufe?» Seine Antwort macht mich allerdings immer noch nicht klüger. Ich sehe Rafael weder selbst den Mais mahlen noch Tortillas machen. Wovon lebt er also?

Er braucht eine Frau, die seine Produkte verkauft und vom Erlös Lebensmittel für ihn ersteht. Bedingt durch die rigide geschlechtliche Arbeitsteilung, kann er als Mann nicht auf dem Markt Verkäufe und

Einkäufe tätigen. Er gälte dann als Muxe'. Auch könnte er nicht überleben, wenn er seinen Mais an zentrale Stellen und Kooperativen verkaufen würde, da der (nationale) Markt nur wenig abwirft. Der Mindestpreis, den die Regierung für ein Kilo Mais festgelegt hat, liegt um fast die Hälfte unter dem regionalen Preis, den die Frauen erzielen, wenn sie den Mais in kleinen Portionen verkaufen. Dabei bleiben ihnen außerdem die Blätter des Kolbens als Viehfutter und der innere Strunk als Brennmaterial.[4]

Rafael und Otilia. Güteraustausch statt Gütertrennung

Die Frau, die Rafael braucht, scheint er in Otilia gefunden zu haben. Sie ist 43, geschieden und lebt mit ihrer Schwester, ihrer Mutter und ihren beiden Kindern zusammen, die sie aus zwei Beziehungen nach ihrer Ehe hat. Rafael überläßt ihr seinen Mais, außer dem Anteil, den er für die nächste Aussaat und um den Traktor zu bezahlen zurückbehält. Otilia entkörnt den Mais und verkauft die Körner. Sie behält den Erlös, übernimmt aber damit die Verpflichtung, Rafael mit den Eßwaren zu versorgen, die er sich selbst nicht erjagen (Leguane, Gürteltiere, Kaninchen, Fische) oder in der Wildnis sammeln kann (Chilis). Sie bringt sie ihm in regelmäßigen Abständen, kommt im Kollektivtaxi oder mit dem Ochsengespann. Oder ein Nachbar, der jeden Tag mit seinem Gespann von der Stadt aufs Land fährt, wickelt den Güteraustausch ab. Otilia bekommt auch Feuerholz von Rafael, das sie zum Kochen im Erdofen verwendet oder zu Festvorbereitungen, wenn auf offenen Feuern im Hof gekocht werden muß. Sie bekommt Eier zum Verkauf und pflückt die Pflaumen seiner Bäume, die die Schwester auf dem Markt in Salzwasser kocht und «an die Frau bringt» – und doch fällt der Handel nicht immer zu ihren Gunsten aus. «Gestern kam Rafaels Nachbar und hat mir Eier mitgebracht», ereifert sich Otilia. Meine Schwägerin hat sie mir für 7000 Pesos abgekauft. Aber für 17000 Pesos habe ich für Rafael Tortillas gekauft. Wegen des Regens hatten nur wenige Maismühlen gearbeitet und nur wenige Frauen Tortillas gebacken. Der Preis war schwindelerregend hoch. Dann haben wir noch Öl, Tomaten und

---

4 Rafael tauscht die Maisblätter, die bei seinem eigenen Mais abfallen, direkt und nicht über den Markt vermittelt mit seinem Nachbarn. Er kann dafür dessen Ochsengespann benutzen, wenn er darauf angewiesen ist. So grasen auch auf der einzigen Rasenfläche, die er hat, die Ochsen desselben Nachbarn, weil er auf dessen Grundstück Wasser aus dem Brunnen holt.

Zwiebeln in die Tüte gegeben. Der Nachbar wunderte sich über die Mengen, aber ich sagte, Rafael solle schließlich nicht behaupten können, ich würde nur entgegennehmen und nichts geben.»

Von dem Moment an, an dem Rafael für Otilia Mais, Feuerholz und anderes mit dem Ochsenkarren des Nachbarn bringen läßt, erzählen sich die Nachbarinnen untereinander, «Otilia hat jetzt einen Freund», «Otilia geht jetzt mit Rafael.» Otilia kann leugnen soviel sie will, denn für die Umwelt steht und fällt eine Beziehung mit dem Austausch von Gütern und Dienstleistungen.

Doch zwei Jahre später fährt Otilia nicht mehr mit Lebensmitteln bepackt auf das «Rancho», und Rafael schickt ihr keine Güter mehr. Der Grund: Sie hatte schon vor längerer Zeit Küken und Kraftfutter zu ihm gebracht, damit er sie großziehe. Als sie später zwei der jetzt bereits ausgewachsenen Hühner abholte, machte Rafael die Bemerkung, daß ihr nur noch weitere drei zustünden. Otilia ist der Ansicht, daß es mehr sein müßten, und sie muß die Bemerkung als indirekten Vorwurf verstehen: «Der Handel ist nicht ausgeglichen. Ich gebe mehr als zurückkommt.» Es kommt zum Streit, und die Beziehung ist beendet. Jetzt ist er erneut auf der Suche nach einer Frau in der Stadt. Kurz nach dem Bruch hält er um die Hand einer anderen Frau an.

Liebe durch den Magen?

Ein Liebeslied aus Juchitán

Toco este son para que bailes mi amor
prenda dueña de mi corazon.
Yo te quiero y te adoro en verdad,
yo te doy todo mi amor.
Ya hablé a tu mama.
Ella dice que si, eres tu la que dice que no.
Ven a ver mi labor.
Te desengañaras que de todo tendras para ti.
Mi frijol, sandía, calabaza, elote, tomate, chile, flores. Si supieras el amor que te
tengo, que te llevo dentro de mi corazon.

Ich spiele dieses Lied, damit du tanzt, meine Liebe, Gefangene und Herrin meines
Herzens. Ich liebe dich und bete dich an, ehrlich und wahrhaftig.
Ich gebe dir all meine Liebe, hab schon mit deiner Mutter gesprochen.
Sie sagt ja. Du bist es, die nein sagt.
Komm und schau dir meine Arbeit an.

Du wirst schon sehen, daß du von allem etwas haben wirst.
Meine Bohnen, Wassermelone, Kürbis, jungen Mais, Tomaten, Chili, Blumen.
Wenn du doch von der Liebe wüßtest, die ich für dich habe,
daß ich dich in meinem Herzen trage.

Die Beziehung zwischen Männern und Frauen in Juchitán unterscheidet sich in einem ganz wesentlichen Punkt vom Geschlechterverhältnis in der Industriegesellschaft: Nicht der Mann verdient und verwaltet das Geld, sondern die Frau.[5] Männer arbeiten, nicht um Geld zu verdienen, sondern um von Frauen versorgt und verköstigt zu werden. Der Mann achtet die Frau als diejenige, die für das (Über-)Leben sorgt, auch für das seine. Er erkennt an, daß er auf die Frau angewiesen und von ihr abhängig ist.

Je mehr die Produktion von Nahrung im Zuge der Verstädterung und Industrialisierung mit einer Monetarisierung einhergeht, um so weniger Zugang haben Frauen zu (ausreichend) bezahlter Arbeit. Sie sind vom Lohn der Männer abhängig, um die Versorgungsarbeit leisten zu können, was Männer wiederum nutzen, um sich als Brotgeber und Familienernährer zu inszenieren. Rafael dagegen sieht, daß er von (der Arbeit) einer Frau abhängig ist und nicht vom Geld.

Ana erzählt, wie ihr erster Freund ein Jahr lang um sie wirbt und sein Vater in dieser Zeit regelmäßig mit dem Ochsenkarren Mais, Obst und Gemüse seiner Milpa auf den Hof der Angebeteten seines Sohnes bringt. Der junge Mann will sie heiraten und zeigt, was er leisten kann, um seinerseits in den Genuß ihrer Arbeitsleistung zu kommen. Es ist ein wesentlicher Unterschied, ob der juchitekische Bauer seiner Frau das gibt, was er auf seinem Acker erntet, oder der vorbildliche (Ehe-)Mann der Moderne seiner Frau Haushaltsgeld gibt und ihr vielleicht teure Geschenke macht. Wenn der Mann finanziell entschädigt, daß er selbst keine Versorgungsarbeit leistet, bedeutet das, daß er sich die Hände wäscht, bevor er sie an der Subsistenzarbeit beschmutzt hätte (Holzer 1988). Die Verachtung der Subsistenzarbeit liegt in der Geldentschädigung verborgen.

Es wäre aber falsch, die Beziehung zwischen Männern und Frauen als eine ausschließlich ökonomische Zweckgemeinschaft anzusehen. In

5 Auch wenn die Frauen eine Beziehung mit einem Taxifahrer oder einem Arbeiter in den nahe gelegenen Ölraffinerien eingehen, erheben sie Anspruch auf den größten Teil seines Lohnes (und bekommen ihn!) zur Versorgung der Familie.

Juchitán ist das Gefühl von Verantwortlichkeit füreinander in die Liebe eingebunden. Beide Gefühle sind voneinander abhängig und in keinem Fall zu trennen. Liebe ist so automatisch ein Bestandteil der Existenzsicherung. Für Frauen bedeutet das, daß Männer mit ihrer Güterproduktion dazu beitragen, ihre Unabhängigkeit zu stärken. Demgegenüber scheint die Liebe der modernen Welt erst ohne ökonomische Notwendigkeiten «wahr und echt» zu sein. Tatsächlich aber verstellt die hohe Bewertung von Gefühlen unabhängig von ökonomischen Gesichtspunkten nur den Blick für die reale Lebenssituation und damit die Existenzunsicherheit der Frauen.

Selbstvergessene Rationalisierung: Vom Angriff auf den Lebensgrund

In Juchitán sind die Grundlagen für eine Kommerzialisierung der Landwirtschaft, für *cash crops* und für den überregionalen Export geschaffen. Tatsächlich sind alle Anstrengungen gemacht worden, die regionale Selbstversorgung zu überwinden. Daß dies dennoch nicht gelingt, liegt verblüffenderweise am Handel, der sich in Frauenhand befindet, eingebettet in eine mutterzentrierte Kultur. Wir können daran ermessen, welche Stärke die Frauen und die gesellschaftliche Anerkennung des Prinzips der weiblichen Fruchtbarkeit haben. Man muß allerdings befürchten, daß diese außergewöhnliche Konstellation vor allem durch die fortschreitende Umweltzerstörung unter starken «Modernisierungsdruck» gerät.

Vom ursprünglichen Bewuchs mit niedrigem, laubabwerfendem Regenwald («Selva Baja Caducifolia») sind nur vereinzelte Bäume übriggeblieben. Zwei Wellen massiver Abholzung haben den Wald in diesem Jahrhundert vernichtet: der Kahlschlag von 1930 zur Gewinnung von Ejidoland für die Colonia Obregón im Südwesten von Juchitán und für den Zuckerrohranbau im Nordosten; schließlich der finale Kahlschlag im Zuge der Erschließung von Bewässerungsland in den sechziger Jahren. Dieser Erschließung fielen 53 000 Hektar Wald in den zapotekischen Gemeinden der Küstenebene zum Opfer. Damit hat die Fähigkeit des Bodens, Wasser zu speichern, erheblich abgenommen.

Für die extensive Viehwirtschaft wird jetzt vor allem das Buschwerk abgeholzt und werden große Weideflächen angelegt. So gibt es in der

Gegend Juchitáns nur noch wenige Biotope mit der ursprünglichen Vegetation (35 kleine Flecken auf 9452 Quadratkilometer). Das Staubekken ist dreißig Jahre nach seiner Inbetriebnahme durch die Erosionen, die die Holzabfuhr zur Folge hat, so verlandet, daß sein Stauvermögen bis auf die Hälfte geschrumpft ist, und die Abholzungsaktionen tragen dazu bei, daß der Regen immer knapper wird (Rodriguez 1990).

Wenn der Zerstörungsprozeß fortschreitet, wird den Bauern sowohl eine Arbeitsgrundlage als auch die Grundlage ihrer Subsistenzorientierung entzogen. Das heißt, die Männer in Juchitán verlieren die Möglichkeit, den sozialen Bezugsrahmen der Gemeinschaft und der geschlechtlichen Arbeitsteilung aktiv mitzugestalten und zu erhalten.

Veronika Bennholdt-Thomsen

Garnelen: Interethnische Tauschbeziehungen zwischen Huaves und Zapoteken

«Camarones», Garnelen, sind eines der wichtigsten Güter am Isthmus von Tehuantepec. So mancher Reichtum in Juchitán beruht auf dem Handel mit den kleinen Schalentieren. Früher gehörten sie zu den Grundnahrungsmitteln. Die Bauern brachten sie von ihrer Arbeit draußen auf dem Land mit nach Hause in die Stadt. Zusätzlich zum Ackerbau haben sie im nur knietiefen Wasser der Lagune mit dem einfachen Wurfnetz («atarraya») immer noch etwas gefischt. In dem Maße aber, in dem die ufernahen Überschwemmungs- und Seichtwassergebiete («esteros») der großen Salzwasserlagune trockengelegt und die kleinen vorgelagerten Lagunen darüber hinaus als Müllabladeplatz benutzt wurden, sowie im Zuge der Verseuchung des Wassers durch die industrielle Bewässerungslandwirtschaft nahm der Reichtum an Garnelen ab.

Doch auch heute noch schmeckt das Bier, das zu jeder Tages- und Nachtzeit getrunken wird, am besten, wenn es dazu auch ein paar «camarones» gibt. Auch auf den Festen darf die einheimische Spezialität «Garnelensalat» nicht fehlen. So sind die Garnelen nach wie vor ein wichtiges Produkt für den lokalen Konsum wie auch für den Handel

außerhalb der Region und eine wichtige Erwerbsquelle für die hauptberuflichen Fischer. Dies gilt insbesondere für die den Zapoteken be-
nachbarte Volksgruppe der Huaves, auch Mareños genannt, die hauptsächlich vom Fischfang leben.

Insgesamt sind die Garnelen ein wichtiges Primärgut der mexikanischen Volkswirtschaft. In der Rangfolge der exportierten Rohstoffe
nehmen sie bis 1989 hinter Erdöl und Kaffee den dritten Platz ein. Und
Rohstoffe sind immer noch die wichtigste Exportstütze Mexikos (Ausnahme der Fahrzeugbau; Statistisches Bundesamt, 1992).

Der Garnelenhandel allerdings, mit dem wir uns hier befassen werden, hat mit der Exportwirtschaft nichts zu tun. Wir folgen dem Pfad,
den die Garnelen nehmen, vom Fang in der Lagune durch die Fischer
der Huaves über die Vermarktung durch die zapotekischen Händlerinnen bis hin zum Konsum in Juchitán. Dieser Weg der Garnelen ist zugleich eine Route der interethnischen Beziehungen.

Die Huaves sind eine relativ kleine Ethnie von rund 20000 Personen,
deren drei Gemeinden (San Mateo, San Dionisio und San Francisco del
Mar) zusammen mit einer Teilgemeinde (Santa Maria del Mar, «Agen-
cia de Juchitán») eine Fläche von 770 Quadratkilometern einnehmen
(INEGI 1990; Rodriguez 1991). Ihre Herkunft ist bis heute ungeklärt.
Laut Burgoa, dem spanischen Chronisten aus dem späten 17. Jahrhundert, stammen sie aus Südamerika, von wo sie aufbrachen, um entlang
der Küste nach einer neuen Siedlungsmöglichkeit zu suchen. Auch die
Sprache der Huaves konnte bislang noch nicht eindeutig zugeordnet
werden. Sicher ist jedoch, daß sie in keinerlei Verwandtschaft zum Zapotekischen steht. Das heutige Siedlungsgebiet der Huaves beschränkt
sich auf die südliche Randzone der beiden Lagunen Superior und Infe-
rior. Seit Jahrhunderten leben sie hauptsächlich vom Fischfang und in
geringerem Maße von der Landwirtschaft. Nur an den Rändern ihres
Siedlungsgebietes ist der Boden für den Ackerbau geeignet.

Fischfang in der Lagune

Die Larven der Garnelen werden aus dem offenen Meer in die Lagunen
gespült, wo sie günstigere Wachstumsbedingungen antreffen, insbesondere wenn es regnet. Das Plankton, das durch Süßwasser reichhalti-
ger wird, ist Hauptnahrungsquelle der Garnelen. Aus der Lagune wan-
dern sie dann zurück ins offene Meer, wo sie sich später zu stattlichen

Größen von 18 bis 25 cm heranentwickeln. In der Lagune selbst erreichen sie eine Größe von acht bis zehn cm. Unmittelbar nach dem Fang werden sie entweder von den Fischern selbst direkt am Strand oder von deren Frauen zu Hause in Salzwasser gekocht und anschließend auf dem Markt an die zapotekischen Händlerinnen verkauft. In Juchitán, Tehuantepec oder Salina Cruz werden die Garnelen dann an der Sonne getrocknet und weiterverkauft. Ihre hauptsächliche Bestimmung ist das in ganz Mexiko beliebte, scharfe «Caldo de Camarón», die klare Garnelensuppe.

Die großen Garnelen, die im offenen Meer gefischt werden, erscheinen kaum auf dem einheimischen mexikanischen Markt. Sie werden, meist tiefgefrostet, zu 90 Prozent exportiert, drei Viertel davon in die USA, der Rest nach Japan. Mit der industriellen Hochseefischerei haben die Huaves nichts zu tun. Überhaupt fischen sie nur in Ausnahmefällen mit ihren Booten draußen auf dem Pazifik. Sie sind dafür bekannt, daß sie das offene Meer meiden.

Beim Garnelenfang in der Lagune dominierte bis in die achtziger Jahre hinein die Fischerei mit dem «cayuco», ein aus einem einzigen Baumstamm gefertigtes Boot. Es wird gestakt oder gesegelt. Diese Boote sind heute nach wie vor im Einsatz, denn schließlich ist jeder Huave-Mann sozusagen von Geburt an Fischer, ohne daß dies allerdings durchgängig seine Hauptbeschäftigung bleiben muß. Von Bedeutung ist auch weiterhin der Fischfang zu Fuß, also das Auswerfen eines Netzes vom Ufer her oder im flachen Wasser watend. Die «atarraya» ist ein rundes Netz, das mit sehr viel Geschick ausgeworfen wird: «chinchorro» heißt ein Netz, das bis zu drei Meter breit ist und auf einer Länge von 20 bis 25 Metern ausgespannt wird.

In den letzten zwanzig Jahren ist auch die Lagunenfischerei beträchtlich modernisiert worden. Investitionen wurden in erster Linie über sogenannte Fischereikooperativen kanalisiert. 1968 wird vom Fischereiministerium zusammen mit der Koordinierungskommission für die Entwicklung des Isthmus die erste Kooperative gegründet. Bis 1990, zum Zeitpunkt meines Besuches, gibt es acht Kooperativen der Huaves und vier der zapotekischen Fischerdörfer. Die Veränderungen, die sich dadurch in den Fischereimethoden ergeben haben, sind erheblich.

So wurden beispielsweise Glasfiberboote mit Außenbordmotor eingeführt. Sie sind wesentlich beweglicher und können die guten Fischgründe in kürzerer Zeit erreichen, was zu erheblichen Konkurrenzproblemen zwischen Huaves und zapotekischen Fischern führt. 1989/90 wurden 1485 Fischer der Huaves gezählt, die über 380 Boote verfügen, davon 147 aus Glasfiber, 82 Holzboote und 151 «cayucos». Noch einschneidender ist die durch Kreditvergabe geförderte Einführung neuer Netze aus Nylon, deren geringere Maschengröße die Ausbeute enorm erhöht hat – vor allem werden immer kleinere, jüngere Tiere gefangen. Schätzungen besagen, daß sich die Menge der gefangenen Garnelen zwischen 1979 und 1989 verfünffacht habe. Kein Wunder also, wenn 1990/91 in meinen Gesprächen mit Fischern und Fischverkäuferinnen durchweg ein Rückgang der Ausbeute pro Fang beklagt wurde. Folgerichtig lautet die Empfehlung einer Studie von Rodriguez, daß vorerst keine neuen Fischereikooperativen geschaffen und daß weitere Maßnahmen von Untersuchungen abhängig gemacht werden sollten, die über die Regenerationsfähigkeit der Fisch- und Garnelenbestände in der Lagune Auskunft geben (Rodriguez 1991).

Ein Tag mit Chente Muxe'

Eines Morgens, Ende Juli 1990, ist es soweit: Ich werde zu meiner ersten Handelsfahrt mit Camarones aufbrechen. Ich werde Chente Muxe' begleiten, der dieses Geschäft seit 40 Jahren betreibt. Den Kontakt hat meine langjährige Freundin Isabel hergestellt. Als sie mir erzählt, daß sie mich einem sehr angesehenen, alten Freund empfehlen wird, weiß ich gleich, daß er ein Muxe' sein muß, denn der Handel, auch der Fernhandel ist Frauensache. Wenn ein Mann diesen Beruf ausübt, muß er Muxe' sein.

Isabel führt mich zu seinem Haus. Es liegt im Zentrum der Stadt, in dem im allgemeinen die wohlhabenden Leute wohnen. Es ist ein großer ebenerdiger Massivbau mit Wirtschaftsgebäuden, die um einen Innenhof gruppiert sind, der zur Straße hin offen ist. Ein langer vollbeladener Eßtisch steht vor dem Eingang, zwischen den Bäumen sind Hängematten gespannt, freistehend, zentral ein Spülstein mit der zementierten gewellten Waschbrettfläche zum Wäschewaschen. An einer Seite sind Wäscheleinen quer über den Hof gespannt. Dort steht auch eine große Waage, drumherum zahlreiche Plastikbehälter jeder Form und Größe. In der Ecke stapeln sich Kartons mit leeren Bierflaschen.

Als wir ankommen, sitzt Chente am Tisch. Mit dem Rücken zur Straße blickt er ins Haus hinein auf den Fernseher. Er ist relativ groß, fast 1,70 m, wohlbeleibt, mit krausen braunen Haaren, ein Mann in denn Fünfzigern. An seiner Art, mir die Hand zu geben, an der Sprechweise erkenne ich den Muxe'. Wir verabreden uns für den nächsten Morgen um sieben Uhr. Wir werden nach San Mateo del Mar fahren, dem Hauptort der Huave-Fischer, der auf der schmalen Landzunge zwischen Lagune und offenem Meer im Süden von Juchitán liegt.

Pünktlich finde ich mich am nächsten Morgen ein und halte Ausschau nach dem Lastwagen des Händlers. Ich gehe ohne nachzudenken davon aus, daß er einen Lastwagen besitzen müsse, schließlich hat er, wie meine Freundin sagte, mit den Camarones sein Glück gemacht. Statt dessen kommt Chente im Taxi vorgefahren und winkt mich herbei, um einzusteigen. Ich quetsche mich also hinein, denn es handelt sich um eines jener Sammeltaxis, die morgens entlang der vielbenutzten Routen auf ein Zeichen anhalten und mitnehmen, wer noch hineinpaßt. Wir fahren zum Busbahnhof am Ausgang von Juchitán, an der Panamericana gelegen. Ein Rätsel zumindest löst sich für mich, als dort der Kofferraum des Taxis geöffnet wird und etliche große Plastikwannen zum Vorschein kommen, die ihrem Geruch zufolge dazu bestimmt sind, die Camarones aufzunehmen. Sofort ist ein Lastträger mit einer Sackkarre zur Stelle und transportiert die Behältnisse zu dem entsprechenden Bus, ohne daß ein Wort gewechselt worden wäre. Alles scheint selbstverständlich, auch die Tatsache, daß Chente seine Plastikwannen nicht selbst trägt, obwohl sie nicht schwer sind. Ich erinnere mich an die Händlerinnen, die frisch gewaschen, mit Blüten im Haar des Morgens mit leichtem Gepäck ihren Marktstand ansteuern, der längst, meist von einem männlichen Verwandten, mit Waren bestückt und eröffnet worden ist. Wir rumpeln im Bus die schnurgerade Straße nach Tehuantepec entlang. Chente döst vor sich hin. Die bemühte Freundlichkeit von uns Mitteleuropäern kennt er genausowenig wie seine Berufskolleginnen.

An der ersten Kreuzung in Tehuantepec steigen wir aus. Wieder Lastenträger mit Sackkarre, lautlos, diesmal aber kein Bus, sondern ein motorisiertes Dreirad. Zusammen mit einer anderen Händlerin besteigen wir die Ladefläche, und stehend geht es durch Tehuantepec nach San Blas, den in Richtung Lagune vorgelagerten Ortsteil. Ich genieße die Fahrt. Inzwischen ist es Viertel vor acht, der Fahrtwind bei der aufkommenden Hitze schon willkommen und der Ausblick einfach wunderbar. Wir sausen die schmale Straße zwischen alten Häusern entlang, anfänglich niedrig und weiß gestrichen, zum Zentrum hin dann auch ein- und zweistöckig, verziert, dann wieder weitläufiger, ländlicher, niedrig. Wir sind in San Blas.

Die Behälter werden abgeladen, in einem Innenhof deponiert. «Komm mit», sagt Chente, und obwohl ich gerne wüßte, wie es jetzt weitergeht, frage ich lieber nicht und versuche mich mit der gleichen lässigen Selbstverständlichkeit zu bewegen wie die anderen auch. Wir gehen in Richtung Markt. Dort wird gefrühstückt: Kaffee und Rosinenbrötchen, ganz europäisch. Er könne dieses schwere Zeug am Morgen nicht vertragen, womit Chente das sonst übliche Frühstück meint: gebratener Fisch, Hühersuppe oder geröstetes Fleisch. Als wir zum Innenhof und den abgestellten Behältern zurückkommen, steht ein Lastwagen mit einer holzumrandeten Ladefläche, die das Führerhaus noch überragt, bereit. Wir steigen auf, zusammen mit Händlerinnen aus San Blas, die Bananen und Mangos für den Markt von San Mateo mitnehmen. Es geht durch die morgendlichen Felder vorbei an Obstplantagen und Palmenhainen, alles Bewässerungsland, nach Huilotepec. Dort überqueren wir den Fluß. Die Landschaft wechselt, wird immer savannenähnlicher. Wir kommen nach Huazontlan, das bereits zum Gebiet der Huaves gehört. Ein kleines Ortszentrum mit Schule, Kirche und Gemeindehaus wird von weit verstreut liegenden «ranchos» umgeben. Die Savanne geht langsam in Sandwüste über. Noch sind einige Bauernhöfe zu sehen, die zum Schutz gegen Wind und Sand von hohen Schilfrohrzäunen umgeben sind. Ich sehe einige Schaf- und Ziegenherden, dann hat der Sand die Landschaft und die Piste erobert. Ich weiß, daß man auf der Landzunge mit Wanderdünen zu kämpfen hat, die durch die Abholzung in der näheren wie ferneren Umgebung entstanden sind.

San Mateo ist schon in Sicht, als wir von der Anhöhe einer Düne aus links die Salzwasserlagune, rechts das offene Meer erblicken. San Mateo, das ist eine grüne Insel, die sich mitten im Sand zwischen den beiden Meeren erhebt. Die Sandstraßen sind schachbrettartig angeordnet, ganz nach dem Muster der spanischen Kolonialordnung. Viele Häuser sind noch schild- oder palmblattgedeckt, von Schilfzäunen umgeben, die einen geschützten Innenraum schaffen. San Mateo del Mar ist der größte der Huave-Orte mit rund 10 000 Einwohnern; er liegt etwa zehn Kilometer vorgelagert auf der 40 km langen Landzunge, auf der nach weiteren zehn Kilometern das kleinere Santa Maria del Mar anzutreffen ist. Die anderen beiden Orte, San Dionisio del Mar und San Francisco del Mar mit je ungefähr 4500 Einwohnern liegen jenseits der Lagune auf dem «Festland» (INEGI, 1990).

Kurz nachdem wir die ersten Häuser passiert haben, sind wir am

Ziel. Ein großer Platz aus Sand öffnet sich, auf der einen Seite die Kirche, auf der anderen der Markt. Das Marktgebäude ist eine häßliche, graue Zementkonstruktion mit einem Wellblechdach. Die Halle selbst erreicht von ihrem Grundriß her fast die Maße der Haupthalle des Marktes von Juchitán, aber sonst ist alles anders. Es gibt keine Nebenhallen, keine Stände draußen, keinen ersten Stock, und es ist erstaunlich ruhig. Durch eine unscheinbare Türöffnung treten wir in die Halle, die voll von Frauen ist, doch außer einem sanften Murmeln höre ich nichts: kein Marktgeschrei, kein Lachen oder Schimpfen, wie ich es aus Juchitán kenne. Und während die Händlerinnen dort eine Fremde geradezu überfallen, sie umdrängen, ihr in gebieterischem Ton den Vorzug ihrer jeweiligen Ware preisen, werde ich hier so gut wie gar nicht beachtet.

Auch bei den Huaves ist Handel Frauensache, deshalb ist hier außer einigen Muxe's kein Mann zu sehen. Früher soll der Handel ausschließlich von auswärtigen Händlerinnen getätigt worden sein. Noch heute werden zahlreiche Stände in San Mateo del Mar von Zapotekinnen, die alltäglich anreisen, betrieben. Dennoch übernehmen die Huaves, insbesondere die Frauen, immer mehr von den zapotekischen Eigenarten, Kenntnissen, ja sogar religiöse Zeremonien und Feste. Sichtbar ist diese Angleichung insofern, als die Frauen hier fast genauso gekleidet sind wie in Juchitán, mit nur kleinen Abweichungen in Form und Farbe. Noch vor 15 bis 20 Jahren sollen sie den «enredo» getragen haben, eine Art Wickelrock, und immer ein Tuch um die Haare. Trotz äußerlicher Ähnlichkeit bleibt aber nicht verborgen, daß die Huave-Händlerinnen schüchterner sind als ihre zapotekischen Kolleginnen. Auch sind sie schmaler und zierlicher.

Chente hat seinen Platz in der Markthalle eingenommen. Er sitzt auf einem niedrigen Schemel, vor sich eine Waage mit auswechselbaren Gewichten und abnehmbarer Schale. Nun kommen die Frauen aus den Fischerfamilien, eine Emailleschüssel auf dem Kopf oder auf die Hüfte gestützt, gefüllt mit orangefarbenen Garnelen. Die Aufkäuferinnen begutachten die Größe der Ware, wiegen den Inhalt der Schüsseln und bieten einen Preis. Es wird mit wenigen Worten verhandelt. Ist das Angebot zu niedrig, so wenden sich die Verkäuferinnen entschieden ab und stellen sich bei einer anderen Aufkäuferin an.

Die Garnelen sind frisch, direkt nach dem Fang mit Salz gekocht. Ich beobachte eine Händlerin, wie sie eine Plastiktüte unten leicht aufreißt und erst das Wasser ablaufen läßt, bevor sie sie wiegt. Einige Frauen haben nur ein bis zwei Kilo dabei, andere hantieren mit mehreren großen Schüsseln. Gezahlt wird ein Taxpreis, je nach der Menge des Angebots. Eingeteilt wird in drei Größen: Für die kleinen Camarones, etwa drei bis vier cm groß, zahlt Chente heute 6000 Pesos; für ein Kilo mittlere, fünf bis sieben cm, 8000 Pesos; und für große, acht bis zehn cm und darüber bis zu 10000 Pesos das Kilo. Im Vergleich: Ein Kilo Mangos kostet 3000 Pesos, 250 Gramm Waschpulver 700 Pesos, ein Kilo Tortillas aus der maschinenbetriebenen Bäckerei 900 Pesos (reichen für eine Mahlzeit von drei bis vier Personen). An diesem Tag ist das Angebot an Garnelen besonders hoch, entsprechend niedrig die Preise; am nächsten Tag werden 8000, 10000 und 12000 Pesos bezahlt. Chente leert die Schale seiner Waage in drei verschiedene Bottiche und kauft an diesem Tag insgesamt 70 Kilo ein. Am Nachmittag gegen 17 Uhr fahren wir mit seinem Einkauf auf demselben Weg zurück, auf dem wir gekommen waren. Manchmal ist das Angebot so gering, daß sich ein Zurückfahren nicht lohnt. Dann bleibt Chente bei einer befreundeten Familie über Nacht.

Zurück in Juchitán, treffen kurz nach Chentes Rückkehr zwei Aufkäuferinnen bei ihm ein, ohne daß ich bemerkt hätte, wie sie benachrichtigt wurden. Greta, groß, schwer, mit kurzen Haaren, Goldschmuck, Männerhose und Männerschuhen, eine «marimacha», beeindruckend und resolut, kauft alles auf einmal auf. Angela hingegen kam nur vorbei, um sich nach dem gegenwärtigen Angebot zu erkundigen, um am nächsten Tag eventuell mit ihrem Lastwagen selbst nach San Mateo zu fahren. Greta bezahlt die Garnelen, und wie von unsichtbarer Hand herbeigeführt, taucht auch ein Pferdefuhrwerk auf, der typische Kleintransporter für Lasten in Juchitán. Sie wird die Camarones nun auf einem extra dafür angelegten zementierten Platz in der Sonne trocknen. Wenn sie eine große Lastwagenladung beisammen hat, mietet sie das Fahrzeug von einem Transportunternehmer und reist gen Norden ins Hochtal nach Puebla oder Mexiko-Stadt, um die Camarones dort auf dem Großmarkt zu verkaufen.

Warum er selbst keine «secadora», keinen Trockenplatz hätte, frage ich. Nein, sagte Chente, das dauere ihm zu lange, er möchte das Geld abends in Händen halten, das er am Tag verdient hat. Dabei wedelt er mit einem Bündel Scheine. Heute habe er nur 100000 Pesos verdient, das sei wenig, aber an anderen Tagen würde er 250000, 500000 und manchmal sogar eine Million Pesos verdienen. Er bräuchte viel Geld: «Nicht wahr, Veronika, das hast du doch gesehen» (damit meint er sein Geburtstagsfest). Er würde mit dem Gehalt eines Lehrers nicht leben können. Die würden höchstens 350 000 bis 450 000 pesos in 14 Tagen bekommen.

Aber so wie er sein Geld einnimmt, würde er es auch wieder ausgeben, sagt er, und schickt einen Nachbarjungen los, um Bier zu holen. Dann wird aufgefahren, Totopos und Käse, Camarones, ein großer delikater geräucherter Fisch, den er mitgebracht hat. Wieder wird der Junge losgeschickt und bringt vom Markt kleine Päckchen «Tamales» (in Bananenblättern gedämpfte, salzige, fleischgefüllte Maispasteten) und eine Portion Tacos (mit Fleisch, Zwiebeln und scharfer Soße belegte Tortillas, die wie Eierkuchen zusammengerollt gegessen werden). Die Händlerin, mit der wir heute morgen gereist sind, taucht auf, zwei weitere Nachbarinnen und die Schwester, mit der Chente das Haus bewohnt, gesellen sich zu uns. Musik muß her, meint Chente. Ein Gitarrist wird aus der nahe gelegenen Cantina geholt, spielt und singt und bleibt wie wir alle bis tief in die Nacht. Ich darf die ganze Zeit nicht kooperieren und für die Bezahlung des Musikers oder des Essens etwas beisteuern. Auch wird mir untersagt, einen Karton Bier in Auftrag zu geben. Wenn er mit den anderen ebenso verfährt, dann bewahrheitet sich, was Chente zu Beginn des Abends sagte. Vermutlich hat er den Tagesverdienst bereits am selben Abend fast vollständig wieder ausgegeben.

Chente Muxe' kommt überhaupt nicht auf die Idee, daß er seinen Handel durch Akkumulation erweitern könnte. Vielmehr ist er mit seiner Position in der juchitekischen Gesellschaft offensichtlich sehr zufrieden. Sein Ansehen und auch sein Vergnügen beruhen geradezu darauf, daß er nicht akkumuliert, sondern aktives Mitglied der «Vela Agosto» ist – vor einigen Jahren war er schon einmal ihr Mayordomo –, seine Geburtstage im großen Stil feiert und auch sonst seine sozialen Verpflichtungen ernst nimmt. Er sorgt dafür, daß er in diesem Geflecht von Gabe und Gegengabe niemals unterliegt, sondern nach Möglichkeit den Ton angibt. Tona Perez erzählt mir, daß er ihr zu ihrem letzten Geburtstag 15 Kisten Bier als Kooperation geschickt habe. Sie aber habe ihm zehn zurückgeschickt. «Stell dir vor, wenn er Geburtstag hat, dann müßte ich ihm auf einen Schlag für 200 000 Pesos Bier zurückschicken.»

Chente könnte dieses Geld sparen, sich einen Lastwagen kaufen, die Camarones direkt von den Fischern an der Anlegestelle im großen Stil aufkaufen, sie direkt nach Mexiko-Stadt fahren und einen großen Gewinn einstreichen. Das aber interessiert ihn nicht. Er zieht es vor, auf jene einfache Art zu reisen, die mich beim ersten Mal so verblüfft hat, und sein Leben zu genießen.

Der Handel ist für eine Juchiteca ein Handwerk, aus dem sie Selbstbestätigung zieht, wenn sie es gut beherrscht. Und daß sich entlang dieser anderen, nichtkapitalistischen Logik dennoch ein beträchtlicher Wohlstand erreichen läßt, gilt – wie schon für andere «Branchen» – auch für den Garnelenhandel.

Verkauf von «Camarones» auf dem Markt (Foto: Herby Sachs).

Heute arbeiten auch einige Huavefrauen als Fernhändlerinnen. Viele sind es aber noch nicht. «Wir reisen nicht gern», sagt eine der Frauen im Gespräch. «In der Fremde fühlen wir uns unsicher, uns fällt das Spanische schwer. Wir reden nicht gerne.» – «Bei uns bleibt die Frau am liebsten zu Haus», meint ein Lehrer, selbst Huave und mit einer Zapotekin aus Juchitán verheiratet.

In den letzten beiden Jahrzehnten scheinen die Huaves aber ihre Zurückhaltung immer mehr aufzugeben und sich in vielem nicht an die mestizische, nationale Kultur, sondern an die zapotekische anzugleichen. Eine Erklärung dafür, warum dieser Prozeß erst so spät einsetzt, mag die besonders hohe innergesellschaftliche Barriere sein, das geschlechtsspezifische Machtgefüge der «patrifokalen» Huave-Gesellschaft (Dalton 1981; vgl. auch Signorini 1979, S. 43–44).

Durch die Übernahme zapotekischer Muster scheint sich aber die Position der Frauen bei den Huave langsam zu verbessern.

Auf dem Rückweg von San Mateo nach Juchitán teilen wir uns die Ladefläche eines Motor-Dreirads mit einer Händlerin. Sie sieht genauso aus wie die anderen auch, nur hat sie bislang auf dem Weg kein Wort gesagt. Das war mir aufgefallen. Als ich nachfrage, stellt sich heraus: Sie ist Huave, kann zwar einige Brocken Zapotekisch, konnte sich aber an der Unterhaltung der Zapotekinnen nicht beteiligen. Sie hat circa 30 kg Camarones bei sich, die sie in einem Ort auf dem Weg nach Oaxaca, der sinnigerweise «Camarón» heißt, absetzen wird. Dort verkauft sie das Kilo für 5000 Pesos. Für die mitgeführte Menge brauche sie zwei bis drei Tage, sie habe eine billige Unterkunft dort. Ich rechne nach. Sie verdient 160000 Pesos die Woche. Das entspricht einem mittleren Tagesverdienst von Chente.

Cerveza y camarones

In Juchitán wie in ganz Mexiko scheinen Meeresfrüchte, «mariscos» und Bier notwendig zusammenzugehören. Schon der Anblick des Meeres weckt bei mexikanischen Ausflüglern nicht etwa sportliche Ambitionen, sondern Durst. Deshalb sind die einheimischen Strände mit palmblattgedeckten Sonnendächern gesäumt, unter denen Bier verkauft wird. Dazu freilich gehört eine Mahlzeit aus Meeresfrüchten und Fisch, die bei dem Fischer, dem die «palapa» gehört, bestellt werden kann. Die Krönung des Ganzen sind die Camarones, nach Möglichkeit «gigantes». Dann ist meist auch eine Gitarre zur Hand, und es wird gesungen.

Diese Fest- und Feierstimmung vermitteln auch die Fischrestaurants überall im Land. Auch in Juchitán. Ein paar Häuser von dem unseren entfernt, «Bei Silvia», schallt täglich Gesang auf die Straße, allerdings nur tagsüber, etwa von elf bis 16 Uhr. Abends ist geschlossen, denn Fisch und Meeresfrüchte ißt man fangfrisch. Spezialität: «Camarones gigantes» – Garnelen, die über zehn Zentimeter lang sind.

«Bei Silvia» werden sie auf der Bauchseite vom Kopf bis zum Schwanz aufgeschnitten, der dünne Verdauungsstrang wird herausgenommen, dann werden sie mit feinsten Semmelbröseln und Ei verrührt, paniert und langsam in der Pfanne gebraten. Dazu gibt es Knoblauchmayonnaise auf großen Tomatenscheiben, mit Avocadoschnitzen, viel Zitrone. Auf einem Bett von kleingeschnittenem Salat werden sie gereicht.

Dann wird der Gitarrist herbeigerufen, er singt die gewünschten Lieder. Wenn mehr Bier geflossen ist, darf er meist nur noch begleiten, denn in Juchitán gibt es viele gute Sänger. Es hebt das Ansehen des Mannes und seine männliche Ausstrahlung, wenn er singen kann.

Gitarristen oder auch ein Duo oder Trio sind auch stets in den Cantinas, den populären Schenken, anzutreffen. Dort werden Bier und «mezcal» ausgeschenkt, der einheimische Agavenschnaps. Am besten geht man mittags oder am frühen Nachmittag hin, dann gibt es zu jedem Bier eine Leckerei, selbstverständlich auch Garnelen. Nicht die großen, das wäre für die Wirtin zu teuer, es muß billig bleiben, denn hier trifft sich das Volk. Frauen freilich sieht man hier seltener, denn sie haben tagsüber zu tun. Aber anders als im übrigen Mexiko ist ihnen in Juchitán der Zugang selbstverständlich nicht verwehrt.

Nicht fehlen dürfen die Garnelen auf den Festen. Wie in den Schenken werden sie «botana» genannt, das ist der übliche Begriff für die «Kleinigkeit zum Bier». Zahlreiche solcher «Kleinigkeiten» befinden sich auf einem Pappteller angerichtet, in der Mitte ein Plastikbecherchen mit «ensalada de camarón». Die Zubereitung ist mühselig, weil alle Zutaten sehr fein geschnitten werden müssen.

Ensalada de camarón: Man nehme auf einen Liter Camarones (ein Liter = eine gut gereinigte Dose Motoröl voller Garnelen, circa 300 Gramm), ein Kilogramm große Fleischtomaten, ein gutes Pfund Zwiebeln oder zwei große Gemüsezwiebeln, eine Handvoll grüne Chiles, einen dicken Bund «cilantro» (Korianderkraut), ersatzweise glatte Petersilie, Saft von fünf Zitronen.

Die getrockneten Garnelen werden von Kopf und Schwanz befreit, die zur späteren Verwendung aufgehoben werden. Der Chitinpanzer bleibt dran, er wäre in diesem Zustand auch nur noch schwer zu entfernen. Dann werden sie in Wasser eingeweicht und ausgespült, um das Salz zu reduzieren. Die Tomaten, die Zwiebeln und der cilantro werden sehr sorgfältig in kleinste Stücke geschnitten. Für die Bearbeitung der Chiles zieht man sich zum Schutz am besten immer (!) Plastiktüten über die Hände oder ölt sie kräftig ein. Sie werden der Länge nach aufgeteilt, zu grobe Kerne und Schotenstränge werden entfernt (unter Umständen unter fließendem Wasser), dann werden auch die Chiles winzig klein gehackt. Nun vermischt man die gut abgetropften Garnelen mit den Tomaten, den Zwiebeln, dem cilantro und den Chiles, fügt den Zitronensaft dazu, hebt alles vorsichtig untereinander, fertig.

Die Köpfe und die Schwänze dienen einem weiteren Gericht. Sie werden zusammen mit Zwiebeln, Chile Chipotle, Ei und Gewürzen im Mixer kleingemahlen und dann in Öl ausgebraten. Das ergibt eine trockene, knusprige Masse, von der Konsistenz feiner Raspeln, die auf einem in Öl gerösteten, kleinen Totopo serviert wird.

Interethnische Beziehungen

Die Beziehungen zwischen Zapoteken und Huaves sind durch ein deutliches Gefälle gekennzeichnet. Die Zapoteken sind reicher, lauter, aggressiver, selbstbewußter, dominant. Daß dies nicht nur einer Einschätzung von außen entspricht, sondern auch selbst so empfunden und reproduziert wird, zeigen die überheblichen Bemerkungen zum Lebens- und Bildungsstandard der Huaves von seiten der Zapoteken einerseits und die verschlossene, abwehrende Reaktion der Huaves andererseits. Schon die Kennzeichnung «Huave», die sich allenthalben, auch in der Anthropologie, eingebürgert hat, soll zapotekischen Ursprungs und in Wirklichkeit abfällig gemeint sein. Es würde «durch Feuchtigkeit verfault» bedeuten, deshalb würden es die Huaves vorziehen «mareños», «die, die am Meer leben», genannt zu werden (Signorini 1979, S. 17). Die beschriebenen Verhaltensweisen zeigen Zapoteken nicht nur in Beziehung zu den Huaves, sondern auch gegenüber anderen einheimischen Gruppen des Isthmus.

Huaves und Zapoteken

Ein Bericht von Burgoa, demzufolge die Huaves die pazifische Küstenebene des Isthmus bis nach Jalapa besiedelt hätten, bevor sie von den Zapoteken auf den unfruchtbaren Sandstreifen am Meer verdrängt worden seien, wird vom archäologischen Material nicht gestützt. Vielmehr deuten die Funde auf eine durchgängig unterschiedliche kulturelle Prägung von Küstenebene und unmittelbarem Lagunen- und Meeresufer (Zeitlin und Zeitlin 1990). Dennoch spielt die Behauptung von Burgoa in den zwischenethnischen Beziehungen bis heute eine Rolle. Die populäre Version lautet, die Zapoteken hätten die Huaves ins Meer geworfen. Mag Burgoas Beschreibung auch nicht stimmen, fest steht, daß die Mareños hinsichtlich der einseitigen Ausstattung ihrer Landschaft gegenüber den Zapoteken im Nachteil sind und daß die beiden Gruppen, dort wo sie zusammentreffen, um das landwirtschaftliche Nutzland konkurrieren.

Im Laufe des 20. Jahrhunderts spitzen sich die Konflikte zu. Es geht um Landbesitz, Fischereirechte und latent um Marktbeziehungen. Viele Probleme entstehen durch den wachsenden externen Modernisierungsdruck auf beide Ethnien. Der Mechanismus ist altbekannt. Auch in der Kolonialzeit haben zum Teil blutige Konflikte um Land häufiger zwischen indianischen Gemeinschaften stattgefunden als zwischen Indios und Spaniern. Ausgelöst wurden die Probleme freilich meist durch den Druck auf das Land von seiten der Spanier, durch deren Tributforderungen oder, unmittelbarer, durch die einschneidende Veränderung der geltenden Besitz- und Rechtssysteme. Dennoch ist es verfehlt, die Auseinandersetzungen zwischen den indianischen Gemeinschaften und Ethnien nur als Verwirrung zu betrachten, etwa zu denken, daß sie, anstatt den wirklichen Feind zu bekämpfen, sich nun gegeneinander wendeten. Zum einen kann nicht davon ausgegangen werden, daß die einheimischen Völkerschaften die ihnen oktroyierte Zusammenfassung als Indios mitvollzogen. Sie waren und blieben unterschiedliche Völker mit unterschiedlichen Interessen. Zum anderen haben die einheimischen Völker später, in der Kolonialzeit, nicht nur reagiert – diese Sicht würde sie nur zu unmündigen Objekten der Geschichte machen –, sondern sie haben auch agiert und die Kolonialwirtschaft auf vielfältige Weise entscheidend mitgestaltet (Camargnani 1988).

Am Isthmus von Tehuantepec bemühen sich die neuen Kolonialherren, die Politiker, Administratoren und Experten der Entwicklungsprojekte, den «eigentlichen, richtigen» Fortgang der Geschichte der einheimischen Völker zu bestimmen, indem sie ihnen vorgebliche «Lösungen» für ihre Probleme aufzwingen. Im Gegensatz zu dieser Besserwisserei ist es notwendig, die eigene Dynamik der sozialen und ökonomischen Beziehungen von Zapoteken und Huaves zu begreifen.

Eine multiethnische Wirtschaftsweise

Die Beziehung zwischen Huaves und Zapoteken gestaltet sich im wesentlichen als ein Austausch zwischen Fischern und Händlerinnen. Aufgrund ihrer geographischen Lage beruht die gesamte Ökonomie der Mareños fast ausschließlich auf dem Fischfang. Für den Erwerb anderer grundlegender Lebensmittel, vor allem Mais, sind sie auf den Verkauf der Fischereiprodukte angewiesen. Dafür brauchen sie die zapotekischen Händlerinnen. In einer der wenigen anthropologischen Forschungen über die Huaves wird das so beschrieben: «...die Huave wurden in das gut entwickelte spanische und zapotekische Marktsystem einbezogen und darin ausgebeutet. Diese Verknüpfung wurde zum ersten Mal im 17. Jahrhundert oder auch früher durch Marktbeziehungen hergestellt, indem der Markt Meeresprodukte der Huave nachfragte, in dessen Folge das Huavedorf in eine Abhängigkeit gebracht worden ist, die heute der auffallendste Zug der wirtschaftlichen Organisation ist» (Diebold 1969, S. 481). Hier wird aber nur eine Seite des Zusammenhangs gesehen. Denn auch die Händlerinnen sind von den Fischern abhängig. Es handelt sich um ein integriertes regionales Wirtschaftssystem mit seinen eigenen Mechanismen und Regeln.

Werden die Huaves in diesem Zusammenhang, wie Diebold meint, von den Zapoteken ausgebeutet? Ist die «Ausbeutung» sogar moralisch um so verwerflicher, weil die Hauptakteure in diesem Prozeß Frauen sind, wie Renate Rott meint (Rott 1989, S. 101)? Die zapotekischen Händlerinnen würden sich auf dem Rücken anderer ein faules Leben machen: «Wären sie so schön, so wohlgerundet und so wohlgekleidet, wenn sie taugaus, tagein auf den Feldern wie im Haus arbeiten müßten, wo das produziert wird, was sie auf ihren Marktständen verkaufen?» (Rott, 1989, S. 101).

Eine solche Argumentation spielt eine klassenspezifische Sicht gegen die geschlechtsspezifische Sicht aus: Wenn es den Zapotekinnen besser geht als den Huavefrauen, dann ist Rotts Idee zufolge die starke Frauenposition in der zapotekischen Gesellschaft nichts wert. Nach dem bekannten Motto: Erst muß der Hunger auf der Welt beseitigt werden, dann kann berechtigterweise an Frauenbefreiung gedacht werden. Mit dem Gedanken, daß es den Zapotekinnen deshalb relativ gut geht, weil sie eine starke mutterzentrierte Gesellschaftsstruktur haben und ihre Wirtschaft deshalb ein anderes Gesicht hat, kann sie sich nicht anfreunden.

Ich glaube nicht, daß wir die Beziehung zwischen Huaves und Zapotekinnen guten Gewissens «ausbeuterisch» nennen können, angesichts dessen, was dieser Begriff heutzutage sonst bezeichnet. Die Zapotekinnen schaffen ihr Einkommen durch den Handel mit den Mareños (unter anderem). Aber dieser ökonomische Zusammenhang hat, wie skizziert, eigene Mechanismen, auch der Kontrolle. Ist es der altbekannte Vorbehalt gegenüber dem Händlertum, der die Optik mancher Autoren bestimmt? Und benutzt Rott den Ausbeutungsvorwurf geradewegs dazu, die Frauenstärke der Zapotekinnen zu diffamieren, weil die Sünde des Handels hier weiblich ist? Sind Frauen das «moralische Geschlecht» (vgl. Steinbrügge 1987)?[6]

«Gut» sind die juchitekischen Händlerinnen nämlich eindeutig nicht. Andere zu übervorteilen gehört bei ihnen zum Geschäft, wenn nicht geradezu zum Berufsethos. Und diejenige, die sich übervorteilen läßt, hat es ihrer eigenen Dummheit zuzuschreiben. Innerhalb von Juchitán ist dieses wenig rühmliche Geschäftsgebaren einer vielfältigen sozialen Kontrolle unterworfen. Dieses freilich funktioniert in den Tauschbeziehungen mit den Huaves anders. Aber auch hier herrschen Mechanismen der gegenseitigen Verpflichtung, die einen fortgesetzten Raub durch Übertölpelung unmöglich machen. Denn die Tauschbeziehungen bleiben persönliche. Der Erfolg oder Mißerfolg der zapotekischen Händlerinnen beruht auf ihren Kenntnissen und Bekanntschaften. Garnelenhändlerin zu sein ist ein erlernter Beruf. Sie muß die Reise- und Tauschwege kennen, vor allem aber die Personen. Ohne persönliche Kenntnisse, die einen Kontext des Vertrauens für die Tauschaktion schaffen, geht am Isthmus nichts.

Zentral an der regionalen interethnischen Wirtschaftsweise ist die strukturelle Gemeinsamkeit zwischen den Methoden der Fischerei und den Methoden des Handels. Sie sind beide handwerklich, einfach organisiert. Dadurch entstehen eine Einheit und ein Aufeinanderangewiesensein, das sie vom übrigen Wirtschaftssystem unterscheidet. Die Fischerei der Huaves kann nur in der einfachen Weise bestehen – zu Fuß vom Ufer her, vom Cayuco-Einbaum; selbst vom Glasfiberboot mit

6 In der Weltanschauung der Warengesellschaft legitimiert sich die Unerbittlichkeit des ökonomischen Handelns dadurch, daß das Gute, Schöne, Menschliche in eine andere als die wirtschaftliche Sphäre delegiert wird, nämlich in das Private, das Heim, die Mütterlichkeit. Das solchermaßen abgespaltene Gute zu hüten ist Aufgabe der Frau. Tut sie das nicht, indem sie sich in dem abgespaltenen Sinn ökonomisch betätigt, dann ist sie unmoralisch.

Außenbordmotor aus werden zwei einfache Netze ausgeworfen –, weil sie ihr Pendant am Markt in den zapotekischen Händlerinnen finden. Das gemeinsame Produkt bringt den Fischern wie den Händlerinnen einen hinreichenden Verdienst ein. Dies wiederum ist möglich, weil die Güter ihren eigenen Wert und ihre eigene Bedeutung im regionalen gesellschaftlichen Zusammenhang haben. Die ethnischen Kulturen stützen eine eigene, nicht von der marktwirtschaftlichen ökonomischen Rationalität geprägte Ökonomie.

Der entscheidende Grund schließlich, warum die Beziehung zwischen Juchitán und San Mateo del Mar sowie den umliegenden Dörfern der anderen Ethnien nicht als Herrschaftsverhältnis bezeichnet werden kann, liegt darin, daß diese Beziehung nicht auf Gewalt gegründet ist. Gleichwohl sind die Zapoteken unübersehbar die dominante Ethnie am Isthmus von Tehuantepec. Die Analyse der interethnischen Beziehungen legt jedoch nahe, mit dem Phänomen der Dominanz differenzierter umzugehen, als dies entlang der oberflächlichen Kriterien eines evolutionistischen, dem Fortschritt verpflichteten Weltbildes mit seinem mechanischen Begriff von sozialer Gerechtigkeit geschieht (vgl. Bennholdt-Thomsen 1991).

Die Dominanz der Zapoteken am Isthmus von Tehuantepec rührt von ihrer günstigen Lage in der Küstenebene her. Sie verfügen über gutes Ackerland, haben Zugang zur Lagune und zum Meer und nehmen verkehrstechnisch die beste Position an der südlichen Pazifikküste Oaxacas ein. Dies gilt auch im engeren regionalen Kontext. Sie befinden sich in der Mitte, umgeben von anderen Ethnien, die, wirtschaftsökologisch gesehen, jeweils Extremstandorte bewohnen. Gut für die Zapotekinnen, die ihr Händlerinnengeschick nutzen, um mit den Spezialitäten der anderen Gegenden ein gutes Einkommen zu erwirtschaften.

Die Huaves leben in einer besonders kargen Gegend, an die sie sich in genialer Weise angepaßt haben. Was unter einem Gesichtspunkt ein Nachteil ist – ihr fast ausschließliches Angewiesensein auf den Fischfang –, gerät ihnen unter anderem Blickwinkel, daß sie damit über ein besonderes Produkt mit gutem Tauschwert verfügen, zum Vorteil. Ihre Lebensweise und ihr Geschick hängt noch eindeutiger als das der Zapotecas von den Bedingungen der sie umgebenden Natur ab. Insofern sich aber auch das wirtschaftliche Trachten der Juchiteken bislang nicht über die Subsistenzproduktion erhoben hat, sondern sie im Gegenteil bemüht sind, die gesetzten natürlichen Bedingungen nach Kräften zu nutzen, verbinden sich die beiden ethnischen Ökonomien nach wie vor zu einer Einheit. Die Weise, wie sich Huaves und Zapoteken den landschaftlichen Bedingungen fügen und ihren Nutzen daraus ziehen, macht einen Teil ihrer ethnischen Identität aus, ebenso wie die Tatsache, daß sie nach wie vor nicht die Kultur und insbesondere nicht das Streben der Maximierungsgesellschaft übernommen haben.

Gefährliche Moderne

Mangelnder Respekt gegenüber einer an die natürlichen Bedingungen und die soziale Gegenseitigkeit gebundenen Gesellschafts- und Wirtschaftsweise führt auch am Isthmus zu einer Politik, die die regionale Wirtschaft gefährdet. Vorgeblich um die traditionale Knappheit zu beseitigen, wird der verallgemeinerte modernisierte Mangel erst geschaffen.

Die Region um San Mateo etwa macht bereits den Eindruck, auf dem Weg von einer zwar sehr kargen, aber sicheren Lebens- und Produktionsweise zur Verelendung durch Modernisierung zu sein. Sichtbar wird das Zerstörungswerk auch für den flüchtigen Besucher anhand der Verschmutzung der beiden Mini-Lagunen, die den Ort säumen (nicht mit den großen Meer-Lagunen zu verwechseln) und in denen sich inzwischen der Müll häuft. Noch vor ein paar Jahren konnte man in ihnen schwimmen und fischen. Jetzt haben sie sich in stinkende Kloaken verwandelt, Brutstätten für Krankheiten.

Ein «Debakel» zeichne sich ab, «die Zukunft» werde mit einer «Hypothek» belastet, «die Huaves und ihre Fischerei in Gefahr» – so lauten die Überschriften einer anthropologischen Evaluationsstudie von Rodriguez (1991). Die Ursachen für den Niedergang der angestammten Überlebensgrundlagen sind, wie meistens, am wenigsten in der Zone selbst zu suchen. Die massiven Umweltprobleme des Isthmus beginnen mit der Fertigstellung des Stausees Benito Juarez im Jahre 1961. Der Zufluß von Flußwasser in die Laguna Superior, an der San Mateo liegt, verringerte sich um 90 Prozent. Dadurch und aufgrund der chemisierten Landwirtschaft erhöhte sich der Salzgehalt der Lagune deutlich. Dies hat negative Konsequenzen für die Garnelenbestände.

Neben den zahlreichen Problemen, die die Neuverteilung des Landes im Zuge des Baus von Bewässerungskanälen nach sich zog, bringt die Landvergabe an die Huaves von San Francisco del Mar ein landwirtschaftliches Entwicklungsprogrammm, genannt «Plan Huave», mit sich. Mit Krediten werden kommerzielle Produkte angebaut, verbunden mit den üblichen technologischen Maßnahmen und chemischen Anwendungen. Die aber sind so so wenig auf die gegebenen Bedingungen zugeschnitten, daß der Plan Huave 1979 nach nur vier Jahren gescheitert war und stillschweigend aufgegeben worden ist. Zurück blieben verschuldete Bauern. Auch der mangelnde Bodenschutz und die Agrargifte hatten bereits ihre Wirkung getan. Doch statt aus den Fehlern zu lernen, werden zehn Jahre später, im Rahmen des nationalen Entwicklungsprogramms, «Programa Nacional de Solidaridad», wieder die gleichen Maßnahmen zur Steigerung der Produktivität und der Einkommen ergriffen.

Wie in der Landwirtschaft haben auch im Fischfang die technischen Neuerungen erhebliche Auswirkungen auf die soziale Organisation. Die kollektiven Fangzüge der Huaves, die für die soziale Kohäsion der Gemeinschaften von großer Bedeutung waren, wurden eingestellt. Geblieben ist nur die Zusammenarbeit in Kleingruppen. Die Vermarktung leidet unter den Reglements, an die die Kreditvergabe an die Kooperativen (Genossenschaften) gekoppelt ist, in denen 76 Prozent der hauptberuflichen Fischer organisiert sind. Andererseits mangelt es an Vermarktungskanälen. Ein Hauptproblem sind mangelnde Kühlkapazitäten. Zwar sind vier Kühlräume mit einer Kapazität von 20 Tonnen geplant, aber im Rohbau liegengelassen worden. Sie können in die Liste der Modernisierungsruinen aufgenommen werden, mit denen ganz Mexiko gepflastert ist. Hinzu kommt, daß durch das jetzige Reglement, nur gegen Rechnung verkaufen zu dürfen, auch der herkömmliche Weg der Vermarktung unterbunden wird. Zum Glück wird es nicht so genau befolgt, sonst wären die Einkommen der Huavefrauen und der zapotekischen Zwischenhändlerinnen abrupt beschnitten worden.

Dennoch hat sich mit den Kooperativen und deren organisatorischen Neuerungen eine, wenn auch kleine Schicht von großen Zwischenhändlern etablieren können. Es sind diejenigen, die über einen Lastwagen verfügen, mit dem sie direkt zum Strand fahren und den gesamten Fang aufkaufen. Aus Mangel an Alternativen geben viele Fischer ihr Produkt auf diese Weise allzu billig ab.

In San Mateo del Mar habe ich an einem Morgen vier Lastwagen am Strand gezählt. Die Besitzer waren Zapoteken, zwei Männer, zwei Frauen. Die Männer waren keine Muxe's. Weil Autofahren Männerarbeit ist, ist es Männern in diesem Fall möglich, in die weibliche Domäne des Handels einzudringen. Noch sind die beiden Lastwagenbesitzer – die beiden anderen Händlerinnen fahren mit Chauffeur – Mitbesitzer des Autos, in dem einen Fall zusammen mit der Schwester, in dem anderen zusammen mit der Frau. Aber ein Einbruch in diese Frauendomäne – und damit eine Neuorganisation traditioneller Tauschverhältnisse – ist durchaus denkbar. Andererseits ist eine solche Entwicklung noch längst nicht ausgemacht, denn die Zapotekinnen des Isthmus, zumal die Juchitecas, haben sich als außerordentlich flexibel erwiesen in ihrem Umgang mit modernen, patriarchalen, marktwirtschaftlichen Strukturen. Ihre Fähigkeit, sich gegen Neues nicht abzugrenzen, sondern es zu vereinnahmen, ist verblüffend. Ihre Neugier, Gastfreundschaft und Aufnahmebereitschaft scheinen zu gewährleisten, daß sich ihre Eigenart, anstatt überrollt zu werden, behauptet. So haben zahlreiche, scheinbar evolutionär unabwendbare Abläufe auf dem Isthmus von Tehuantepec auch in den vergangenen Jahrzehnten immer wieder ein ganz anderes Gesicht erhalten.

Vielleicht aber verwandeln sich auch einige juchitekische Händlerinnen in moderne, kapitalistische, mestizische Kleinunternehmerinnen. Es ist nicht ausgeschlossen, daß sie den Vorteil nutzen, den ihnen die gegebene geschlechtsspezifische Machtverteilung bietet, um nicht von Männern aus dem Feld geschlagen zu werden. Ein Jahr später, noch während ich an diesem Forschungsbericht arbeite, hat sich bereits eine weitere Garnelen- und Fischhändlerin einen Lastwagen angeschafft, mit dem sie direkt am Strand aufkauft. Eine weitere Händlerin, eine gute alte Bekannte mit einem florierenden Marktstand für Kerzen, Weihrauch, Milch und Hühnerfleisch, nützt die neoliberale Aufhebung protektionistischer Maßgaben und steigt federführend in ein neugegründetes Busunternehmen ein. Und in der Zwischenzeit ist auch der letzte Mann, der in der Leitung einer der vier großen Bankfilialen in Juchitán übriggeblieben war, von einer Frau ersetzt worden. Mit anderen Worten, die Zeichen mehren sich, daß die zapotekischen Händlerinnen des Isthmus auf die neue Phase der kapitalistischen Entwicklung in Mexiko[7] offensiv reagieren, indem auch sie fortan akkumulieren und investieren.

Wird dadurch aus den Einkommensunterschieden in Juchitán eine

7 Gänzliche Weltmarktöffnung der mexikanischen Wirtschaft durch den GATT-Eintritt 1989 und den Beschluß für einen gemeinsamen Markt mit den USA und Kanada 1992.

Einkommenspolarisierung entstehen? Wird die Konkurrenz die Gegenseitigkeit auslöschen? Oder wird der juchitekische und isthmische Kapitalismus ein besserer Kapitalismus sein, weil die Unternehmer Frauen sind?[8]

Ich glaube, daß der Weg zu einer stromlinienförmig maximierungsorientierten Ökonomie und Gesellschaft in Juchitán noch weit ist, wenn er denn überhaupt beschritten wird. Zum einen, weil es wesentlich mehr bedarf als einer neoliberalen Weltmarktpolitik, um die mütterzentrierte Kultur und das Prinzip der ökonomischen Gegenseitigkeit zu zerstören. Das haben die Juchitecas in den letzten Jahrzehnten bereits deutlich bewiesen. Zum anderen ist das kapitalistische Unternehmertum juchitekischer Händlerinnen noch weit von dem entfernt, was wir etwa in Europa als Unternehmertum zu bezeichnen gewohnt sind.

Vergleichbar ist das, was sich womöglich in Juchitán abzeichnet, am ehesten mit der Verwandlung von Bauern in Landwirte bzw. Farmer. Sie sehen sich gezwungen, zu akkumulieren, um die Maschinen kaufen zu können, die notwendig sind, um überhaupt weiterhin am Markt bestehen zu können.

Und wie mag sich die Zukunft für die Huaves gestalten? Angesichts der interethnischen Beziehungen und des Erfolgs des zapotekischen Handels ist es kein Wunder, daß die Huaves viele Gebräuche, Zeremonien und Feste von den Zapotecas übernehmen, daß die Huavefrauen inzwischen die zapotekische Tracht tragen. Daß sich die kulturelle Eigenart der Huaves nicht klarer behauptet, scheint ein Verlust zu sein. Aber alle, die das beklagen, sollten sich gleichzeitig vor Augen halten, daß der Entwicklungslogik und der üblichen Entwicklungsrealität zufolge die Huavefrauen heute Minikleider tragen müßten und San Mateo del Mar ein Slumvorort von Salina Cruz wäre.

8 Letzteres nehmen bekanntlich Vertreterinnen der Gleichberechtigungspolitik an, denen es um den gleichen Anteil der Frauen in allen Bereichen von Ökonomie und Gesellschaft und nicht um einen anderen, menschlicheren Gesellschaftsentwurf geht. Diese Meinung teile ich nicht. Frauen sind nicht qua Geschlecht die besseren Menschen.

Cornelia Giebeler

La Presencia: die Bedeutung der Tracht

Als Elsa Schiaparelli, das Enfant terrible der Pariser Haute Couture, den Stil der Tehuanas in ihre Mode übernahm (Wolfe 1938), schillerten ihre Modelle in schrillen Farben und extravaganten Formen. Sie entwickelte Modelle, die nur von den selbstbewußtesten Ladies der dreißiger Jahre getragen wurden, von Frauen, die sich nicht mit dem dezent exklusiven Stil der Coco Chanel zufriedengeben wollten. Ihre Kollektionen waren aufrührerisch, sie selbst ein «Symbol des Widerstands» (Schuppisser 1958) gegen die Moderichtungen der Distinktion und Monotonie.

Es war Frida Kahlo, die den Stil der Frauen des Isthmus nach Paris und New York exportierte. Frida Kahlo liebte die Kleidung der legendär unabhängigen Frauen aus dem Süden Mexikos und trug mit Vorliebe deren Tracht, eine Kleidung, mit der sie sich selbst in ein «mexikanisches Kunstwerk» verwandelte (Mulvey/Wollen 1982). Mehrmals bereiste sie mit ihrem Mann Diego Rivera und anderen Persönlichkeiten der linken Szene der dreißiger Jahre den Süden Mexikos und verweilte am Isthmus. Nicht nur die Tracht, auch die sich darin darstellenden Frauen übten auf sie eine ungeheure Faszination aus, eine Faszination, die vermutlich mehr von der würdevollen Eleganz der starken Frauen des Isthmus ausging als von der Kleidung als solcher.

Vielleicht auch hat Frida Kahlo mit dem Tragen dieser Kleidung die Außergewöhnlichkeit ihrer Malerei, ihrer Biographie, ihrer Persönlichkeit kultiviert. Denn außerhalb des Isthmus trägt außer den Zapotekinnen niemand solche Tracht, bis Elsa Schiaparelli sie in der internationalen Haute Couture salonfähig machte. Doch Schiaparellis Mode lebte von der Farbe, von indianischen und orientalischen Motiven, die sie zu einem Chic kombinierte, der bei der Trägerin Mut voraussetzte. Sie mußte den Willen haben, sich zu unterscheiden – sowohl von der anderen Frau als auch von der dominanten Modeströmung der dreißiger Jahre.

Die Tracht der Frauen von Juchitán lebt ebenfalls vom Unterschied. Nicht eine Kombination ist wie die andere, nicht eine der Blusen gleicht der nächsten, nicht ein Rock ist identisch mit dem einer anderen Frau. Durch ihre Kleidung unterscheiden sich die Frauen voneinander. Doch durch die Gemeinsamkeiten, die jedes Unikat mit dem nächsten aufweist, ist die Trägerin dieser Tracht auch jederzeit als Juchiteca erkennbar. Ihre Kleidung ist ein Symbol der Zugehörigkeit zu den Zapoteken des Isthmus. Erkennungssymbol und Unterscheidungsmerkmal zugleich.

Um welche Art Kleidung handelt es sich hier, die durch die bedeutsamste mexikanische Malerin und eine der bekanntesten Couturiers eine zwar anonyme, aber dennoch internationale Bekanntheit erreicht?

Der Begriff «Tracht» suggeriert Bedeutungsinhalte wie Tradition, Authentizität, Volksverbundenheit und hat besonders in Deutschland einen ausgesprochen konservativen Beigeschmack.

In Juchitán aber sind alle Aspekte der Verhüllung des menschlichen Körpers präsent. Es gibt die Galatracht, die Alltagskleidung und verschiedene Differenzierungen von Festkleidung, die alle als einheimische oder wie ich sagen würde, «authentische» Kleidung bezeichnet werden können. Diese Kleidung der Zapoteken ist nicht vorspanisch oder authentisch im Sinne des schon immer Dagewesenen, charakterisiert jedoch die Juchiteca in der doppelten Bedeutung ethnisch bewußter und persönlich authentischer Selbstdefinition. Gleichzeitig tragen die juchitekischen Frauen auch moderne Kleider, modische Kleidung vom Minirock über Kostüme und Jeans bis hin zur modischen Abendkleidung. Es gibt Frauen, die nur das eine oder nur das andere tragen – die meisten jedoch wechseln je nach Anlaß.

Die Galatracht

Unter «Galatracht» verstehe ich alle Kombinationen von Rock und Bluse, die a) mit einem weißen Spitzenholan abgesetzt sind und bei denen b) Bluse und Rock aus gleichem Material und gleicher Art der Verzierung bestehen.

Es gab Zeiten, in denen die Galatrachten aus Seide und Samt hergestellt wurden, doch die sind lange vorbei. Der Baumwollsamt, der in der Casa del Pueblo (einem großen Textilhaus) verkauft wird, ist aus den USA importiert und kostet etwa 150 DM der laufende Meter. Seide zum Besticken ist unerschwinglich und wird in Juchitán nicht mehr verkauft. Aber Polyester und die Kunstseidenfäden aus industrieller Produktion erfüllen den gleichen Zweck – darüber hinaus glänzt der Kunstsamt und leuchtet in strahlenden Farben. Dennoch ist auch die

Galatracht der 90er Jahre ein Luxuskleidungsstück, das lange nicht jede Frau in Juchitán besitzt. Auf dem Markt wird die Galatracht je nach Machart zu Preisen zwischen 750 und 2000 DM verkauft.

Unterscheiden lassen sich fünf verschiedene Galatrachten:
- El Traje Bordado, die mit Stickgarn gestickte Tracht, die die kostbarste ist;
- El Traje Tejido, die mit Nähgarn gestickte Tracht;
- El Traje Cadenilla, die mit der Maschine bestickte Tracht;
- El Traje Liston, die mit glänzenden aufgenähten Bändern verziert ist, und
- El Traje de Maquina, die von modernen Stickmaschinen bestickte Tracht.

Gekauft wird sie auf dem Markt und in den wenigen Bekleidungsgeschäften Juchitáns von Zapotekinnen, die aus anderen Regionen Mexikos nach Juchitán zurückkehren, um sich für die «Velas» außerhalb Juchitáns einzukleiden. Die in Juchitán wohnenden Frauen lassen sich ihre Galatracht auf den Leib schneidern. 90 Prozent aller Galatrachten werden auf Bestellung für eine bestimmte Frau von einer bestimmten Person angefertigt. Ein geringer Teil wird von den beiden Geschäften, die mit Trachten handeln, frei verkauft.

Bereits ein Jahr vor dem nächsten großen Ereignis wird die Herstellung eines neuen Kleides in Auftrag gegeben: Anulfa ist Mitglied der Gesellschaft, die die «Vela Isidro» ausrichtet. Ihr Leben lang hat sie gestickt, genäht und Kleider entworfen. Das letzte Jahr entwarf und bestickte sie eine Tracht für ihre Nichte: eine Gala-Tracht, wie sie die reichen Frauen Juchitáns zu den Nachbarschaftsfesten des Maimonats tragen. Ein Jahr lang dauerte die Herstellung dieser Galatracht, und kaum ist die große Zeit der Feste vorbei, beginnt sie mit der Stickerei einer neuen Kombination für das große Ereignis im nächsten Jahr. Seit sie zurückdenken kann, tragen die Frauen Juchitáns die kostbare Tracht, deren Herstellung so viel Zeit in Anspruch nimmt. «Früher», sagt sie, «haben wir gemeinsam um den Sticktisch gesessen – an jeder Seite eine Frau. Und da er vier Seiten hat, ging es schnell mit dem Sticken – aber wer hat heute schon noch Zeit dafür?» Und obgleich es «früher» noch mit mehr Muße vor sich ging, eines dieser Luxusgewänder herzustellen, ist auch heute die Zeit dafür noch reichlich bemessen.

Zeit-Haben ist überhaupt eines der grundlegenden Charakteristika der zapotekischen Gesellschaft, das sich vielleicht nirgends so deutlich ausdrückt wie in der Bedeutung, die der langwierigen Herstellung einer Galatracht beigemessen wird. Diese Galatracht ist für Juchitán ausgesprochen wichtig: Sie bildet einen großen Zweig des Kunsthandwerks, sie trägt zum Erhalt der lokalen Ökonomie bei, prägt und reflektiert die Körperlichkeit der Juchiteca und ist Bestandteil der sozialen Beziehungen, die die zapotekische Produktionsweise charakterisieren.

Das Kunsthandwerk «Galatracht»

Die Herstellung der Galatracht ist «artesanía», Kunstgewerbe. Die Stickerinnen und Sticker verstehen sich selbst als «artesanos» und kreieren innerhalb des Rahmens juchitekischer Modevorstellungen neue Kombinationen, rekonstruieren alte Modelle und stellen nach den Farbvorstellungen Juchitáns neue farblich passende Produkte her. Die Farbgebung ist für europäische Augen schrill und bunt – oder eben extravagant –, sie durchbricht die uns bekannten Standards des guten Geschmacks.

Die «artesanos» haben sich in der Regel auf die Herstellung eines bestimmten Typs von Tracht spezialisiert: Entweder sticken sie die «traje bordado», oder sie nähen die «traje tejido» mit der Hand. Und andere gestalten mit der Maschine die «traje cadenilla».

El traje bordado, die Blumen-Sticktracht
Die aufwendigste Tracht ist die mit Stickgarn auf Samt gestickte. Samt braucht mehr Garn als «piel de angel» – ein gechinzter Stoff, der heute in der Regel aus Polyester hergestellt ist; er ist nicht so teuer wie Samt und vor allem auch nicht so schwer. Zunächst wird das Gewand genäht. Der Samt oder Piel de Angel wird mit einem dünnen, meist gepunkteten Baumwollstoff unterlegt, der den Oberstoff während des Stickens festigt und der auch angenehmer auf der Haut zu tragen ist; BH's und Unterhemden werden in Juchitán nicht getragen. Liegt der Stoff 90 cm breit, werden 3,50 m bis 4 m benötigt, liegt er breiter, können noch zwei bis drei «huipiles», Blusen, daraus genäht werden. Der Rock besteht aus drei Bahnen, die nacheinander mit dem gleichen Muster symmetrisch bestickt werden. Die einzelnen Bahnen werden auf einen Holzrahmen gespannt, und der Entwurf wird mit Kreide auf den Stoff gezeichnet. Fast alle Sticker und Stickerinnen entwerfen die Muster zunächst auf Papier und übertragen dann die gezeichneten Linien auf den Stoff.

Romelia ist eine Ausnahme. Sie zeichnet die symmetrischen Muster immer direkt auf den Stoff – eine Fähigkeit, die viele von ihr erlernen möchten. «Schon viele Leute sind gekommen und haben mir beim Arbeiten zugesehen. Alle haben mich gefragt, wie es komme, daß ich die Zeichnungen einfach so auf den Stoff malen könne – es sehe aus, als sei es mit Papier übertragen. Alles sei völlig gleichmäßig. Und sie fragen mich dann immer: In welcher Schule hast du das gelernt? Und ich antworte: In der Schule des Lebens! Meine Eltern hatten nichts, wovon sie mich zur Schule hätten schicken können.» Sie kann eben ihr Handwerk – sie hat es gelernt und ihr Leben lang ausgeübt. Heute zeichnet sie fast nur noch und verkauft die Entwürfe. Zum Sticken hat sie keine Zeit mehr.

Die Entwürfe sind in einer Hinsicht alle gleich: Die Blumen werden symmetrisch auf die Bluse übertragen. Immer bleibt im oberen Drittel eine mehr oder weniger große Fläche frei, die nicht bestickt wird. Beide Hälften des Huipil sind sowohl spiegelbildlich identisch als auch in Vorder- und Rückseite. Nicht einmal habe ich einen asymmetrisch bestickten Huipil oder einen asymmetrischen Rock gesehen: vorn und hinten, rechts und links sind gleich.

Einmal wollte ich mir einen Huipil mit einer Blütenranke, die von der rechten Schulter herunterfallen sollte, sticken lassen. Da ich so sehr darauf bestand, erhielt ich schließlich die Zusage. Es dauerte lange, bis die Bluse fertig war – und siehe da: Sie war vollständig symmetrisch mit einem einfachen, aber sehr hübschen Motiv bestickt. Auf mein Nachfragen erhielt ich nur die Antwort: Ach so, das habe ich nicht so verstanden. Aber es ist doch schön so? Erfahrungen wie diese habe ich mir mehrfach «abgeholt». Zur Veränderung so grundsätzlicher modischer Konstruktionen bedarf es wie ich seither weiß eines ganz anderen Prozesses als dem einer schlichten Bestellung. Selbst die besten Freundinnen lassen sich auf so weitreichende Veränderungen ihrer künstlerischen Vorstellungen nicht ein. Hier treffen gegenpolige kulturelle Selbstverständlichkeiten aufeinander.

Nach dem ersten Schritt, dem Entwurf, werden die Farben zusammengestellt. Schon während des Entwurfs sind die Farbkombinationen ungefähr klar: Sie stehen im Zusammenhang mit den Blumen, die auf die Kleidung gezeichnet werden. Es sind immer Blumen – Blumen aus der Region und importierte Blüten –, die die gestickte Tracht der Juchitecas zieren. Der Hibiskus ist rosa, rot oder orange, die Rose schillert in ähnlichen Farben, die Lilien sind weiß und nicht sehr häufig, Guie-

Marina Meneses beim
Tanz im Huipil Bordado
mit Cadenilla
(Foto: Uschi Dresing).

'chaachi und Guie'chuba sind weiß und gelb. Nur selten werden blaue
oder türkisfarbene Blüten in die Musterung aufgenommen. Sofern die
Blumen eindeutig identifiziert werden können, dominieren die Rose
und der Hibiskus. Beide Blüten schillern in bis zu 15 Farbabstufungen,
die aus der Ferne betrachtet die Blüte wie ein Gemälde erscheinen lassen. Dies ist die Kunst der Stickerei und bestimmt auch den Wert einer
jeden Gestaltung. Möglichst alle Farben des Regenbogens tauchen in
einer einzigen Tracht auf – und zwar in denkbar vielen Abstufungen
der einzelnen Farbe. Beim Vergleich der Anfängerstücke mit denen von
erfahrenen Stickern fällt auf, wo die Kunst liegt: in der Fähigkeit, die
einzelnen Farben miteinander zu kombinieren, so daß sie ein harmoni-
sches Gesamtbild ergeben.

Wenn die Auswahl der Farben erfolgt ist und die Stickgarne gekauft
sind, beginnt die monatelange Arbeit. Im Flachstich werden die Blüten-
formen ausgefüllt, jeder Stich eng neben dem anderen, sorgsam wird
jeder Faden vernäht, damit das Gesamtwerk nicht zerstört wird, wenn

ein einzelner Faden reißt. Die Arbeit ist anstrengend für die Augen, und viele der Stickerinnen tragen Brillen. Wochen und Monate arbeiten sie an einem einzigen Stück.

El Traje Tejido, die Blumen-Flechttracht

Die Traje Tejido wird ebenfalls nach einem Entwurf gestickt, jedoch im Kettstich mit Nähgarn. Die Farben werden ähnlich kombiniert wie bei der Traje Bordado – doch die Farbzusammenstellung ist nicht so kompliziert, weil nicht ganz so vielfältig. Blumen sind das Motiv, und wie bei der Traje Bordado gibt es auch hier keine abstrakte Musterung, wenn auch die Blüten selbst oft nicht mehr identifizierbar sind. Für die Herstellung wird die Hälfte der Zeit veranschlagt.

El Traje Cadenilla, die geometrische Tracht

Cadenilla ist die mit der Maschine gestickte Tracht. Verwendet werden hierfür die ersten alten Nähmaschinen, die Anfang des Jahrhunderts über den Hafen Salina Cruz den Isthmus erreichten. Es handelt sich um Singer-Maschinen, deren Fuß frei verstellbar ist und die auch dicke Stoffe transportieren. In der Regel wird Cadenilla auf dünnere Stoffe genäht, die jedoch, wie bei den anderen Trachten auch, mit einem zweiten Unterstoff gegengenäht sind und somit eine relativ dicke Unterlage bilden.

Die ursprüngliche «klassische» Cadenilla-Tracht besteht aus schwarzem Stoff, der mit roten und gelben Fäden dicht benäht ist. Die Musterung entwirft die Näherin während der Arbeit. Es entstehen geometrische Muster, die durch die verschiedenen Farben zu einem fast streng zu nennenden Gesamteindruck führen. Die Cadenilla-Technik wird heute zunehmend mit anderen Sticktechniken kombiniert: Zum Beispiel umkränzen geometrische Muster eine Fläche, die mit gestickten Blumen gefüllt ist – immer jedoch innerhalb der grundlegenden Charakteristika der Symmetrie.

El Traje Liston, die Bänder-Tracht

Lange habe ich nach den Blusen gesucht, die mit Samt oder glänzenden Polyesterbändern geometrisch verziert sind. Nur in der Größe für kleine Mädchen konnte ich sie erstehen. Diese Form der Tracht wird offensichtlich nicht für den Verkauf produziert und ist derzeit auch nicht Mode. Sie ist einfach herzustellen, und wenn eine Frau sie gerne haben möchte, beauftragt sie eine der vielen Näherinnen oder setzt sich selbst an die Nähmaschine. Insofern gibt es auch nicht viel über die «Kunst» bei ihrer Herstellung zu berichten – außer vielleicht, daß sie mir mit meinem fremden Auge in ihrer Schlichtheit zunächst am besten gefiel. Es wurde ein langer Gewöhnungs- und Verstehensprozeß, der meinen eigenen Geschmack und meine Art, mich zu kleiden, in Juchitán nachhaltig veränderte.

El Traje de Maquina, die Maschinen-Tracht

Auch zur Traje de Maquina gibt es unter künstlerischem Gesichtspunkt nicht viel zu berichten. Daß hier ganz andere Kriterien angewendet werden, bezeugt bereits die Etikettierung dieser neuen Trachtform: «de Maquina» stellt die Produktionsweise in den Mittelpunkt und nicht die Art der künstlerischen Gestaltung. «Cadenilla» könnte ebenso «de Maquina» heißen – doch hier wird das Ergebnis betont und damit auch die künstlerische Arbeit.

Das lokale Geschäft mit der Galatracht

Die meisten Galatrachten werden bis heute auf Bestellung angefertigt. Ein Sticker oder eine Stickerin arbeiten monatelang, um eine Tracht zu entwerfen, zu nähen und zu besticken.

Eine Galatracht auf «piel de Angel» gestickt und nicht sehr füllig geschnitten ist bereits für circa 420 DM zu haben. Eine Galatracht auf Baumwollsamt, der importiert wird und der mit 4,5 m Stoff veranschlagt ist, kostet bis zu 1125 DM. Preise zwischen 800 und 1000 DM sind als Durchschnitt derzeit in Juchitán realistisch. Allerdings sind die bevorzugten Stickweisen nicht nur von der wirtschaftlichen Situation der Trägerin abhängig, sondern sie wechseln auch mit den Moden, die die Tracht seit Anfang des Jahrhunderts durchlaufen hat (kleine Blumen, große Blumen, Ranken, geometrische Muster, Kombinationen von Stickarten etc.).

Ein anderes ökonomisches Phänomen bestimmt die Moden in der Tracht ebenfalls mit. Vor einigen Jahren sind zum ersten Mal mit der Maschine gestickte Trachten nach Juchitán gekommen. Die Stickmaschinen stehen in Mexiko-Stadt und in Guadalajara, wo Stickerinnen nach den Entwürfen der Juchitecas Galatrachten fertigstellen. Diese maschinengestickten Trachten werden von zwei Häusern in Juchitán verkauft und erscheinen mehr und mehr auf den Festen. Sie sind erheblich billiger und ermöglichen es der Trägerin, viel häufiger als zuvor in einem neuen Gewand auf einem Fest zu erscheinen. Eine maschinengestickte Tracht ist bereits für 250000 bis 600000 Pesos (100–300 DM) zu erwerben. Isidro Martinez Robles jedoch meint, daß die Frauen Juchitáns wissen, daß die handgestickte Tracht erheblich besser ist als die maschinengestickte, denn: «Sie hält das ganze Leben.» Die maschinenbestickte Tracht dagegen reißt schon beim ersten Waschen, und «wenn ein Faden gerissen ist, dann reißt das gesamte Muster auf» – denn «schließlich sind die Fäden nicht einzeln vernäht». Außerdem kann die Stickmaschine nur mit Nähgarn arbeiten – und das sieht einfach nicht so gut aus. Er ist überzeugt, daß die Frauen Juchitáns seine Handarbeit zu schätzen wissen und gewiß nicht längerfristig diese maschinenbestickten Trachten kaufen werden. Ob dies eine realistische Einschätzung der Lage ist, wird sich erweisen – deutlich macht sie jedoch den unerschütterlichen Glauben an den Wert und die Schönheit des lokalen Kunsthandwerks der Stickerei.

Romelia dagegen arbeitet bereits für die Maschinen. Da sie fast ausschließlich zeichnet und ihre Entwürfe in einer Geschwindigkeit fertigstellen kann, mit der keiner der mit Papier und Vorlage arbeitenden Kollegen mitkommt, wurde sie gebeten, Zeichnungen für die Maschinenproduktion anzufertigen. «Die Maschine kann nur kleine Blüten sticken. Deshalb entwerfe ich fast nur noch Zeichnungen mit kleinen Blumen. Ich habe mich schon daran gewöhnt» – sagt sie. «Die Frauen lieben es, neue Sachen zu kaufen und mit neuen Trachten zu den Festen zu erscheinen, deshalb kaufen sie die «traje de maquina». Aber schön findet sie die neue Mode nicht. Vor allem kratzt die Art der Produktion an ihrem Berufsethos. Nach der Zeichnung der Vorlage ist die Kunst der Farbzusammenstellung das nächste Kriterium für einen guten Artesano: «Und wenn ich für eine Frau zeichne, sage ich, wie man es machen soll, oder suche die Farben aus. Doch wenn sie meine Zeichnungen dort verwenden, machen sie damit, was sie wollen – am liebsten möchte ich nichts davon wiedersehen.»

Die jahrzehntelange Selbstverständlichkeit ihrer Tätigkeit ist durch eine neue Produktionsweise krisenhaft verunsichert. Das neue Arrangement, das sie trifft, kommt ihrer Kompetenz entgegen, ihre soziale Eingebundenheit und die Anerkennung für die Qualität ihrer Arbeit jedoch leiden darunter.

Mit der maschinengestickten Tracht beginnt eine neue Ära in Juchitán. Bis zu diesem Zeitpunkt war die Arbeit an der Tracht in Juchitán konzentriert. Jetzt verläßt die lokale Produktion den Ort – und damit ein Arbeitszweig und eine Einkommensquelle.

Des weiteren wird die soziale Seite der Produktion negiert. Die die lokale Ökonomie tragenden Beziehungen werden abgelöst durch anonyme Kaufakte eines Kleidungsstückes, das zwar noch äußerlich den Regeln der zapotekischen Festgesellschaft genügt, innerlich jedoch längst anderen Gesetzmäßigkeiten gehorcht: der Idee des Konsumismus.

Ist dies nun der Punkt, an dem sich die gesellschaftliche Entwicklung auch in Juchitán der modernen industriellen Produktion angleicht? Ist hiermit der Zeitpunkt gekommen, an dem die Moderne, die Globalisierung der Produktionsweise vollzogen wird? Wie lange wird es in Juchitán noch eine lokale Ökonomie und die Trachten geben?

Prophezeiungen vom Ende der zapotekischen Kultur kursieren bereits seit den vierziger Jahren – doch bis heute ist davon wenig zu spüren: im Gegenteil. Die Kultur, die Sprache, die Verhaltensweisen, die Ökonomie sind in und durch die politischen Auseinandersetzungen am Isthmus zum Symbol der Widerständigkeit geworden, und äußere Einflüsse wurden modisch jeweils integriert. Seit es schriftliche Zeugnisse über die Zapoteken gibt, sind diese gereist und haben weit über die Region hinaus gehandelt. Ideen, Einflüsse aus allen Teilen der Welt kamen nach Juchitán und wurden integriert. Sei es die Nähmaschine, die zur neuen Mode der cadenilla führte, seien es die Spitze und der Goldbrokat oder die industriell gefertigten Stoffe und Garne – all diese Neuerungen wurden bisher integriert in das heimische System.

Dennoch ist diese Frage, hinter der sich die Vermutung verbirgt, daß sich mit der Durchsetzung neuer Technologien und der industriellen Produktionsweise auch automatisch die moderne Kultur entwickelt und durchsetzt, naheliegend. Entfremdung, Individualisierung schreiten voran, und schließlich entsteht ein System, das sich nur noch mit seinen selbstgemachten Risiken beschäftigen muß. Globalisierung und Vereinnahmung aller Verhältnisse ist die dahinterstehende Befürchtung, die angesichts der «Weltsystementwicklung» auch realistisch erscheint. Und dennoch: Vielleicht ist dieses Erklärungsmuster doch zu sehr aus einem bereits globalen, mit universellen Kategorien operierenden Weltbild geboren.

Kleidung als Produkt sozialer Beziehungen

Martha ist eine junge Frau, die gemeinsam mit ihrem Ehemann 1992 die mayordomía der «Vela Pineda» übernehmen wird. Am 3. September 1991 wird den beiden die Aufgabe übertragen, das Nachbarschaftsfest der Familie Pineda auszurichten. Sie haben spezielle Vorstellungen, die sie verwirklichen möchten. Die Tradition, das Fest auf der Straße durchzuführen, soll wiederaufgegriffen werden, und alte Gebräuche sollen wiederaufleben. Seit Jahren findet die Vela Pineda wie auch andere Nachbarschaftsfeste des reicheren Zentrums in einem Salon, einer Festhalle, statt. Es ist ein anspruchsvoller Plan, den die beiden hegen.

Zu den Aufgaben der Frau gehört, neben anderem, auch die Auswahl und Gestaltung der Galatracht, mit der sie auf dem Fest in einem Jahr erscheinen wird. Diese Auswahl ist nicht einfach. Der Stoff muß besorgt werden, die Kosten bedacht, und vor allem muß jemand das Prunkstück entwerfen, nähen und verzieren. Diese Entscheidung will gut bedacht sein. Es gibt viele Produzenten der Galatracht in Juchitán – doch nicht alle sind gleich gut, nicht alle treffen ihren Geschmack, nicht alle kennen die derzeitige Moderichtung der Tracht. Doch Martha kennt sich aus. Sie selbst hat das Sticken gelernt, sie weiß, wieviel Zeit für die Herstellung einer Traje Bordado zu veranschlagen ist, sie kennt die Preise und hat sich auch schon umgehört, wer zur Zeit richtungweisend im Entwurf ist. Eingebunden in eine alte traditionsreiche Familie Juchitáns, kann sie jederzeit ihre Schwiegermutter befragen, wenn es um Entscheidungen dieser Art geht. Doch diesmal geht sie ihre eigenen Wege.

Ich begleite sie zu dem Sticker Juchitáns, der den Ruf hat, die besten Kombinationen herzustellen. Er stellt wundervolle «dibujos» (Entwürfe) her und hat einen erlesenen Geschmack, wenn es darum geht, die verschiedenen Töne des Stickgarns miteinander zu verbinden, so daß ein brillantes Kleidungskunstwerk entsteht. Alle Anfragen jedoch kann er nicht befriedigen. Doch in diesem Falle ist der Auftrag interessant. Eine Tracht für eine mayordoma zu sticken, die dann jeder fragen wird: «Wer hat denn deine Tracht gemacht?», hebt das Ansehen.

Wie immer, wenn Besuch kommt, wird zunächst ein Getränk besorgt. Die Nachbarn grüßen, wir setzen uns um seine Hängematte, die vor dem Eingang schaukelt. Neuigkeiten werden ausgetauscht, gemeinsame Bekannte gesucht und deren derzeitige Lage ausgiebig diskutiert. Dann geht es um die Arbeit. «Du hast gerade die Tracht für die Nichte von Dora gestickt, habe ich gehört – sie soll sehr schön geworden sein», leitet Martha das Gespräch über den Zweck ihres Besuchs ein. «Zur Zeit mögen es die Leute gerne, wenn «ramas» gestickt werden, nicht wahr?» Seit Anfang der neunziger Jahre ist es beliebt, die Tracht nicht mehr über und über mit Blüten zu besticken, wie es vor allem in den sechziger Jahren der Fall war, sondern einzelne Blütenranken auf den Rock zu verteilen, so daß sie unten am Saum ein geschlossenes Blütenband bilden, das sich nach oben verjüngend in Blütenzweigen über den Rock verteilt. «Ja, viele mögen das heute, wenn die Tracht nicht mehr ganz und gar bestickt ist», bestätigt sie Isidro. «Du hast auch Blusen mit nur einzelnen Motiven bestickt, nicht wahr?», führt Martha das Gespräch über die Modeentwicklung fort. «Ja, für Cornelia zum Beispiel. Jetzt habe ich einen anderen Auftrag, weil die Leute sie gesehen haben mit ihrem Huipil, und jetzt wollen sie auch genau so ein Motiv auf ihrer Bluse haben. Es hat den Leuten gefallen.» – «Weißt du, wir werden nächstes Jahr die Vela Pineda ausrichten. Und wir werden das wunderschön machen – so wie früher. Du wirst doch bestimmt auch kommen nächstes Jahr – ich lade dich ein», fährt Martha fort. «Si dios quiere», «wenn Gott will», sagt Isidro. «Ich werde die mayordoma sein», kommt Martha zu ihrem eigentlichen Anliegen, «und brauche eine wunderschöne neue Tracht. Vielleicht kannst du mir ja helfen?» – «Vielleicht kann ich dir helfen. Aber es ist schon September, da ist nicht mehr so viel Zeit. Man muß den Stoff besorgen und ihn nähen, dann die Farben aussuchen und das Garn kaufen, das Muster entwerfen und alles noch sticken. Und es ist schon September.» – «Stoff habe ich schon, und er ist auch ganz schnell genäht, das brauchst du nicht zu tun, nur den Entwurf und die Stickerei. Aber meine Nachbarin macht auch Entwürfe – wenn du vielleicht nur die Tracht sticken willst?» – «Nein ich entwerfe selber – es gibt wunderschöne Blütenranken für eine Tracht. Schau her» – und er holt eines seiner letzten Prunkstücke hervor. «Ja, und ich mag Lilien so gerne, weiße Lilien auf Schwarz sehen so klar und brillant aus.» – «Ja, Lilien sind schön», stimmt Isidro zu. «Dann brauche ich Geld, um die Garne zu kaufen, und du mußt mir den Stoff bringen.»

Die Bestellung einer Galatracht ist ein sozialer Akt in Juchitán. Auftraggeberin und Produzent müssen sich gegenseitig kennenlernen und respektieren. Isidro arbeitet nicht für jede.

Kaufen und Verkaufen ist in Juchitán ein sozialer Akt – besonders

Martha Toledo mit Huipil Grande und Huipil Bordado (Foto: Uschi Dresing).

dann, wenn es um so kostbare und teure Produkte geht wie eine Tracht. Das Handeln will gekonnt sein, Fingerspitzengefühl und gegenseitige Bekanntheit gehören dazu. Isidro möchte das Produkt seiner Arbeit von Anfang bis zum Ende im Blick haben und kontrollieren. Es ist «sein» Produkt, und man soll es auch als solches erkennen. Er will die Frauen kennen, für die er arbeitet, er will sich vorstellen, wie sie in ihrer Galatracht aussehen, wenn er sie stickt.

Durch die soziale Seite des Kaufens und Verkaufens werden in Juchitán auch Beziehungen unter der Bevölkerung immer neu ausgehandelt. Daß der Produzent zum großen Ereignis geladen, bevor überhaupt über Geschäfte geredet wird, gehört dazu. Seine Beteiligung am gesamten Ereignis – eben nicht als anonymer Hersteller eines Kleidungsstücks – ist die Voraussetzung des Handels. Hierdurch wird die soziale Einbindung der Ökonomie in das Gesamtgefüge, die soziale Seite der Produktion deutlich. Ohne Beziehung auf der Basis gegenseitigen Respekts gibt es keinen Arbeitskontrakt. Der Auftraggeber muß sich andere Produzenten suchen – oder die Produktion gelingt schlecht.

Nicht nur die Galatracht, die gesamte Kleidungsproduktion in Juchitán ist eine lokale und soziale Produktion. Auf dem Markt können fertig genähte Kleider, Hemden, Hosen etc. gekauft werden, ebenso «enaguas» (Glockenröcke), «rabonas» (Rüschenröcke), «faldas» (moderne Röcke) und Huipiles (Blusen) jeglicher Qualität, sowie alles Zubehör (Gold- und Modeschmuck, Unterröcke, Schmuckbänder für die Haare, Kunstblumen für die Haare, Schuhe), was die Tracht zur Vervollständigung des Erscheinungsbildes benötigt.

In dem alteingesessenen Bekleidungshaus Casa del Pueblo gibt es nur wenige Fertigkleider zu kaufen, und auch Barbas, das neue Textilhaus mit Stammsitz in Oaxaca, ist auf Wäsche, Stoffe und Accessoires spezialisiert. Eine Handvoll Boutiquen runden das Bekleidungsangebot Juchitáns ab. Der mit Abstand größte Anteil der Kleidung wird aber nach wie vor genäht. Entweder versorgen die Frauen selbst ihre Familie – sofern ihre Arbeit ihnen die Zeit dazu läßt –, oder sie beauftragen die Nachbarin oder andere Bekannte, ihnen das Notwendige herzustellen. Bis heute dominiert die Produktion von Kleidung auf Bestellung, sei es moderne oder authentische Kleidung.

Körperlichkeit und Tracht der authentischen Juchiteca

Man erkennt sie von weitem – gleich in welchem Teil Mexikos man sich gerade befindet. Sie fallen auf: in ihren langen Röcken, dem bunten Huipil, an der Seite des Rocks hängt ein großes Tuch. Die langen schwarzen Haare sind zu Zöpfen geflochten, die manchmal hochgesteckt sind und manchmal mit bunten Bändern durchwoben bis weit auf den Rock herabfallen. Nie sieht man eine allein, immer sind sie in Gruppen beisammen, und meistens wird geredet, gelacht und gegessen.

Breitbeinig bewegen sie sich voran – niemals hastig, niemals in Eile. Die Füße stecken in Huarachas, den hier hergestellten Ledersandalen, oder in Gummischuhen. Auf dem Kopf transportieren sie ungeheure Körbe, die oft bis zum Rand gefüllt sind. Die stabilen Plastiktaschen baumeln am Ellenbogen. Die Armöffnung des Huipil ist eng bemessen, die Oberarme quetschen sich aus dem Stoff hervor, kräftig wie sie sind. Der Rock ist oft achtlos zusammengebunden – damit seine Länge nicht stört, wird er oben in das Taillenband hoch gesteckt, um mehr Fußfreiheit zu haben. Dann blitzt unter dem Rock der Unterrock hervor, der manchmal bis zu den Knöcheln reicht und manchmal nur bis zu den

Waden. Am Ohr einer Teca hängt immer ein Schmuckstück – meistens aus Gold, manchmal mit Steinen versehen. Um den Hals baumelt immer eine Kette – manchmal ein Amulett, häufig eine Kette aus Gold und gelegentlich aus «fantasia». Und die Haare schmückt eine Blüte – frisch gepflückt oder gerade von einer der Blumenfrauen gekauft.

Beim näheren Hinsehen fällt auf, daß die großen starken Tecas, objektiv betrachtet, ziemlich klein sind. Ich jedenfalls bin mit meinen stattlichen 1,68 m immer größer als die Frauen hier – ein eigentümliches Gefühl, das sich erst in der direkten Begegnung relativiert und meine erste Wahrnehmung als Fiktion erscheinen läßt.

Woher kommt diese Wahrnehmung?

La Presencia

«Tiene Presencia», ist eine Aussage, durch die Achtung und Respekt gezollt wird. Die Präsenz einer Juchiteca ergibt sich aus einem Konglomerat von Authentizität, Würde, der Fähigkeit, der sozialen Situation gemäß zu handeln, sich nicht verunsichern zu lassen, in jedem Moment als Person «da» zu sein und gleichzeitig die eigenen Bedürfnisse der gesellschaftlichen Erwartung gemäß zu strukturieren. Eine Frau, die über «Presencia» verfügt, ist nicht zu übersehen, sie stellt etwas dar, wird mit Respekt behandelt. Das Urteil dagegen «no tiene presencia» ist höchst abwertend und deutet auf die soziale Marginalität einer Person. Das wichtigste Moment, wodurch sich «presencia» herstellt, ist der persönliche Auftritt, die Art und Weise, wie eine Frau in ein soziales Arrangement «hineinrauscht» – dies oftmals im wörtlichen Sinne: der Tritt fest, fast stampfend, die Röcke knistern über den Unterröcken, die Spitze rauscht über den Boden.

Frau betritt die Szenerie eines Festes, stellt sich auf, in die Runde blickend, bis sie begrüßt wird und ihr ein Platz, das Essen und die unvermeidliche Flasche Bier überreicht worden ist. Die Körperhaltung ist immer aufrecht – ich kenne nicht eine Frau, die mit rundem Rücken, eingezogenen Schultern, niedergeschlagenem Blick und gebeugtem Kopf eine ihr unbekannte Szene betreten hätte. Die Tracht ist dabei nicht von der Selbstdarstellung zu trennen. In moderner Kleidung gelingt ein solcher Auftritt nicht. Es bedarf der umhüllenden Vergrößerung durch die juchitekische Frauenkleidung, um die jeweilige Präsenz deutlich darzustellen. Beim Gespräch mit vielen Frauen Juchitáns gab es auf der verbalen Ebene keine Reflexion zu diesen Zusammenhängen. Daß frau die Tracht in bestimmten Zusammenhängen trägt und in anderen manchmal nicht, ist eben eine Tatsache, die als kulturelle Selbstverständlichkeit keiner weiteren Erörterung bedarf. Nur bei den jungen Frauen, die nur zu den Galatracht-Anlässen, und auch dann manchmal nicht, die Tracht tragen, schimmern andere Werte durch, die dann rückbezüglich auch die Tracht wiederum in ihrer Bedeutung für die Präsenz erhellen.

Eli ist eine Frau von 22 Jahren. Sie ist zwei Jahre verheiratet und lebt mittlerweile getrennt. Sie versorgt ihr Kind und lebt wieder in ihrem Elternhaus. Ihre Hochzeit feierte sie im modernen weißen Brautkleid. Niemals trägt sie die authentische Kleidung Juchitáns, fragt mich jedoch fast immer wenn wir uns treffen und ich in Tracht gekleidet bin: «*Te gusta la 'nagua?*» Sie selbst trägt Jeans, kurze Röcke, Blusen, moderne Schuhe. Niemals würde sie Enagua und Huipil anziehen: «Das ist häßlich. Das tragen in Juchitán nur noch die alten Frauen», sagt sie. «Vielleicht wenn ich alt bin», beendet sie die Debatte, bei der ich versuche, weitere Argumente aus ihr herauszulocken, die ihre Abneigung begründen könnten. Auch zu den Festen geht sie nicht gern, denn «man hat nichts davon – und alle trinken immer nur».

So wie Eli denken viele junge Frauen in Juchitán – gleich aus welcher Schicht sie kommen. Eli war vor ihrer Hochzeit Hausangestellte. Doch auch bei reichen intellektuellen Frauen ist die Abneigung der authentischen, alltäglichen Kleidung weit verbreitet.

Bei Martha dagegen ist dies anders. Sie wechselte in all den Jahren chamäleonartig ihre Kleidung: von den Jeans zum Minirock, Hot pants und Kostüm, Alltagstracht und Galatracht. Ende 1992 hat sie allerdings beschlossen, keine moderne Kleidung mehr zu tragen. Und so hält sie es auch. Ob sie arbeitet, zu Hause ist, an den Strand fährt oder in eine andere Stadt – die authentische Kleidung Juchitáns begleitet sie. «Ich fühle mich wohler darin – und werde mehr akzeptiert. Wenn ich in der Tracht erscheine, haben alle sofort Respekt vor mir, ich muß nichts dafür tun.» Sie ist eine sehr schöne junge Frau, verheiratet mit einem Mann aus angesehener juchitekischer Familie. In ihr Haus kommen Besucher aus allen Teilen der Welt, und es gibt wohl wenige, die nicht von der zapotekischen Kultur zumindest beeindruckt sind. Der Spiegel von außen scheint das Eigene nochmals höher zu bewerten, als es die internen Normen und Werte vermögen.

Einen weiteren Einblick in die Verwobenheit von Presencia und Kleidung mögen meine Erfahrungen am eigenen Leibe geben.

Ich war zu einer abendlichen Hochzeit geladen und hatte an diesem Tag keine Lust, in der Festkleidung dort zu erscheinen. Im Dezember ist ganz Juchitán voll von ausgewanderten Juchitecos, die, nur um Weihnachten und Silvester hier zu verbringen, aus Los Angeles, Miami, Mexiko-Stadt und sonstwoher anreisen. Viele dieser Frauen hatten auch keine Tracht; also fühlte ich mich in diesem Falle zu «Anpassung» nicht verpflichtet und erschien im schwarzen Kostüm mit kurzem Rock. Es war eine fröhliche Hochzeit, ausschweifend, mit viel Tanz. Doch nie habe ich so deutlich die Begrenzung erlebt, die «falsche» Kleidung bedeuten kann. Zunächst einmal forderte mich niemand auf, um die «Sones», die juchitekischen Tänze, bei denen die Röcke hoch gewirbelt werden, zu tanzen. Es wäre undenkbar gewesen, mich in meinem kurzen Röckchen auf die Tanzfläche zu begeben, um die romantisch-stolzen Weisen juchitekischer Musik körperlich zu zelebrieren. Es sind die Tänze der Frauen, und überwiegend Frauenpärchen sind bei diesen Klängen auf der Tanzfläche zu sehen. Dann beim Tanzen moderner Musik, der «musica tropical», gab es auch nichts zu lachen: Ich fühlte mich in meiner Kleidung wie ein junges Mädchen und nicht als gestandene Frau. Und tatsächlich forderten mich junge Männer auf, die es ansonsten nur gewagt hätten, mich zum Tanz zu holen, wenn sie mich gekannt hätten – oder zumindest durch eines ihrer Familienmitglieder über mich informiert gewesen wären. Meine Präsenz war hier allein durch die fehlende authentische Kostümierung eine völlig andere, und ich sah die Überlegungen Königs nur bestätigt, der die Mode als soziale Institution betont und immer wieder festgestellt hat, daß sie den gesamten Menschen gestaltet (König 1985, S. 49). Die symbolischen Kommunikationsformen, die qua Kleidung konkretisiert werden, sind ein öffentlicher Akt der Dazugehörigkeit bzw. der selbstgesteuerten Ausgrenzung. All dies geschieht gewöhnlich unbewußt, ist Bestandteil von Alltagsroutinen, die hier aufgebrochen sind durch kulturelle Differenz.

Der Akt des Tragens authentischer juchitekischer Kleidung ist auch für die hier lebenden nicht-zapotekischen Frauen ein Akt ihrer Kommunikationsbereitschaft mit der ansässigen Kultur und Öffentlichkeit.

Weder Kunststoffe noch moderne Produktionstechniken, weder das Verschwinden alter Handwerkskunst wie des Webens (in Juchitán gibt es noch einen Weber) noch die Veränderung der Velas haben bisher zu einer Verringerung der sprichwörtlichen juchitekischen Stärke geführt, die eine Stärke der Frauen ist. Dies drückt sich insbesondere in ihrer Kleidung aus. Kleidung, Körperpräsenz und Persönlichkeit bilden hier ein kulturelles Ganzes, das die Eindrücke der vielen Reisenden zum Isthmus von Tehuantepec geprägt und sie veranlaßt hat, diese Gesellschaft als Matriarchat zu bezeichnen.

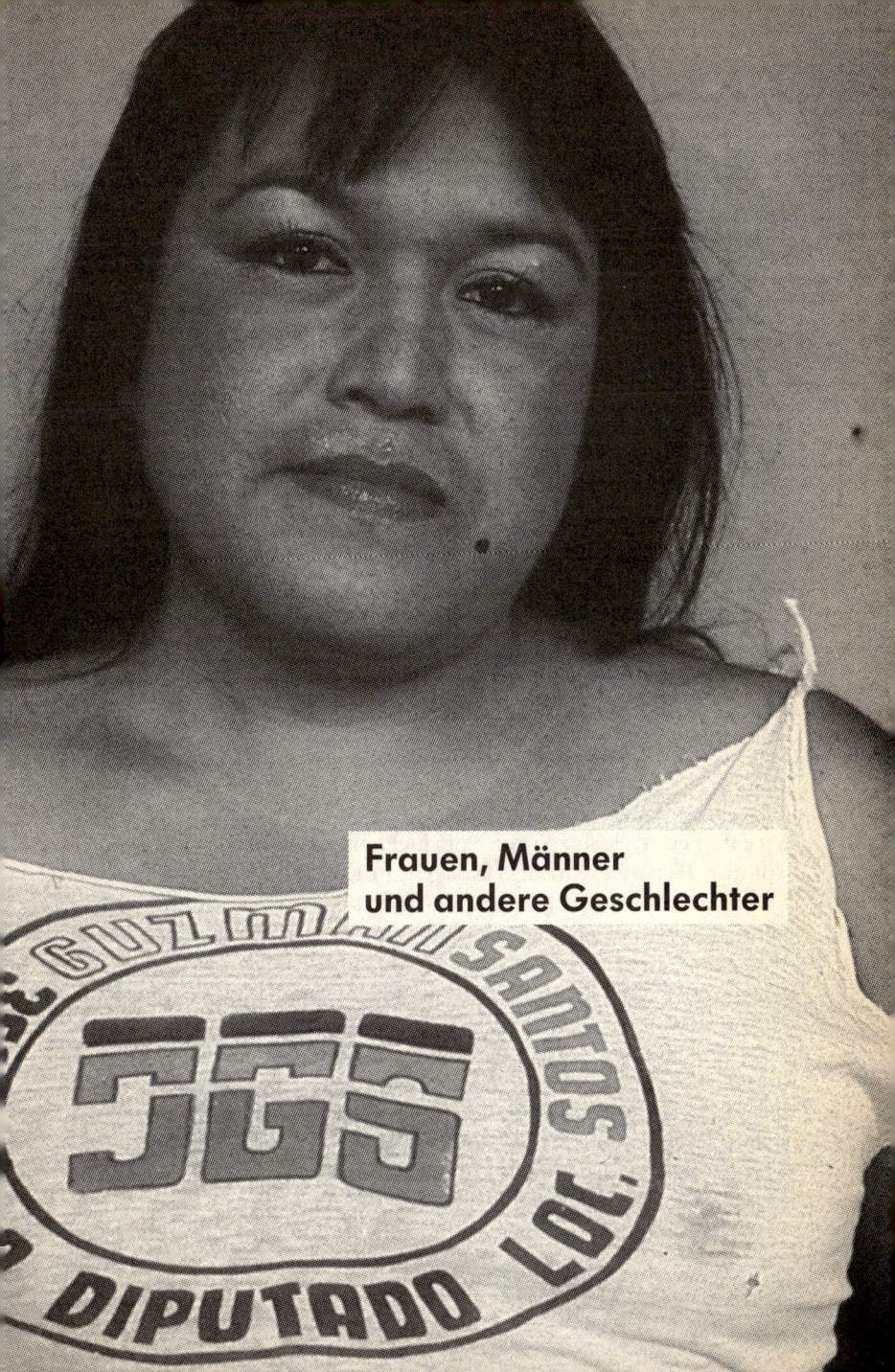

Frauen, Männer und andere Geschlechter

Juchitán kennt mehr als nur zwei Geschlechter. Nicht nur ist die Bisexualität sehr verbreitet, sondern es stehen auch andere, bei uns homosexuell definierte gesellschaftliche «Rollen» zur Verfügung, der «Muxe'» und die «Marimacha». Aber nichts ist starr in dieser Gesellschaft, nichts fügt sich einer Normierung. Der Muxe' kann auch verheiratet sein und Kinder haben und bleibt doch ein Muxe', während sein Geliebter einfach als «Mann» gilt. Die Marimacha kann wie ein Mann auftreten, dennoch gibt es auch weibliche Marimachas. In diesem Kapitel wird die Bedeutung der anderen Geschlechter in Juchitán aus einer bewußten Perspektive des interkulturellen Verstehens entziffert.

Veronika Bennholdt-Thomsen
Muxe's, das dritte Geschlecht

Auf seiner Wanderung von Süd- nach Nordamerika trug der heilige Vicente Ferrer, Schutzpatron von Juchitán, einen großen Sack voller «putos» (Schwule) auf dem Rücken. In Kolumbien, Zentralamerika und Guatemala soll er je einen von ihnen abgesetzt haben. In Juchitán aber sei der Sack gerissen. Deshalb gäbe es hier so viele. Das ist die Geschichte, die die Muxe's von Juchitán erzählen, wenn man sie fragt, warum die männliche Homosexualität hier eigentlich so sichtbar sei.

Die Muxe's haben einen gesellschaftlich akzeptierten, anerkannten Platz in Juchitán. Dies ist um so erstaunlicher, als im übrigen Mexiko mit seinem Männlichkeitsideal des «Machismo» Homosexualität fast durchgängig stark diskriminiert wird. Dieser «Abweichung» ist man sich in Juchitán voll bewußt. Lachend und mit unverhohlenen Gesten werden die Fremden auf die Muxe's aufmerksam gemacht, was in der Regel völlig überflüssig ist, denn deren Aufmachung und aufreizendes Verhalten sind nicht zu übersehen. Und wie auf viele andere Eigenheiten auch, ist man in Juchitán stolz auf diesen Unterschied. Das ungenierte Hindeuten auf die Muxe's ist Bestandteil des Verhaltenskodex der Akzeptanz. Kreischend freuen sich die Frauen über die anzüglichen Späße und Gesten der «afeminados», der sich weiblich gebenden Männer.

Auf dem nordamerikanischen Kontinent ist das Phänomen der akzeptierten männlichen Homosexualität von vielen Gruppen der nordamerikanischen Indianer bekannt. Deshalb wird sie auch häufig als «institutionalisiert» bezeichnet (Whitehead 1981; Lang 1990). Bekannt ist aus diesem Zusammenhang auch die seltsame Mischung aus anzüglicher Erotik und derben Späßen einerseits sowie der Übernahme ehrenvoller Aufgaben und würdevollem Verhalten andererseits.

Wer ist ein Muxe'?

Die Herkunft des Wortes «muxe'» (gesprochen: musche) ist nicht eindeutig zu klären. Plausibel erscheint die Meinung des jetzigen Direktors der Casa de la Cultura, Vicente Marcial, der das spanische «mujer», «Frau», als Wortwurzel ansieht. Ursulino Rueda Saynez meint, daß es vom zapotekischen Adjektiv «ängstlich» hergeleitet worden sei (Rueda Saynez 1987: 130–31).

Ich hatte bereits viele Transvestiten in den Straßen von Juchitán gesehen, als ich bei meinem ersten Besuch einer Vela feststellte, daß die Formen des Muxe'-Seins überaus vielfältig sind. Es war die «Vela Lopez» im Jahre 1983, und Miguel Lopez Lena war Gastgeber in einem doppelten Sinne. Er war Mayordomo und zugleich Besitzer des riesigen Ballsaales, des sogenannten Salon, einer großen Halle, in die er eingeladen hatte. Es war im übrigen das erste Mal, daß eine Vela im Salon stattfand und nicht auf der Straße, was viele Debatten auslöste. Miguel empfing an der Seite seiner Mutter die Gäste, die ihm freundschaftlich-respektvoll die Hand schüttelten: einem Mann, von etwa dreißig Jahren, mittelgroß, mit einer Anlage zum Fülligsein, aber noch wohlproportioniert. Von den übrigen Männern unterschied er sich lediglich durch den schweren Goldschmuck, den er um Hals, Armgelenke und an den Fingern trug. Wie bei seiner Mutter und bei vielen der Besucherinnen bestand die Kette aus dicken Goldmünzen.

Bis zu diesem Abend hatte ich die Haltung der Juchitecos gegenüber den Muxe's als besonders großherzige Toleranz verstanden. Nun mußte ich feststellen, daß meine Interpretation nur den eigenen kulturellen Mustern geschuldet war. Miguel wurde mit so viel Respekt behandelt, und er strahlte eine solch selbstverständliche, lässige Autorität aus, man begegnete ihm mit so viel unverstellter Zuvorkommenheit, daß «Toleranz» dafür ein viel zu abfällig gefärbtes Wort war. Er hatte in dieser Gesellschaft offensichtlich einen anerkannten Platz, ohne jegliche Abstriche.

Liegt es daran, daß er aus einer reichen Familie stammt und selbst wohlhabend ist? Oder liegt es daran, daß er mit Ausnahme des Schmucks und eines gewissen manierierten Verhaltens und Sprachstils nicht mit dem Kodex der männlichen Erscheinungsform bricht?

Zwei junge Männer auf dem Markt lassen mich erkennen, daß die Zusammenhänge in Juchitán grundsätzlich anderer Natur sind. Den einen erkenne ich erst nach Monaten, aufgrund der inzwischen gewonnenen Erfahrung, als Muxe'. Er ist «Fruchtverkäuferin» und trägt «enagua» und «huipil». Dieses «Mädchen» war mir schon lange aufgefallen. Es war im Vergleich zu seinen «compañeras» geradezu erbärmlich dünn, schminkte sich nicht, trug selten eine Blume, und das halblange Haar hing immer lose herunter, anstatt in Zöpfen geflochten zu sein. Alles, was ich als Antwort bekomme, als ich nach der ungewöhnlichen Kleidung des jungen Mannes frage, ist: «Dieser Junge ist sehr fleißig.» Daraus klingen große Anerkennung und Respekt. Mehr scheint es über ihn nicht zu sagen zu geben. Diese Meinung höre ich häufig über einzelne wie auch über die Muxe's insgesamt. Sie gelten als besonders arbeitsam, und zwar in den Frauendomänen. Hier steht ein Mann seine «Frau» und wird dafür anerkannt. Nicht der Geschlechtsrollenwechsel ist das Thema, sondern die gelungene oder mißlungene Erfüllung der Verpflichtungen, die man damit übernimmt. Gleichberechtigung einmal andersherum?

Der andere junge Mann auf dem Markt, den ich im Blick habe, arbeitet als «regatona», er verkauft Brot und mit kleingehacktem Fisch gefüllte Paprikaschoten, die er selbst zubereitet. Er trägt Hosen, T-Shirt und darüber eine Schürze, die langen Haare zu einem Pferdeschwanz zusammengebunden – und als Gipfel der Verwegenheit schon einmal ein buntes Stirnband. Er gluckt, ganz nach Art der Marktfrauen, immer mit den «muchachas» aus der Umgebung seines Verkaufsplatzes zusammen, ganz offensichtlich wohl gelitten und gut integriert.

Alfredo, la rubia – die Blonde

Die Achtung und der Respekt, die ihm entgegengebracht werden, sind für Alfredo ein ganz bewußtes, explizites Kriterium für sein Wohlbefinden. Er weiß, wie die anderen Muxe's auch, daß dies im übrigen Mexiko alles andere als eine Selbstverständlichkeit ist. Deshalb betont er während unserer Gespräche immer wieder, daß man ihn schätzt, achtet, liebt («Todos me aprecian, mis vecinos me aprecian, me estiman, me quieren, pues les gusta así como soy»).

Alfredo ist einunddreißig Jahre alt. Er wird «la rubia» genannt, weil er früher die Haare blond gefärbt hatte. Viele nennen ihn auch Frida. Ich erinnere mich, ihn schon früher häufiger auf Festen gesehen zu haben: sehr auffallend, sehr laut, sehr selbstdarstellerisch.

Jetzt kommt er uns im langen Rock entgegen, stark geschminkt, als Frau. Die inzwischen wieder schwarzen Haare sind kunstvoll zusammengefaßt. Ein fester Zopf schlängelt sich in der Mitte der locker geflochtenen Pracht über den Rücken. Er hat sehr breite Schultern, etwas rund, damit aber auch etwas weiblicher, schmale Hüften und die typische Rundung eines Bierbauches. Seine Bewegungen wirken künstlich. Er kopiert die aufrechte Haltung der Frauen, die die Hüften immer etwas vorschieben. Die Stimme hält er in der Schwebe, etwas kieksig, manchmal wie im Stimmbruch. Er ist eitel, stets bemüht, eine weibliche Affektiertheit herüberzubringen, die nichts mit der Deftigkeit der juchitekischen Frauen zu tun hat, sondern aus den US-amerikanischen Spielfilmen der sechziger Jahre kopiert zu sein scheint. Sie ist ihm zur zweiten Natur geworden. Er braucht täglich eineinhalb bis zwei Stunden, um sich fertigzumachen. Wortreich entschuldigt er sich, daß er einer kurzfristig ausgesprochenen Einladung nicht folgen konnte, weil sie zu spät kam und ihm keine hinreichende Zeit zum Schminken ließ. Das sagt er klipp und klar, das heißt, seine Bedingungen sind für ihn bindend, naturgegeben. Entsprechend gefestigt ist sein Selbstbewußtsein.

Alfredo erklärt seine tuntige Homosexualität damit, daß er so geboren worden sei. «Ich wurde so geboren. Ich bin so, soweit ich mich zurückerinnern kann. Mit zehn Jahren habe ich schon mit den Jungen geflirtet. Ich lebe glücklich, so wie ich bin, denn in meiner Familie straft mich niemand, niemand demütigt mich. Sie akzeptieren mich, so wie ich bin.»

Der Vater ist Goldschmied, und ich frage Alfredo, ob er nicht gewollt hätte, daß er, der einzige Sohn, ebenfalls dieses Handwerk erlerne. «Nein, denn ich habe von klein auf gezeigt, daß ich so bin, deshalb hat er sich nie dagegengestellt. Ich habe nie Männerarbeit getan. Ich betrachte mich als Frau, deshalb kann ich nichts anderes tun, das ist die reine Wahrheit. Und meine Familie betrachtet mich als Frau. Denn was immer passiert, ich kann ihnen in ihren Angelegenheiten helfen. Dann stehe ich ihnen bei, und so sehen sie mich auch.»

«Früher verkaufte meine Mama abends ‹garnachas›. Jetzt ist meine Mama tot. Vierzehn Jahre ist es her, daß meine Mama gestorben ist. Ich war immer an ihrer Seite. Wer auch immer sie fragte, dem sagte sie, daß ich ihr Sohn sei. Ja, er ist mein Sohn, sagte sie stolz, ich bin so froh, daß ich ihn habe, denn er hilft mir sehr viel, sehr viel. Und ich fühlte mich wie ein Pfau, natürlich, denn meine Mama unterstützte mich und sagte den Leuten, daß sie stolz auf mich sei. In diesen Momenten fühlte ich mich noch stärker als Frau. Ich half meiner Mama, die Hühner zu rupfen und die Soße zu rühren, die Tortillas zu backen, den Weißkohl zu schneiden und vieles anderes mehr.

Die Familie meines Vaters wie die meiner Mutter waren stolz auf mich, denn schließlich habe ich die ganze Hausarbeit gemacht. Ich habe für meine Onkel gewaschen, meine Großmutter war viel unterwegs, meine Mutter auch. So habe ich für alle gekocht, für alle gewaschen, kurz, ich war die Frau.»

Alfredo ist nur ein Jahr zur Schule gegangen. «Als ich im ersten Schuljahr war, hat der Lehrer uns Handarbeiten aufgegeben. Die Jungs sollten Figuren, Tarzan, Kaliman, zeichnen, die Mädchen sticken. Ich bat meine Mutter, mir einen Stickrahmen für Servilletten und Garn zu kaufen, denn wir würden in der Schule Handarbeiten machen. ‹Aber das ist doch etwas für Mädchen.› ‹Aber ich werde gewiß keine Männerarbeit tun, bestimmt nicht.› Dann saß ich vor der Klassentür, stickend. Als der Lehrer kam, fragte er mich: ‹Was machst du, Alfredo?› – ‹Die Arbeit, die Sie uns aufgetragen haben.› Dann der Lehrer: ‹Aber das ist keine Arbeit für dich, das ist was für Mädchen.› – ‹Aber ich kann die Arbeit, die du mir geben willst, nicht machen. Entweder mache ich das hier, oder ich gehe.› So bin ich nach Hause gegangen. ‹Warum bist du zurückgekommen›, fragte mein Vater. ‹Weil der Lehrer mich dazu bringen wollte, Männerarbeit zu tun. Aber ich will nicht.› Mein Vater wurde wütend. Aber es war nichts zu machen, ich wollte nicht. ‹Dann machst du es eben nicht. Bloß wegen dieser Arbeit werde ich dich nicht umbringen.› (No por ese trabajo te voy a matar.)»

Alfredo bleibt beim Sticken. Er geht zwar nie in die Lehre, sondern eignet sich das Wissen Stück für Stück selbst an, so daß er heute davon leben kann. Zusammen mit seiner Schwester und seinem Schwager, der Schneider ist, und deren zwei Kindern bildet er einen Haushalt. «Das Ökonomische halten wir nicht getrennt. Wir arbeiten zusammen. Unser bißchen Geld handhaben wir gemeinsam. Es reicht. Obwohl ich mit dem Sticken nicht viel verdiene, komme ich doch über die Runden. Es reicht, um das zu tun, was mein Herz mir sagt.»

Muxe's, ihre Männer und ihre Frauen

Mit Alfredo diskutiere ich, wer ein Muxe' ist. Er klärt mich darüber auf, daß nur ein Teil des homosexuellen Paares als Muxe' gilt, der andere ist schlicht ein Mann: Ein Mann, der mit einer Frau lebt, aber zugleich ein Verhältnis mit einem Muxe' eingeht, ist ein Mann. Aber es gibt auch Männer, die niemals Beziehungen mit Frauen haben, sondern in einer festen Paarbeziehung mit einem anderen Partner, mit einem Muxe', zusammenleben, die dennoch als Mann, als ‹hombre› gelten und nicht als Muxe'. Um meine Verwirrung komplett zu machen, gibt es aber auch Männer, die fest mit einer Frau zusammenleben, die verheiratet sind, Kinder haben und dennoch als Muxe' gelten.

Alfredo hat zu all diesen Lebensformen und möglichen Kombinationen von Geschlechtsidentitäten eine klare Meinung. Zum einen ist er dagegen, in einer festen Paarbeziehung mit einem Mann zu leben. «Sie leben mit dem Muxe', weil der arbeitet, und zwar für ihren Unterhalt, weil der ihnen alles gibt, was sie wollen. Ich will nicht, daß mir so etwas passiert. Und ich mag nicht mit einem Mann zusammen auf ein Fest gehen – hinterher, nach dem Fest, in der Nacht, dann schon; aber mit ihm zusammen hingehen, nein. Denn ich gehe ja auf das Fest, um mich mit meinen Freundinnen zu unterhalten, um mit ihnen zu trinken und zu tanzen. Ich mag nicht, daß mir ein Mann dann Zeichen macht, daß er an mir herumzerrt. Das gefällt mir nicht. Wenn ein Muxe' fest mit einem Mann zusammenlebt, als Ehemann, dann kann er nichts mehr unabhängig tun, nicht mehr ohne seine Erlaubnis ausgehen. Ich möchte aber frei wie eine Schwalbe sein.»

Genausowenig hält Alfredo etwas davon, daß ein Muxe' sich mit einer Frau zusammentut oder daß zwei Muxe's miteinander schlafen. «Ich verstehe nicht, warum sie das tun, ich beschimpfe sie. Wenn sie doch schon eine Frau haben, warum suchen sie dann noch nach was anderem? Einer meiner Freunde ist Muxe', er hat es mir gesagt. Lieber tot, als so was, hab ich ihm gesagt. Wie käme ich dazu, mich mit ihm hinzulegen, wenn ich doch weiß, wer er ist; wenn er das gleiche sucht wie ich. Damit er mich an der Nase herumführt? Nein. Besser, es macht ein Mann, ein wirklicher Mann, der bewirkt, daß ich mich als Frau fühle.»

Ein anderer Freund, Sidral, ebenfalls Muxe', ein anerkannter Künstler des Stickrahmens, beurteilt die wechselvollen Formen der Geschlechterbeziehungen weniger streng als Alfredo. Er erzählt mir von Carlota, Mitte Fünfzig, Muxe', der verheiratet ist und Kinder hat. Er schminke und putze sich mehr heraus als seine Frau. Wenn die beiden spät auf einem Fest erscheinen, er immer mit leuchtenden Blumen im Haar, dann sind sie unweigerlich Zielscheibe der stets gleichen Witzeleien. Er habe wohl wieder so lange gebraucht, um sich fertigzumachen, und die arme Frau hätte wohl lange warten müssen. Wenn man weiß, mit welcher Sorgfalt sich die Frauen von Juchitán für die Feste kleiden und zurechtmachen, wieviel Zeit für Schminke, Frisur und Blumengesteck notwendig ist, dann amüsiert der Spott über die scheinbar verkehrte Welt besonders. Sidral zufolge gibt es einige Muxe's, die verheiratet sind, er selbst habe nichts dagegen, und es sei auch nicht schlecht angesehen.

Sidral, der berühmte Stickereikünstler

Sidral ist sechsundfünfzig Jahre alt, relativ groß für einen Zapoteken (circa 1,70), hat schwarzgefärbte, kurze, gelockte Haare, ist wohlgebaut, ohne Bauch. Das auffallendste ist seine Körperhaltung. Schultern zurück, Hüften nach vorne, Kopf erhoben, entspricht sie dem Ideal der weiblichen Körperhaltung. Sie wirkt an ihm etwas gestelzt, aber immer noch männlich, sehr überheblich. Er trägt meist eine dunkle Sonnenbrille – weil ihm vor acht Jahren ein Glassplitter das linke Augenlid verletzt hat, so daß es etwas hängt. Er kleidet sich stets als Mann, zupft sich allerdings die Augenbrauen und zeichnet sie nach, schwärzt sich leicht den oberen und unteren Lidrand.

Ich frage Sidral, ob das Muxe'-Werden und -Sein früher anders war als heute. Er meint, es sei früher wesentlich schwerer gewesen, und erzählt von den Qualen und Strafen, die die Jungen erleiden mußten, die Anzeichen von Muxe'sein zeigten – sowohl von seiten ihrer Eltern als auch durch Beschimpfungen in der Öffentlichkeit. Heute gäbe es «demasiado Muxe's», viel mehr als früher («demasiado» heißt im zapotekischen Spanisch des Isthmus nicht «zuviel», sondern «sehr, sehr viel»). Früher hätten sie sich nicht so einfach Kleider anziehen können wie heute, was sie dann auch nicht gemacht hätten, sie hätten sich nicht so stark geschminkt. Heute ginge das alles ohne Probleme.

Ich kann das nicht so recht glauben. So wie es mir schwerfällt, zu glauben, daß die Männer früher mehr Autorität in den Familien gehabt hätten, wie Maria Ciro, Isabel und Doña Serafina behaupten. Ich habe den Eindruck, daß man die Vergangenheit nach dem Bild des konservativen, patriarchalen, zwangsheterosexuellen Musters malt, das in Schule, Kirche und Medien als nationales Ideal, als Normalfall vorgespiegelt wird. Ich glaube vielmehr, daß die Autorität des Alters wesentlich größer war – dafür gibt es viele Anzeichen –, die der alten Frauen wie der alten Männer. Ferner waren die eigenständigen, ethnischen Ausdrucksformen der matrifokalen Gesellschaftsstruktur schärfer umrissen, zeremonieller festgelegt. Heute sind die Ausdrucksformen vielfältiger geworden. Das entspricht der anwachsenden Information durch Medien und Migration. Manche jungen Muxe' wirken wie Protagonisten einer Transvestitenshow in Los Angeles, zumal, wenn sie sich für die Feste zurechtmachen.

Sidral erzählt, daß die Muxe's schon immer typische Tätigkeiten ausübten. Allem voran war und ist das Herstellen des Schmuckes für die großen Festlauben («enramadas») eine typische Aufgabe für Muxe's. Ferner sind das Sticken und vor allem das Entwerfen der Stickmuster Muxe'-Arbeit, ebenso wie die Herstellung von Süßigkeiten aus Kakao. Das heißt, daß die Eckpfeiler für die gesellschaftliche Plazierung der Muxe's in der traditionellen Sozialstruktur enthalten sind und noch heute bereitgehalten werden. Sie sind das feste Gerüst, um das herum sich durchaus vergängliche Moden und Symbole ranken können.

Vielleicht aber ist Sidrals Interpretation, daß es früher wesentlich schwieriger gewesen sei, Muxe' zu werden, schlicht persönlich gefärbt. Er wurde von seiner Mutter häufig geschlagen, aber, so sagt er selbst, mit zwanzig Jahren war sein Platz als Muxe' gesichert. Das entspricht meinen üblichen Informationen, daß das «coming out» schwierig war, daß aber danach eine soziale Rolle bereitstand. Richtiger wäre es vielleicht, von Initiation zu sprechen: Dazu gehörte, daß die autoritären Eltern prüften, ob die Muxe'-Veranlagung des Sohnes tatsächlich vorhanden war. Wenn er dieser Prüfung standhielt, dann wurde sein Anderssein ohne weitere Sanktionen akzeptiert. Umgekehrt scheint es zur Selbstbestätigung der Muxe's gehört zu haben, daß ihr Standhalten ein Beweis dafür war, daß sie als solchermaßen andere geboren worden waren. Sie sind allesamt stolz darauf, ihr «Geburtsrecht» gegen jede Art von Anfechtung verteidigt zu haben.

Sidral wollte von klein an immer nur mit Mädchen spielen, mit Puppen und Kochutensilien, statt mit dem extra geschnitzten Ochsengespann aus Holz. Mit zwölf Jahren fing er an zu sticken. Seine Mutter versuchte, ihm all dies auszutreiben. Sie badete ihn mit kaltem Wasser gerade dann, wenn der Nordwind besonders heftig blies. Sie warf eine Schüssel voll Reiskörner bei brütender Hitze in die pralle Sonne und hieß Sidral, die Körner wieder aufzusammeln. Sie schlug ihn. Das ging so lange, bis sie sah, daß er arbeitete und Geld nach Hause brachte. Dann akzeptierte sie seine Art.

Seine Mutter hatte auch eine Vermutung darüber, warum ihr Sohn als Muxe' geboren wurde. Ihre Schwester, die mit einem Muxe' verheiratet war, hatte es sehr schwer, da er faul und verschwenderisch war. Sie nähte Tag und Nacht als Schneiderin, während er das Geld ausgab und sie für die Kinder nichts zu essen hatte. Sidrals Mutter haßte ihn wegen seines Verhaltens und führte seine Verschwendungssucht auf sein Muxe'sein zurück. «Vielleicht bin ich ja deshalb ‹puto› geworden», sagt er. «Denn bei uns gilt, wer Böses über Muxe's sagt oder denkt, wird dafür bestraft.»

Sticken hat Sidral bei einer Señora aus dem Zentrum gelernt, zusammen mit Tita, einem anderen Schwulen. Er zeigt mir eine großgerahmte, kolorierte Fotografie von dem Tag, an dem er seine Ausbildung mit einem Diplom abgeschlossen hatte. Sie zeigt einen sehr hübschen, strahlenden, leicht rundlichen jungen Mann mit großen, glänzenden, erwartungsvollen Augen. Aber schon als Kind habe er etwas dazuverdient. In seiner Zeit hätten die Kinder von früh an arbeiten und verdienen müssen. «Muchachas» mußten, wenn sie nicht in die Schule gingen, als «mémé», als Kindermädchen, arbeiten. Das heißt, sie mußten rund um die Uhr für das fremde Kind, meist aus der Nachbarschaft, sorgen, die Wäsche waschen, ihm zu essen geben usw. Sidral war solch eine mémé.

Sidral lebt heute, wie Alfredo auch, nicht in einer festen Beziehung. Vielmehr liebt er die jungen Männer. Das erzählt mir Na Rosa, meine Nachbarin. Als sie eines Abends vom Markt zurückkommt, weiß sie zu berichten, daß sie meinen Freund Sidral getroffen hätte, wie so oft «auf der Pirsch» nach jungen Männern. «Nach sehr jungen Männern», fügt ein Malerfreund hinzu, der sich zu uns gesellt. Denn die jugendlichen Männer von Juchitán werden durch die Muxe's in die Sexualität eingeführt, und Sidral ist ein bekannter und geschätzter Initiator.

Zweideutigkeiten

Es ist auf Sidrals sechsundfünfzigstem Geburtstag, an dem ich eine weitere Variante des spielerischen, nach allen Seiten durchlässigen Umgangs mit der sexuellen Identität in Juchitán kennenlerne. Meine Nachbarin, Lehrerin und Geldverleiherin, jung, ausladend, wogend, bittet mich wiederholt zum Tanz. Es macht Spaß, ihre gekonnte Art zu beobachten, mit der sie sich zu den tropischen Rhythmen bewegt. Ich versuche, sie nachahmend, von ihr zu lernen. Irgendwann tauchen zwei junge Männer auf und trennen uns voneinander, ähnlich der deutschen Sitte des «Abklatschens». Schade, denke ich, aber ich weiß auch, daß es zum guten Ton gehört, sich dem neuen Tanzpartner zuzuwenden. Als dies jedoch zum dritten Mal geschieht, werde ich wütend. Mein Gegenüber, etwa dreißig Jahre alt, einen Kopf kleiner als ich, vierschrötig, durch körperliche Arbeit trainiert und muskelbepackt, blickt mich, ob meines Wutausbruches erschreckt, aber voller Verwunderung an. «Aber», sagt er, «man fühlt sich doch so wunderbar männlich, auf diese Weise mit einer Frau zu tanzen» («Pero se siente tan sabrosamente machista bailar así con una mujer»). Machista! Reizwort, Schimpfwort, was soviel heißt wie «Ich fühle mich so wunderbar mackerig». Mir reicht's. Ich setze mich hin und mag nicht mehr weitertanzen.

Chente Muxe', mein guter alter Freund, rettet die Situation und öffnet mir die Augen. Er bittet mich zum Tanz und stellt mir dann seine Freunde vor. Jener Eindringling ist sein verflossener Liebhaber. Ein «hombre» also, der aber offensichtlich nur Beziehungen mit Muxe's hat. Zur Beilegung der kulturell bedingten Mißverständnisse trinken wir je eine Flasche Bier auf das Wohl des anderen.

Nächster Akt. Die Kapelle intoniert einen Walzer, den Walzer, bei dem die befeierte Person der Reihe nach mit Verwandten und Freunden tanzt. Eine Nachbarin eröffnet den Reigen, andere lösen sie ab, bis schließlich als sechster der ältere Bruder mit Sidral zu tanzen beginnt. Die Frauen kreischen und lachen, denn seine Aktion ist völlig ungewöhnlich. Ich habe Muxe's mit Frauen und mit anderen Muxe's tanzen sehen, aber noch nie mit einem Mann. Sidral verzieht keine Miene, man merkt aber, daß er sich freut. Es ist die öffentliche, zur Schau gestellte Identifikation des älteren mit dem Muxe'-Bruder. Es ist Sidrals Geburtstag, und er soll besonders geehrt werden. Die Anwesenden verstehen das Signal, und nun reihen sich auch andere Männer als seine Tanzpartner ein. In Juchitán gibt es eben keine Regel, die nicht dazu da wäre, gebrochen zu werden.

Sich verstecken

In Juchitán gibt es keine Privatheit. Freunde, Verwandte und Nachbarn sind zu jeder Tages- und Nachtstunde willkommen, man hat immer Zeit und Raum füreinander. Entsprechend schwer ist es, eine Intimität oder gar ein intimes Geheimnis zu wahren. Auch die Liebesbeziehungen und die sexuellen Präferenzen bleiben nicht verborgen. Dennoch gibt es homophile Männer, die es vorziehen, in der Öffentlichkeit als heterosexuell zu erscheinen.

Es ist schwer, zu entscheiden, ob es sich dabei um ein Phänomen bürgerlicher Doppelmoral handelt oder ob es der weitverbreiteten Bisexualität entspricht, der unklaren Abgrenzung von Geschlechtsidentitäten. Der Umgang mit der eigenen Sexualität dürfte sich stets auf einem Kontinuum zwischen bürgerlicher Konvention und vielfältiger, statt eindeutiger Geschlechtsorientierung bewegen. Dennoch häufen sich die Fälle von versteckter «Homosexualität» im Zentrum und im Norden der Stadt, also bei der Mittel- und Oberklasse, wohingegen die Séptima (Fischer, Bauern, Tagelöhner, Handwerker, Händlerinnen) geradezu für ihre unverhohlen zur Schau getragene Homosexualität berühmt ist.

So wie es ganz unterschiedliche Lebensformen des Muxe'-Seins gibt, so gibt es auch verschiedene Formen des Sich-Versteckens. Sie werden auch unterschiedlich beurteilt. Durchgängig schlecht angesehen sind jene Muxe's, die fest mit einer Frau zusammenleben, deren sichtbares gesellschaftliches Leben heterosexuell ist, die aber heimlich homosexuelle Beziehungen pflegen. Sie gelten als feige. Angekreidet wird ihnen zumal die mangelnde Solidarität; man sagt verächtlich: «Und dann schleichen sie heimlich in die Séptima.» Alle konkreten Fälle dieser Art, die ich kenne, hatten damit zu tun, daß diese Männer lange Phasen ihrer Berufstätigkeit außerhalb von Juchitán verbrachten, wo sie ihre Homosexualität verbergen mußten. In Juchitán allerdings hätten sie sich nicht länger zu verstecken brauchen.

Ein Muxe'
und seine Mutter.

«No se descara», «er zeigt kein Gesicht», sagt man im Falle der ver-
heimlichten homophilen Orientierung. Wohingegen Achtung und Anerkennung jene genießen, deren Vorlieben durchaus vielfältig sind, deren Haltung aber eindeutig ist. So im Falle der Muxe's, die «Gesicht
zeigen» und verheiratet sind. «Se descaran», sagt Alfredo auch von
jenen Männern, die mit einem Muxe' eine feste Paarbeziehung eingehen und zusammen einen Haushalt führen.

Schlecht angesehen ist auch der «mayate», das ist der Mann, der sich
von einem Muxe' aushalten läßt. Also nicht die Tatsache, daß die beiden zusammenleben, sondern daß der eine arbeitet und für das Einkommen sorgt und der andere nicht, ist verwerflich. Das heterosexuelle
Gegenstück ist der «padrote», der faule Mann, der sich von der Frau
aushalten läßt. Ein «padrote» bemißt seine Gunst danach, ob er sich
gut oder schlecht versorgt fühlt. Umgekehrt wird die Frau ihn ohne
Essen lassen, wenn sie mit seinen sexuellen Diensten nicht zufrieden ist.
Einen ähnlichen Spannungsbogen scheint es zwischen Muxe' und
«mayate» zu geben. Interessanterweise gibt es die Figur der Frau oder

auch des Muxe', die sich aushalten lassen, dagegen nicht. Verkehrte Welt: der Mann als Sexualobjekt?

Chente Muxe', «mein» Garnelenhändler, zählt zu den angesehenen Persönlichkeiten des Ortes. Er ist ein unvergessener Mayordomo der «Vela Agosto». Auch feiert er seit Jahren seinen Geburtstag mit viel Pomp, drei Tage lang, zweimal mit Orchester, so daß Tona Perez sagt: «Er feiert seit fünf Jahren großartig seinen fünfzigsten Geburtstag, demnach ist er diesmal zweihundertfünfzig geworden.» Chente Muxe' hat jetzt einen festen Freund. Er wird von vielen als «mayate» angesehen, denn er ist erheblich jünger und täte nichts anderes als Gitarre spielen. Dennoch hält man das Arrangement der beiden für verständlich, ja sogar für sehr vernünftig. Chente habe alles dafür getan, Sozialprestige zu gewinnen, und habe sich dabei vergessen, meint Alfredo. Endlich würde er seine Bedürfnisse ausleben und das auch öffentlich manifestieren. Das sei vernünftig, denn schließlich habe er genug Geld, und was sonst solle er damit tun.

Frauen, Männer, Muxe's

Ein Erlebnis hat mir schlaglichtartig das gesellschaftliche Geflecht erhellt, das es möglich macht, daß die Muxe's bei den Zapoteken am Isthmus von Tehuantepec ihren geachteten Platz haben.

Wir waren wieder einmal zu den Huaves, den Fischern nach San Mateo del Mar gefahren. Abends, auf dem Rückweg, wurde es voll auf der Ladefläche unseres «Omnibusses». Die zapotekischen Händlerinnen kehrten heim, wohlbepackt mit getrockneten und gesalzenen Garnelen und mit trockenem Fisch. Auf dem Dach des Führerhauses hatten es sich zwei Händlerinnen und ein Muxe' bequem gemacht. Seine Geschlechtsidentität war weniger sicht- als vielmehr hörbar. Sie unterhielten sich in zapotekisch, und der junge Mann übertraf seine Begleiterinnen noch bei weitem im entzückten Gekreische, mit dem die Frauen gelungene, meist anzügliche Geschichten und Redewendungen begrüßen. Auf der Ladefläche des Wagens saßen Frauen allen Alters, neben sich kleine Kinder, die Babys im Rebozo-Schal auf dem Arm, und der eine oder andere Landarbeiter, der den Lastwagen unterwegs angehalten hatte. Mittendrin, auf den Planken stehend, unterhielten sich vier junge Männer, lauthals auf spanisch, Soldaten aus dem Norden, die über ihre zeitweilige Stationierung in diesem Drecknest am Ende der

Welt fluchten. Sie waren angetrunken. Das vollbeladene Auto schwankte bedenklich, neigte sich je nach Zustand der Sandpiste nach der einen oder anderen Seite. Schließlich konnte sich eine ältere Händlerin das waghalsige Unterfangen nicht länger mitansehen: «Setzt euch hin, ihr werdet noch herunterfallen». «Was geht Sie das an?» – «Ihr werdet euch verletzen. Wir werden euch aufheben und uns um euch kümmern müssen. Niemand wird vor der Nacht heimkehren können.» Keine Reaktion. Jetzt schaltete sich der Muxe' ein. «Habt ihr nicht gehört, was die Señora gesagt hat? Hört auf die Señora! Setzt euch hin.» Darauf wurden die Männer böse. «Du alte Fettel, halt dich da heraus, du ‹puto›, von so einer Memme wie dir lassen wir uns erst recht nichts sagen. Wir sind Soldaten. Willst du, daß wir dich gleich mitnehmen und einsperren?» – «Ha», kreischte der Muxe', «Mörder also, Leute, die das Morden lernen, und das haltet ihr wohl für besonders männlich? Betrunken seid ihr, wollt den Señoras hier zur Last fallen, wißt nicht, was sich gehört, wenn eine Señroa euch anspricht. Warum trinkt ihr soviel, wenn ihr nichts vertragen könnt, ihr Helden, ihr Machos! Das bißchen haut euch schon um. Da kann ich, der ich eine Frau bin, viel mehr vertragen.»

«Wir werden dich da vorne herunterholen und dein dreckiges Maul stopfen.» Da hielt der Muxe', durch Klopfen auf das Dach des Führerhauses, den Lastwagen an, stieg ganz gemütlich herunter und rief zu den Vieren hinauf: «So, hier bin ich zu Hause, kommt herunter, wenn ihr euch noch schlagen wollt, meine Freunde werden euch zeigen, wie das geht.» Die Soldaten stiegen nicht hinunter, das Auto fuhr weiter, und eine andere Frau sagte: «Setzt euch hin.» Sie setzten sich. Mein zehnjähriger Sohn und ich, wir hatten beide atemlos den Vorgang verfolgt. Grübelpause. Schließlich sagt er: «Veronika, muß ich auch so ein Frau-Mann werden, um so vernünftig denken zu können wie der?!»

Zur Geschichte der Homosexualität in Amerika

Die gesellschaftlich sichtbare männliche Homosexualität scheint bei fast allen Völkern des von den Europäern entdeckten amerikanischen Kontinents verbreitet gewesen zu sein. Es gibt kaum einen Chronisten der Eroberungszeit, der nicht davon zu berichten wüßte. Die Sexualität zwischen Männern, die sie meist unmittelbar mit Analverkehr gleichsetzen, galt den Spaniern als «pecado abominable», verabscheuungswürdige Sünde. Entsprechend berichteten die Konquistadoren über ihre Bemühungen, dieses schändliche Laster («vicio nefando») auszurotten, indem sie die Menschen bestraften, sie bei der Inquisition verbrannten, überall gegen die Sünde predigten und jegliche Abbildungen zerstörten (Diaz del Castillo 1988: 24, 113–116, 206, 471). Das Quellenmaterial deutet aber auch auf einen sehr widerspruchsvollen Umgang mit der Realität von Transvestitentum und Sodomie in den präkolumbianischen Gesellschaften hin.[1] Scheinbar widersprüchlich, dürften die meisten Aussagen dennoch zutreffen. Das aktuelle Material vom Isthmus von Tehuantepec deutet darauf hin, daß es sich um einen gesellschaftlich eingebauten Widerspruch handelt – eine Umgangsweise, die uns kulturell erst einmal sehr fremd ist.

Gleichsam geronnen findet sich dieser Widerspruch in der Figur des Gottes Tezcatlipoca, dessen sexuelle Exzesse, einschließlich der Homosexualität, den Niedergang des Toltekenreiches verschuldet haben sollen. Dennoch oder gerade deshalb galt er den Azteken als einer der höchsten Götter. Eine seiner vielen Funktionen bestand darin, darüber zu wachen, daß die Gebote des Fastens eingehalten wurden. Dazu gehörte auch sexuelle Abstinenz. Wurde sie nicht befolgt, so konnten verschiedene Krankheiten auftreten. Dann wurde der Gott angerufen, es wurden ihm Versprechungen gemacht, und er wurde auch beschimpft: «O Titlacáuan (Synonym für Tezcatlipoca), du Schwuchtel

---

1 Die erste Nachricht, daß man Transvestiten gesehen und von Homosexualität gehört habe, findet sich bei Cortés (1485–1547), der über die Gegend von Veracruz berichtet (10. Juli 1519; 1967: 18). Bernal del Castillo (1498–1582), einer der ersten Konquistadoren zusammen mit Cortés, berichtet über Sodomie bei den Mayas, Azteken und Huasteken (Diaz del Castillo 1988). Von gesellschaftlicher Akzeptanz, die religiös begründet sei, berichtet Las Casas von den Mayas (Las Casas 1909: 627). Von den Azteken berichtet Sahagun, daß sie Homosexualität verabscheuten (Sahagun 1956: III, 120). Ixtlilxochitl (1568–1648) berichtet aus der gleichen Gegend, dem Hochtal von Mexiko, daß Sodomie bestraft wurde, und beschreibt die körperlichen Qualen bis hin zum Tod, denen man die «Verbrecher» unterwarf. Wobei physische Peinigung bis hin zum Tod die durchaus übliche Methode des Strafens auch bei anderen Vergehen war (Ixtlilxochitl 1965: 324–325). Muñoz Camargo (1524–1614) wiederum weiß von den benachbarten Tlaxcalteken zu berichten, daß sie die Sodomiten verachteten, die Praxis aber nicht verboten haben (1892: 138). Torquemada (1557–1624) berichtet in Anlehnung an Las Casas von der Praxis der Sodomie bei den Mayas, meint aber, daß sie verboten gewesen sei (Torquemada 1969, II, 392–394).

(«puto»), machst dich lustig über mich! Warum tötest du mich nicht gleich?» (Sahagun 1956: S. 277). Ein Gott, der selbst ein Sünder ist, zugleich über menschliche Sünden richtet und den man wegen der Strafe beschimpfen kann, dieses Denken ist dem christlichen Verständnis völlig fern. Es kennt Gut oder Böse, Gebote oder Verbote, aber keine Mischung aus beidem.

Francisco Guerra, der die frühkolonialen Quellen hinsichtlich der Berichte über moralische Verirrungen und Abweichungen durchforstet hat, versucht auf dieser Basis, das, was er den «präkolumbianischen Geist» nennt, zu verstehen. Eine seiner Erklärungen, die uns helfen kann, die Figur des sündigen Gottes ebenso wie den scheinbaren Widerspruch im Verhalten zur Homosexualität zu verstehen, lautet folgendermaßen: Die Azteken kannten keine Hölle oder ewige Verdammnis. Es gab kein Transzendenzstreben, keine abstrakte, jenseitige Instanz, die hätte richten können. Entsprechend zeigten sie bei ihren beichtähnlichen Geständnissen keinerlei Reue. Das Richten blieb stets diesseitig, konkret, an die Gemeinschaft und deren soziale Kontrolle gebunden. Was sie am meisten fürchteten, war, daß ihre Vergehen bekannt und öffentlich gemacht würden. Gleichzeitig aber hatte die «Veröffentlichung» eine entlastende, läuternde Wirkung (Guerra 1971: 279).

Dieser Blick hilft, zahlreiche juchitekische Verhaltensweisen nachvollziehbar zu machen. Auch in Juchitán herrscht das Diesseits, gilt der Augenblick, man lebt die Gegenwart in ganz anderer Weise als bei uns. Das Morgen, das Leben für ein Einlösen der Hoffnungen in der Zukunft, das unsere Verhaltensweisen bestimmt, vermag bei den Zapoteken des Isthmus nicht Einzug zu halten. Dieser Haltung entspricht, daß es in Juchitán keine rigide Norm gibt, kein abstraktes Regelwerk, welches das richtige und gute Tun definiert, das allein Erlösung, Gratifikation oder Entwicklung garantieren könne. Die wichtigste Instanz für das richtige oder falsche Verhalten ist die öffentliche Meinung, die man fürchtet, ganz so wie die Azteken damals. Allerdings hat diese öffentliche Meinung ihrerseits den Vorteil, daß sie sich nicht an starren Normen orientiert, sondern, den realen, vielfältigen Verhältnissen entsprechend, selbst flexibel ist. Man spricht ständig übereinander, aber auch miteinander, deshalb kann man Verständnis für die spezielle Situation des anderen aufbringen. Nicht zuletzt dieser Umgang mit den Normen verpflichtet die Menschen aufeinander und verstärkt den gemeinschaftlichen Charakter. Guerra, Mediziner und Psychiater, weist noch auf eine andere wichtige Funktion dieser Moral, die diesseitig, gegenwartsbezogen und an die Gemeinschaft gebunden ist, hin. Es ist die therapeutische, heilende Wirkung, die Katharsis, die im Öffentlichwerden von Ereignissen und Lebensumständen liegt. Einerseits wird die Öffentlichkeit gefürchtet. Andererseits aber bleibt nichts verborgen, und deshalb geschieht der Prozeß des Öffentlichmachens, der Erleichterung und Läuterung ständig.

Im Lichte dieser Überlegungen erscheinen die Erfahrungen und Aussagen von und über Muxe's in Juchitán auch nicht mehr als widersinnig oder als falsch oder richtig. Tatsächlich ist es unter den Bedingungen eines nicht transzendenten Weltbildes und der gemeinschaftlich orientierten Moral durchaus möglich, daß die Muxe's einerseits einen gesellschaftlich anerkannten Platz und ein hohes Prestige genießen können, daß aber homophile Jungen und junge Männer andererseits verspottet und bestraft werden.

Sexualität und Rationalität

Wer homosexuell ist, hat keine Vernunft, keine «ratio» und kann deshalb versklavt werden. Auf diese Formel kann die Diskussion in Spanien über die Berechtigung der Unterwerfung der einheimischen Völkerschaften des neuentdeckten Kontinents gebracht werden. Es gab Befürworter und Gegner dieser Anschauung. Homosexualität war *das* Thema der Konquista.

Spanien hatte durch die Bulle des spanischen Papstes Alexander VI. «Inter cetera» von 1493 die Herrschaft über die Neue Welt übertragen bekommen, verbunden mit der Verpflichtung, die amerikanischen Indianer im katholischen Glauben zu unterweisen. Ihr Heidentum lieferte, wie das Heidentum der Araber in der Rekonquista, den Grund für Krieg, Eroberung und Besetzung ihres Gebietes. Diese Legitimation aber stand hinsichtlich ihrer Logik auf schwachen Beinen. Wie konnte die vorgebliche Weigerung der amerikanischen Völker, den christlichen Glauben zu übernehmen, Grund für Krieg und Eroberung sein, wenn sie bis dahin überhaupt nicht mit dem Christentum in Berührung gekommen waren, wenn sie es gar nicht kannten, wenn es ihnen gar nicht gepredigt worden war? Dies war der Hintergrund der Argumentation von Las Casas, des Verteidigers der Indios, der für eine friedliche, freiwillige Christianisierung durch Überzeugungsarbeit plädierte. Das Gegenargument, prominent vertreten durch Sepulveda, lautete kurz zusammengefaßt: Die Indios sind gar keine Menschen, denn es fehlt ihnen an Vernunft. Deshalb sei es Rechtens, sie kriegerisch zu unterwerfen. Diejenigen, die eine höhere Intelligenz haben, seien von Natur aus die Führer und Herren über die anderen; diejenigen mit mangelndem Urteilsvermögen von Natur aus Sklaven. Ein wichtiger Beweis dafür, daß die einheimischen Völkerschaften Amerikas von mangelndem Urteilsvermögen, von mangelnder «ratio» seien, war die «Sünde wider die Natur». Selbst wenn sie noch nichts vom christlichen Glauben hätten gehört haben können, so gäbe es dennoch christliche Züge in einem rein menschlichen Urteilsvermögen, die in der Natur des Menschen lägen. Würde gegen sie verstoßen, dann wären diese Wesen von Natur aus nicht vernunftbegabte Menschen, sondern eben Sklaven.

Hier können wir am Beginn der Neuzeit gleich das neue Verständnis von «Natur» an historisch richtungweisender Stelle finden. Die Natur wird definiert; sie ist nicht mehr die große, lebensspendende Unbekannte, über die die Menschen etwas in Erfahrung bringen, von der sie lernen und an die sie sich anpassen, sondern das, was sie ist, wird festgelegt. Damit ist einer der entscheidenden Schritte auf dem Weg der Entstehung und absoluten Vorherrschaft der Naturwissenschaft in den nächsten Jahrhunderten vollzogen. Man definiert in Naturgesetzen, wie die Natur vorgeblich beschaffen ist. Sie wird «rationalisiert», in der ursprünglichen, wie der modernen Bedeutung des Wortes. Die Entmystifizierung geht mit dem Verlust der Achtung vor der Natur einher, sie wird nun rational nutzbar, ausplünderbar (vgl. Merchant 1987; Fox Keller 1986).

Sepulvedas Argument, warum die Unterwerfung der einheimischen amerikanischen Völker berechtigt sei, nimmt also bereits die Denkfigur des Biologismus an, die gerade uns Frauen so bekannt ist. Moralische, kulturelle und herrschaftsbedingte Urteile werden verabsolutiert, als objektiv und universal gültig hingestellt, indem sie als «natürlich» definiert werden. Und im nächsten Schritt wird als Rechtfertigung dafür, warum die Arbeit von Frauen und Sklaven unentgeltlich getan werden muß, auf die Natur verwiesen.

Das fünfzehnte und sechzehnte Jahrhundert, die Beendigung des Mittelalters und der Anbruch der Neuzeit legten die Grundlagen der modernen Weltsicht. Der rassistische Diskurs, wie er heute in Termini von Entwicklung und Unterentwicklung fortgesetzt wird, ist ein wesentlicher Baustein in diesem Prozeß. Vor dem fünfzehnten Jahrhundert war die Welt weniger in antagonistische Rassen, sondern mehr in

«Christen» und «Ungläubige» geteilt. Mit der Eroberung Amerikas aber wird eine gesamte Rasse als niedrig, von mangelnder «ratio» stigmatisiert (vgl. Hanke 1959: IX u. X).

In derselben Zeit entsteht auch der sexistische Diskurs, der ebenso unausweichlich zum modernen Weltbild gehört wie der Rassismus. Der Frau fehle es qua Geschlecht an Urteilsvermögen. Ursache für die mangelnde Rationalität sei ihre Sexualität, die sei nämlich unersättlich, steht im Hexenhammer, dem Strafgesetzbuch für die Gerichtsverfahren gegen die Hexen (Institoris und Sprenger 1486/87, in: Becker et al. 1980). Konquista und Hexenverfolgung gehören nicht nur zeitlich zusammen, sondern sie haben auch den gleichen geistesgeschichtlichen Entstehungszusammenhang. Bindeglied ist der Diskurs über Sexualität und Rationalität. Sexualität wird als Gegensatz von Vernunft definiert, und zwar die nicht reglementierte, nicht patriarchalisch kontrollierte Sexualität. Nur eine einzige, reduzierte, gezähmte, vergewaltigte Form der Sexualität bleibt übrig, die nicht im Gegensatz zur Vernunft steht, die Fortpflanzungssexualität, die zugleich unterworfene weibliche und Zwangsheterosexualität ist.[2] Kurz, die Männerherrschaft über die Frauen ist in der Moderne eng mit der Feindseligkeit gegenüber der Homosexualität verknüpft, und beides wiederum mit der spezifischen Rationalität der Entwicklungs- und Wachstumsideologie.

Der Schluß allerdings, der nun nahe zu liegen scheint, daß zwischen institutionalisierter (also gesellschaftlich akzeptierter) Homosexualität und Matrifokalität ein Ursachenzusammenhang bestünde, ist dennoch

---

2 Die Fortpflanzungsmoral der christlichen Kirchen war ein Instrument der Kontrolle des Mannes über die Frau (Duby 1986), prägte aber auch das gesamte sexuelle Verhalten. Sexualität, die der Lust und nicht der Fortpflanzung diente, galt als Sünde. Dieser Logik gehorcht auch das Verbot der Masturbation, deren Verfolgung seit dem 18. Jahrhundert darauf gerichtet war, den Körper von einem «Lustorgan» zu einem «Leistungsorgan» umzuformen (van Ussel 1977: 39, 132). Die Frauenfeindlichkeit ist, wie schon im Hexenhammer, verbunden mit der Angst vor der weiblichen Sexualität, die als schwer zu bändigen erschien. Der heterosexuelle Akt geriet dem Manne zur Strafexpedition gegen die Frau, und männliche Homosexualität erschien als Fahnenflucht in diesem Krieg (Theweleit 1980). Dazu paßt, sozusagen als frühneuzeitlicher Beitrag, die Fixierung der spanischen Chronisten auf die Sodomie. Verachtungs- und strafwürdig gilt ihnen zum einen das Ausbrechen aus der männerbündlerischen Zwangsheterosexualität. Zum anderen wird mit «Sodomie» allgemein der Analverkehr, auch der zwischen Mann und Frau, gemeint. Eine «Sünde wider der Natur» ist sie also auch als heterosexuelle Praxis, da sie nicht der Fortpflanzung dient (Guerra 1971: 43).

verkehrt. Tatsächlich gibt es ebenso viele Formen des gesellschaftlichen Umgangs mit Homosexualität wie mit Heterosexualität. Denken wir nur an das Beispiel mancher Stämme Papua-Neuguineas, in denen eine nur männeridentifizierte, frauenfeindliche Homosexualität institutionalisiert ist (vgl. Godelier 1987).

Mit anderen Worten: Es gibt so viele Typen von Homosexualität, die wiederum von den unterschiedlichen Typen der geschlechtsspezifischen Sozialstruktur geprägt sind, daß ein Ursachenzusammenhang zwischen institutionalisierter Homosexualität und Matrifokalität in dieser allgemeinen Form nicht hergestellt werden kann. Fest steht, was man sich allerdings von vornherein schon denken kann, daß matrifokale Gesellschaften eine frauenidentifizierte männliche Homosexualität mit Transvestie institutionalisieren, und nicht eine frauenablehnende, Männlichkeit betonende Homosexualität.

Daß die institutionalisierte männliche Homosexualität in Mesoamerika[3] und bei den nordamerikanischen Indianern – mag sie nun frauenidentifiziert gewesen sein oder nicht – insgesamt durch die Kolonialisierung und die moderne Entwicklung sehr gelitten hat, ist nicht weiter verwunderlich. Schließlich ist die Gesellschaft der anstürmenden europäischen Kolonialmächte kriegerisch-patriarchalisch und zweckrational orientiert. Ein entscheidender Mechanismus dieser Herrschaft ist die frauenstrafende, aber auch männerbindende moderne Zwangsheterosexualität. Deshalb leidet die soziale Stellung der männlichen Homosexualität nicht nur unter dem Verlust des weiblichen Status, sondern es gilt auch das Umgekehrte. Der Sodomiediskurs begleitet und rechtfertigt unzählige Maßnahmen und Handlungen, die die moderne Frauenunterdrückung in der Neuen Welt etablieren.

Das dritte Geschlecht

In Juchitán wie bei den mesoamerikanischen und den nordamerikanischen Indianern ist es die Arbeit, die für die übrige Gesellschaft das Geschlecht eines Individuums definiert. Anders als bei uns, wo von Frauen in der männlichen Berufsdomäne heute noch behauptet wird, sie würden dadurch an weiblicher Anziehungskraft verlieren, werden

3 Kulturraum, der von Mittelamerika bis in die Südstaaten der heutigen USA reichte.

die Muxe's durch das Ausüben weiblicher Arbeiten in ihrer Erotik nicht neutralisiert, sondern ganz im Gegenteil sexuell definiert. In Juchitán gelten die Muxe's als besonders erotisch. Sie scheinen geradezu bemüht, in jeder Lebenslage sexuell herausfordernd zu wirken.

Auf die Frage, ob sie Mann oder Frau seien, erhält man unweigerlich die Antwort: weder das eine noch das andere, sie sind Muxe's. Ihr eigenständiger Status wird dadurch unterstrichen, daß für sie bestimmte Arbeiten gleichsam reserviert sind. Die Muxe's haben also, wie die Männer und die Frauen auch, die Möglichkeit, sich über die Arbeit eine Geschlechtsidentität zu verschaffen.

Voraussetzung für die Identifikation des Muxe' über die Arbeit ist freilich, daß die Arbeit in Juchitán nach Männer- und Frauenarbeit eingeteilt ist. Denn unter diesen Bedingungen gibt es Zwischenbereiche, die naheliegender- und idealerweise von einem «Zwischengeschlecht» besetzt werden können. Im Gegensatz zur geläufigen Anschauung, die bei uns gerade auch in der Frauenbewegung anzutreffen ist, daß die Aufhebung der geschlechtlichen Arbeitsteilung die bestehende Ungerechtigkeit gegenüber der Frauenarbeit aufheben würde, sehen wir in Juchitán, daß deren Akzentuierung befreiende Momente mit sich bringt. Nicht die geschlechtliche Arbeitsteilung an und für sich ist also das Problem – wie wir eurozentrisch anzunehmen geneigt sind –, sondern die Art und Weise, wie die Arbeit geteilt wird.

Muxe'-Arbeit in Juchitán ist die Herstellung des Papierschmuckes für die großen Feste. Dabei handelt es sich um eine künstlerische Betätigung – um eine typische Männerarbeit also, wohingegen die Feste selbst Frauensache sind. Musik, Poesie und Malerei sind Angelegenheit der Männer. Diese «luftigeren» Tätigkeiten auszuüben ist für Frauen unehrenhaft. Ihre Arbeit ist immer unmittelbar nutzbringend für das Überleben. Auch die Stickmuster der Galatracht werden häufig von Muxe's entworfen, wodurch sie in gewisser Weise ebenfalls eine Zwischenstellung (zwischen Kunst und Frauenhandwerk) einnehmen. Muxe's sind außerdem Barbesitzer («cantineras»), eigentlich eine weibliche Tätigkeit, allerdings auch einer besonderen Kategorie: Bierverkäuferinnen und Barbesitzerinnen gelten als erotisch besonders anziehende Frauen, die aus dieser Tatsache Kapital schlagen. Es paßt gut zum Bild vom erotischen Wesen des Muxe', sich genau hier zu plazieren. Darüber hinaus aber können Muxe's alle Frauenarbeiten übernehmen. Sie können dann das Prestige, das diesen Tätigkeiten als Frauentätigkeiten zukommt, noch dadurch mehren, daß sie sie besonders gut ausüben. Aber es sind nicht nur die Arbeiten, die den Mann gesellschaftlich zum Muxe' machen, sondern auch die Sexualität. So gibt es Muxe's, die bei PEMEX, der staatlichen Erdölgesellschaft, arbeiten, eine typisch männliche Tätigkeit. Viele von ihnen werden durch Eltern oder Verwandte zu männlichen Arbeiten gezwungen, wodurch sie davon abgehalten werden sollen, Muxe's zu werden. Das freilich hat noch in keinem Fall gefruchtet. Manche aber bleiben bei der erlernten männlichen Arbeit, trotz der anderen sexuellen Präferenz. Sie gelten dann dennoch ungebrochen als Muxe's.

Was, so fragte ich schließlich, macht also einen Muxe' aus. Ist es doch in erster Linie die sexuelle Praxis, wie in den modernen westlichen Gesellschaften, da Muxe's sowohl weibliche wie männliche Arbeiten tun können? Auch dies trifft nicht zu, da ja viele Männer, die mit Männern schlafen, nicht als Muxe's bezeichnet werden und da Muxe's durchaus verheiratet sein und Kinder haben können. Die Antwort lautet: Es ist das «Muxe'ische», das den Muxe' ausmacht – die Art zu gehen, zu sprechen, sich zu kleiden und zu schmücken, es sind die Gesten und die Bewegungen, es sind also die Ausdrucksformen und Verhaltensweisen von Arbeit *und* Sexualität. Es handelt sich um ein kulturelles oder subkulturelles Syndrom, in dem Tätigkeit und angeborene Natur, Arbeit und Sexualität nicht getrennt werden. Muxe's sind ein drittes Geschlecht.

Dieser eigenständige Geschlechtsstatus ist möglich, weil Mann und Frau, das Männliche und das Weibliche, ebenfalls einen eigenständigen Geschlechtsstatus mit je gesellschaftlich zugestandenem Wert haben. Diese Tatsache prägt die gesamte Gesellschaft. Die geschlechtliche Arbeitsteilung ist in Juchitán, wie bei uns, mehr als ein mechanisches Organisationsprinzip. Sie ist zugleich Produkt und Quelle der Weltanschauung. In ihr findet sich der Gegenstandsbezug der Menschen, das heißt das gesellschaftliche Naturverhältnis wieder. In Juchitán geschieht das Erschließen von Welt mit Hand und Bauch, wohingegen bei uns die Hand und die Sicht (das Auge) dominieren (vgl. Maria Mies 1983). Unser modernes Verhältnis zur äußeren und inneren Natur ist in erster Linie instrumentell, Hand und Sicht kombinierend. Es ist zugleich «männlich»: das Penetrierende, Unterwerfende, Aneignende, Erobernde. Das lebensspendende, nährende Weibliche wird hingegen nicht als menschlicher Zugang zur Natur, sondern, des Menschlichen beraubt, als Natur selbst definiert. Entsprechend ist bei uns die Sexualität aus der Ökonomie ausgeschlossen, und zwar nicht die Sexualität allgemein, sondern die weibliche und alle anderen nicht männlich, sondern weiblich definierten Formen gleich mit.

In Juchitán hingegen bedeutet Wirtschaften Aneignung von Natur mit männlichem und weiblichem Naturbezug, einschließlich der Mischform des Muxe'ischen, dem eine eigene Sexualität, also ein eigener Naturbezug, eine eigene Arbeitsweise zugestanden wird.

Der Zusammenhang jedoch ist ein noch weitreichenderer. Weil in der matrifokalen Gesellschaft Bauch, Hand und Sicht, Sexualität und Ökonomie nicht getrennt werden, gilt die lebensspendende, nährende, alltägliche Arbeit auch als produktiv. Gesellschaftlich akzeptierte, vielfältige Formen der Sexualität und Subsistenzorientierung gehören zusammen.

Christa Müller

Frauenliebe in einer frauenzentrierten Gesellschaft

Früher Abend in Juchitáns populärstem Viertel, der Séptima. Frauen, Kinder und Männer sitzen vor ihren Häusern und führen lautstarke Gespräche, Schweine liegen faul in der tiefstehenden Sonne. Auf der staubigen Straße spielen halbstarke junge Männer Fußball.

Unter ihnen die 26jährige Juana, die in ihrem verschwitzten Fußballtrikot auf uns zukommt. Eindeutig ihr Gesichtsausdruck: Sie würde lieber weiter Fußball spielen. Trotzdem bietet sie uns die beiden vom letzten Fest übriggebliebenen Klappstühle am Straßenrand an. Dann setzt sie sich erst mal selbst hin; gerade ein Stuhl bleibt übrig für uns drei Besucherinnen. Das Bild löst sofort allgemeine Heiterkeit aus; Juanas Mitspieler und die die Szene beobachtenden Nachbarn lachen lauthals über ihren mangelnden Überblick und über ihren jungenhaften Charme.

Juanas Freundin Núria, mit der sie seit einem Jahr in ihrem Elternhaus zusammenlebt, gesellt sich erst nach mehrmaliger Aufforderung zu uns. Zum Sprechen kommt sie allerdings kaum; Juana dominiert ganz eindeutig das Geschehen. Nicht nur in unserer Gegenwart, wie

Núria trocken feststellt; ihre Freundin versuche generell, «den Ehemann zu spielen». Kommt Juana gegen fünf von ihrem Job im Straßenbau nach Hause, spielt sie erst mal Fußball. Nicht selten findet das Spiel seinen Ausklang in der Kneipe, und Juana landet betrunken in der gemeinsamen Hängematte. In solchen Momenten spielt Núria mit dem Gedanken, sich von ihrer Lebensgefährtin zu trennen. Irgendwann wird sie ihre Drohung in die Tat umsetzen, so wie es alle Frauen in Juchitán tun.

Juanas Erscheinungsbild und ihr Selbstverständnis sind ebenso eindeutig wie ihre Lust am Fußballspiel. Auch in der Sprache legt sie Wert auf klare Verhältnisse: Sie spricht von sich in der männlichen Form, ihr Beruf ist «Fischer», nicht etwa «Fischerin», wie sie mich korrigiert.

Juana ist als Junge aufgewachsen. Sie hat noch nie Mädchenkleidung getragen und auch ihren 15. Geburtstag nicht gefeiert (vgl. Meneses in diesem Band). Folgerichtig verliebt sie sich mit 19 Jahren in eine Frau. Folgerichtig zumindest für sie und ihre Familie, denn Juana hat eine Tante, die auch «so» ist. Mehr Erklärung bedarf es nicht.

Juana fühlt sich in der sozialen Gemeinschaft der Männer anerkannt, wohlgemerkt als ihresgleichen, nicht als Frau. Anfangs, als sie mit Núria durch die Straßen ging, waren die beiden heftigen Anfeindungen ausgesetzt. Die jungen Männer ihres Viertels fühlten sich bemüßigt, die Frauen mit Sprüchen wie «Leih sie mir mal, du hast ja nichts für sie, sie ist für uns da» zu belästigen. Auch tätliche Angriffe mußte Juana mehr als einmal abwehren. Von alldem läßt sie sich jedoch nicht übermäßig beeindrucken, schließlich meint sie, die Motive für Übersprungshandlungen dieser Art zu kennen: «Es ist der pure Neid. Die Typen können eben einfach nicht mit Frauen umgehen.» Träfe sie nämlich einen Mann ohne seine Kumpanen auf der Straße, ergänzt Juana verächtlich, bliebe von dessen Männlichkeit nicht mehr viel übrig: «Wenn ich mir einen allein greife, sind sie keine Männer mehr. Sie heulen.»

Frauen in Männerkleidung

Als ich Juchitán Anfang 1991 erstmals besuchte, war auch ich sehr schnell gefangen von der Atmosphäre dieses Ortes, die mehr als alles andere durch die Präsenz der Frauen geprägt ist. Frauen, die lautstark, offen, lustvoll miteinander umgehen, Witze reißen, flirten, sich bei der

Arbeit vergnügen. Auffällig nicht nur, daß sie die Gesellschaft der anderen Frauen genießen, sondern auch, wie groß die Wertschätzung ist, die sie füreinander empfinden und zum Ausdruck bringen. Die Zapotekinnen wirken, insbesondere auf die europäische Betrachterin, als allererstes frauenidentifiziert. Verglichen mit der weiblichen Beziehungskultur in Juchitán muten unsere, im Kontext der Neuen Frauenbewegung mühselig wiederhergestellten Zusammenhänge geradezu kümmerlich an.

Ist also die zapotekische Gesellschaft eine nichtheterozentrische, fragte ich mich zunächst, und, welche Dimensionen frauenliebender Lebensformen sind dort bekannt? Welche Unterschiede und Gemeinsamkeiten existieren in den Lebensbedingungen lesbischer Frauen in einer westlich-modernen, heterosexistischen Gesellschaft einerseits und der kulturell eigenwilligen zapotekischen Gesellschaft andererseits? Und: Existiert dort die in fortgeschrittenen Industriestaaten gängige Kategorisierung als «sexuelle Minderheit» überhaupt?

Mit solchen und ähnlichen Fragen habe ich mich im Sommer 1991 auf die Spurensuche begeben und mit zahlreichen Frauen ausführliche Gespräche geführt sowie einen Teil ihres Alltags mit ihnen geteilt. In den Gesprächen ging es im wesentlichen um das Selbstverständnis der Juchitecas, um gesellschaftliche Akzeptanzprobleme, die Kindheit, das Verhältnis zu Eltern und FreundInnen, das «Coming-Out» sowie um ihre aktuelle ökonomisch-soziale Lebenssituation.

Auffällig erschien mir zunächst einmal, ausgerechnet in der Frauengesellschaft Juchitáns auch nicht wenige Frauen zu treffen, die sich wie Männer kleiden, wie Männer leben und die vergleichsweise unattraktive soziale Gemeinschaft der Männer suchen. Wie zum Beispiel Eva. Sie ist 49 Jahre alt und betreibt seit 21 Jahren eine Kneipe in der Séptima. Sie unterscheidet sich auf den ersten Blick nicht von einem Mann. Das faßt sie als Kompliment auf, denn genau so will sie wahrgenommen werden.

Ihre Eltern entsprechen dem Wunsch der Tochter und rufen sie «Eusebio». Ob Eusebio als Kind mit Jungen oder Mädchen gespielt hat, erinnert sie nicht, sie weiß nur, daß sie immer hart arbeiten mußte. Ihre Mutter stirbt früh. Eusebio geht nie zur Schule, hilft statt dessen gemeinsam mit ihren vier Geschwistern dem Vater bei dessen Arbeit als Tagelöhner auf den Bauernhöfen der Umgebung Juchitáns. Mit 28 Jahren wechselt Eusebio den Beruf. Sie baut einen Teil ihres Elternhauses zur Kneipe um, die sie seitdem selbständig führt.

Eusebio hat keine Identitätsprobleme. Im Alter von 14 Jahren verliebt sie sich erstmals in ein gleichaltriges Mädchen. Wie alle Pärchen der Stadt treffen sich die beiden auf dem Platz hinter der Kirche. Eines Abends «entjungfert» Eusebio ihre Freundin, wie sie ungerührt zu Protokoll gibt. Die Eltern des Mädchens melden umgehend Schadensersatz bei Eusebios Familie an. In einem heterosexuell hervorgerufenen «Notfall» hätten sie nicht anders gehandelt. Eusebio wird von ihrem Vater verprügelt, danach zahlt dieser jedoch anstandslos die geforderte Summe. Seine Tochter ist eben ein Sohn, und der lebt, für alle Beteiligten selbstverständlich, mit seiner Lebensgefährtin im Elternhaus. So wie es in Juchitán in fast allen Familien üblich ist.

Die Marimachas

Eusebio ist eine «Marimacha». So lautet die gängige Bezeichnung für Frauen, die sich mit Männern identifizieren und Frauen lieben. Marimachas wie Juana oder Eusebio weisen eine auffällig konfliktarme Biographie auf, insbesondere dann, wenn sie das Gefühl haben, als Junge und nicht als Mädchen «zur Welt gekommen» zu sein. Sie haben als Kinder lieber mit Jungen gespielt, sind womöglich bei ihrem Vater in die Lehre gegangen und verliebten sich dann – für ihre Umgebung durchaus einsehbar – irgendwann in ein anderes Mädchen.

Auch die zwanzigjährige Federica trug immer schon lieber Shorts statt Mädchenkleidung; sie liebte Jungenspiele wie Murmeln oder Baseball und weigerte sich, ihren 15. Geburtstag zu feiern. Federicas Eltern, eine Fischhändlerin und ein Angestellter, lassen die Tochter gewähren. Eine Tante unterstützt sie sogar ausdrücklich in ihren Bestrebungen und schenkt ihr Jungenkleidung. Als sie sich dann im Alter von zwölf Jahren in ein anderes Mädchen verliebt, zeigt sie sich ebensowenig überrascht wie ihre Eltern, Verwandten und Nachbarn: «Das» hätten sie immer schon gewußt, und dagegen könne man auch nichts unternehmen. Auch Federica betont, daß sie sich nie «anders» oder «seltsam» gefühlt habe, eben immer wie ein Junge.

So selbstverständlich und unproblematisch wie geschildert, verlaufen nicht alle Lebensgeschichten. Bei anderen juchitekischen Frauen ist das «Coming Out» von Gefühlen des Anders-, Verkehrt- und Isoliertseins begleitet. Frauen, die eine «normal-weibliche» Sozialisation hinter sich haben, ihren 15. Geburtstag feierten, ihre Fertigkeiten und Berufe von der Mutter oder anderen nahestehenden weiblichen Verwandten erlernten, stellen scheinbar mit viel weniger Berechtigung das heterosoziale Drehbuch in Frage. Manche Frauen, die ohne oder trotz des Wissens um ihre Gefühle Frauen gegenüber einen Mann heiraten und Kinder bekommen, müssen teilweise jahrelang kämpfen, um sich selbst und ihre erotische Präferenz anzuerkennen.

Eine von ihnen ist die 34jährige María del Carmen, die mit ihren vier Kindern, ihrer 31jährigen Freundin und deren neugeborenem Sohn in einem Ein-Zimmer-Lehmhaus in der COCEI-Colonia von Juchitán lebt. Sie verkauft in ihrem Haus Tortillas, Bonbons, Kaugummi und andere Süßigkeiten. María del Carmens Sohn und ihre Lebensgefährtin steuern regelmäßig Geld zum Lebensunterhalt der Familie bei.

María del Carmen trägt einen Männerhaarschnitt und Männerkleidung, betont allerdings, daß sie sich durchaus weiblich fühle. Mit ihrem Äußeren signalisiert sie der Umwelt lediglich, daß sie mit einer Frau zusammenlebt. In Juchitán gilt es als eine Frage der Ehre, zu der erotischen Orientierung zu stehen und sich zu erkennen zu geben. Viele der «männlichen» Frauen sind auf den ersten Blick kaum von Männern zu unterscheiden. Sie würden niemals Kleider oder Röcke tragen; das empfänden sie als heuchlerisch. Diese Frauen machen sich kulturell sichtbar, indem sie zunächst einmal an die gängigen Sehgewohnheiten anknüpfen. Der heterosozial geschulte Blick erkennt das weiblich-männliche Arrangement sofort.

María del Carmen betont wiederholt, daß sie glücklich und zufrieden mit ihrem Leben ist und keine Veranlassung sieht, sich zu verstekken. Das war nicht immer so. Im Unterschied zu der für viele Marimachas typischen Biographie ist María del Carmens Kindheit und Jugend durch eine eindeutig weibliche Sozialisation geprägt. Der Vater, ein zapotekischer Hilfsarbeiter, und ihre aus Chiapas stammende Mutter haben Schwierigkeiten, die neun Kinder zu ernähren. María del Carmen beginnt mit elf Jahren, als Dienstmädchen im Haus einer Händlerin zu arbeiten. Sie verdient wenig Geld und ist von dem Wunsch beseelt, eines Tages ihre Familie ausreichend unterstützen zu können. So läßt sie sich mit 15 von den Versprechungen eines 27jährigen Mannes verleiten, nach Mexiko-Stadt zu ziehen. Obwohl sie wenig Gefühle für den Mann aufbringt, hofft sie, mit ihm in der Hauptstadt Geld verdienen zu können. Aber auch dort findet sie neben der wenig befriedigenden Beziehung zu ihrem Mann nur eine schlechtbezahlte Arbeit als Dienstmädchen. Trotzdem bleibt María del Carmen zunächst in Mexiko-Stadt und bringt ihren Sohn zur Welt. Ihm folgen seine drei Geschwister. Nach mehrmaligen halbherzigen Versuchen, die Stadt und den Ehemann zu verlassen, zieht María del Carmen schließlich zurück in ihren Heimatort Juchitán. Der Ehemann folgt ihr; sie bemalen und verkaufen Möbel und setzen ihre mittlerweile zerrüttete Beziehung fort.

In dieser Zeit verliebt sich María del Carmen erstmals in eine Frau. Aber auch dieses Ereignis verstärkt ihr Unglücklichsein. Sie schämt sich ihrer Gefühle, die sie als «unnatürlich» empfindet. Als schließlich der Ehemann von ihrer Affäre mit der ebenfalls verheirateten Frau Wind bekommt, verprügelt er sie und alarmiert die Verwandten.

María del Carmen beginnt zu trinken. In den Kneipen lernt sie Frauen kennen und hat verschiedene Affären. Mit einigen Frauen lebt sie eine Zeitlang in ihrem Elternhaus – ihre Familie nimmt die Frauenbeziehungen mittlerweile hin –, ist jedoch noch nicht in der Lage, ihre Gefühle zu akzeptieren. Die Frauen verlassen sie in der Regel nach kurzer Zeit, weil sie exzessiv trinkt. Sie verspürt eine innere Unruhe, sie weiß nicht, «wer sie ist».

María del Carmen beginnt, sich männlich zu kleiden, und nimmt eine Arbeit in der Maisernte an. Diese Tätigkeit ist eindeutig geschlechtlich kodiert, die Arbeit gilt als typische, schwere Männerarbeit. Sie verbringt viel Zeit mit ihren männlichen Arbeitskollegen, trinkt mit ihnen und beteiligt sich an Gesprächen über Frauen, als sei sie selbst ein Mann. Auf der Suche nach einem neuen Selbstverständnis wird für sie die Imitation der männlichen Rolle eine Zeitlang identitätsstiftend. In dem Maße, in dem sie lernt, ihre Gefühle Frauen gegenüber zu akzeptieren, werden ihre Vorstellungen eigenständiger, und sie distanziert sich von den Männern. Als ich María del Carmen begegne, arbeitet sie wieder in einem weiblichen Beruf, als Tortillera.

Irritation der zweigeschlechtlichen Norm

Im Zusammenhang mit ihrem «Coming Out» berichten mehrere Frauen von negativen Reaktionen seitens der Angehörigen, bis hin zu wütenden Attacken betrogener Ehemänner oder Verlobter. Manche Familien sind wenig begeistert von der erotischen Präferenz ihrer Töchter, aber man arrangiert sich, so daß die Ängste vor Stigmatisierung und sozialer Isolation, die viele Frauen zunächst bei der Entdeckung ihrer Gefühle empfinden, sich in den allermeisten Fällen als gegenstandslos erweisen.

Eine wirkliche Marginalisierung im Sinne eines Ausschlusses aus der

Gesellschaft wäre in Juchitán schon aufgrund der nicht vollzogenen Trennung von öffentlich und privat auch kaum denkbar. Die sozial-ökonomischen Netze familiärer, nachbarlicher und freundschaftlicher Bindung sind dermaßen eng geknüpft, daß so schnell niemand durchfallen kann. Anhaltend krasse Formen materieller wie immaterieller Ächtung existieren, bilden jedoch die Ausnahme.

Dennoch würde ich die juchitekische Gesellschaft insofern als heterozentrisch charakterisieren, als sie in bezug auf die sexuellen Beziehungen das gegengeschlechtliche Modell eindeutig favorisiert und auch die gleichgeschlechtlichen Arrangements nach dem heterosexuellen Muster zu organisieren sucht. Ohne Ausnahme herrscht bei allen Frauenpaaren, die ich in Juchitán kennengelernt habe, eine mehr oder weniger stark ausgeprägte «Rollenverteilung» vor, eine Frau übernimmt die Rolle des «Mannes», die andere die der «Frau». Dieses Spiel (mit-)zuspielen erscheint als eine Möglichkeit, sich in das bipolare System des «Männlichen» und des «Weiblichen» einzufügen.

Folgerichtig gilt nur eine der beiden Frauen, die Marimacha, als «lesbisch», während es der anderen, der als bisexuell bezeichneten «Mujer», aufgrund ihrer eindeutigen Zugehörigkeit zum weiblichen Geschlecht offensteht, mit einem Mann oder mit einer Marimacha zu leben: Die Frau gehört, wenn auch nicht im alltäglichen Leben, so doch in der Sexualität, zum Mann; wahlweise zum «Fraumann». Anders ausgedrückt: Lebt eine Frau mit einer anderen Frau, so ist sie entweder keine Frau oder nicht lesbisch.

«So bin ich – na und?»

Das Identifikationsangebot, das die heutige Gesellschaft Juchitáns der lesbischen Frau macht, erinnert in gewisser Weise an die Erfindung der «virilen Frau» zu Beginn des europäischen 20. Jahrhunderts. Die Konstruktion «des Homosexuellen» durch die westliche Sexualwissenschaft einerseits und durch die zapotekische Gesellschaft andererseits beinhaltet allerdings ganz unterschiedliche Implikationen. In Europa steht die Erfindung «des Homosexuellen» unter dem Vorzeichen, Sexualität kategorisieren, biologisieren und pathologisieren zu wollen.

Die Auswirkungen dieser neuen Sicht des Sexuellen sind ambivalent. Es geht nicht mehr um diffamiertes und verbotenes Verhalten, sondern um abnormes, aber angeborenes, also nicht schuldhaftes Sein (vgl. Illich 1983). Viele Homosexuelle fanden die Theorien attraktiv und entlastend; die Sexualforschung wurde von ihnen unterstützt und (mit-) betrieben, wie zum Beispiel im Berliner Magnus-Hirschfeld-Institut.

Auch in Juchitán gehört das «Así soy» («So bin ich eben») zum alltäglichen Selbstdarstellungsrepertoire von Marimachas und Muxe's. Aber das «So bin ich, da kann man nichts machen» kommt keineswegs resignativ, leisetretend oder um Entschuldigung heischend daher. Es ist zumeist begleitet von einem provokanten «Y qué?» (Ja und?) und erhält dadurch den Charakter eines trotzigen Aufstampfens: «So bin ich, und genau aus diesem Grund werde ich mich auch nicht ändern können, und wer das nicht begreifen will, der läßt es einfach.»

Muxe's und Marimachas können sich dieses gelassene Verhältnis zur (menschlichen) Natur, auf das ihr «Así soy» verweist, getrost leisten. In Juchitán nimmt man noch hin, daß die Natur die einen «so», die anderen «anders» ausstattet. Bedrohlich ist das für die «anderen» schon deshalb nicht, weil die Natur den Zapoteken grundsätzlich als freundlich gesinnt erscheint und daher nicht «bekämpft» werden muß. Den westlichen Homosexuellen des 20. Jahrhunderts dagegen haben ihre Beteuerungen, sie seien «so geboren», nichts genutzt, sie sind ihnen sogar, zum Beispiel während der nationalsozialistischen Herrschaft, zum Verhängnis geworden. Von «Natur aus» so oder so zu sein verheißt in der überindustrialisierten Gesellschaft nichts Gutes.

Die Vorstellungen in Juchitán knüpfen an die traditionelle Konzeption des möglichen Geschlechtsübertritts an, die fast allen nordamerikanischen Völkern geläufig war, obwohl sie heute von europäisch-christlichen Einflüssen überlagert sind. Dort repräsentiert das «Dritte» eher das Grenzgängertum zwischen den beiden anderen, es herrscht nicht die rigide Zweigeschlechtlichkeit der Moderne.

Die Irritationen, die Marimachas und Muxe's hinsichtlich der Alltagstheorie der Zweigeschlechtlichkeit auslösen, werden nicht als existentiell bedrohlich wahrgenommen. Zwar wird auch hier der Griff zur «Männlichkeit» mehr noch als umgekehrt die Imitation von «Weiblichkeit» als absonderlich, auch ein bißchen als lächerlich empfunden, insgesamt aber ist der Umgang mit dem Geschlechtsrollenwechsel erstaunlich gelassen. Es scheint, als sei den Juchitecos der Gedanke, daß es sich bei Weiblichkeit und Männlichkeit letztlich um Inszenierungen handelt und daß ein Geschlechtswechsel eben vorkommt, vertraut. Daß dann die heterosexuellen (aber auch die homosexuellen) Beteiligten doch noch versuchen, die abweichenden Personen ins heterosexuell inszenierte Leben zu integrieren, tut dem selbstbewußten Umgang mit Homosexualität keinen Abbruch.

Ein Mann, der als Frau leben möchte, zieht einen Rock an, schminkt sich und bestickt Blusen; schon ist er eine Frau. Eine Frau, die als Mann leben möchte, zieht den Rock aus, schneidet sich die Haare kurz und läuft breitbeinig durch den Ort: schon ist sie ein Mann. Im Alltag, wohlgemerkt, und am hellichten Tage, nicht lediglich im künstlichen Schummerlicht von Subkultur und Showbühnen.

Homosexualität als bürgerliche Zwangsidentität

Um zu präzisieren, wo genau die Unterschiede zwischen Homosexualität und Geschlechtswechsel in Juchitán und in der modernen Gesellschaft liegen, ist es hilfreich, erneut einen kurzen historischen Rückblick auf die Entdeckung «der Homosexualität» durch die Moderne zu halten.

In Europa etabliert sich die Kategorie «Lesbe» («Lesbierin») mit der Ende des 19. Jahrhunderts entstehenden und sich rasch konsolidierenden Sexualwissenschaft. Die leidenschaftlichen Beziehungen bürgerlicher Frauen, die bis dato unbesehen als «keusch» und akzeptabel gelten, werden genau in dem Moment sexualisiert – und das heißt als «lesbisch» diskreditiert –, in dem einige Frauen eine gewisse ökonomische Eigenständigkeit erlangen. Sie könnten den Wunsch, mit der Freundin gemeinsam zu leben, realisieren: «Zum ersten Mal wurde die Liebe zwischen Frauen zu einer Gefahr für sie soziale Struktur» (Faderman 1990: 258, vgl. Smith Rosenberg 1981).

Zusehends schwindet die Akzeptanz gegenüber den alten, frauenidentifizierten Lebensformen. Heterosexualität wird nach und nach zu einer Zwangsinstitution, die die «erotischen Gefühle zwischen Frauen in Schweigen erstickt» (Adrienne Rich). Mit fortschreitender Modernisierung von Gesellschaft lassen sich Frauen mehr und mehr voneinander trennen. Die Etikettierung «lesbisch» dient zur Stigmatisierung nicht konformen, nicht (mehr) normalen Verhaltens. Frauen sehen sich gezwungen, ihre Sexualität als abgespaltenen Teil ihrer gesamten emotional-ökonomischen Existenz zu definieren. Das lesbische Selbstverständnis entsteht also analog zur heterosexuellen Identität von Frauen als Zwangsidentität.

Im 20. Jahrhundert sind Liebe, Erotik und Sexualität endgültig zwangsheterosexualisiert und nur noch in der Kombination Frau/ Mann denk- und vorstellbar. Frauen beginnen, sich auf den Mann als den wichtigsten Menschen in ihrem Leben zu beziehen (vgl. Brauck-mann 1983, Palzkill 1990).

Dies ist in Juchitán keineswegs der Fall. Die erotische Anziehung und Spannung spielt in den Beziehungen der Frauen untereinander eine un-übersehbare, eine spürbare Rolle. Sich als Frau auf Frauen zu beziehen ist das Normalste von der Welt.

Widersprüche sind, wie schon erwähnt, ohnehin symptomatisch für Juchitán. Neben vorkolumbianischen Lebensformen und zapoteki-schem Eigensinn existieren das High-Tech-Zeitalter mit TV und Video ebenso wie ein hispanisch-katholischer Einfluß und eine unübersehbare Anzahl puritanischer Evangelistensekten US-amerikanischer Herkunft. Nicht zuletzt aufgrund der gegensätzlichen wie wechselseitigen Beeinflussung von matriarchalen und patriarchalen Elementen und Tendenzen ist es zumindest problematisch, von einer einheitlich zapotekischen oder gar traditionellen Kultur zu sprechen. Gerade die Integrationsfähigkeit ist ja das wesentliche Merkmal der heutigen zapotekischen Gesellschaft.

Ökonomische Implikationen
gleichgeschlechtlicher Beziehungen
Frauenliebende Frauen leben in Juchitán oft, Muxe's fast immer, gemeinsam mit Eltern, Geschwistern und deren jeweiligem Anhang im Haus der Familie. Auch wenn das enge Zusammenleben nicht immer vor Diskriminierung und Bekehrungsversuchen schützt, gibt es sowohl in ökonomischer als auch in sozial-moralischer Hinsicht große Verpflichtungen, die familiäre Gemeinschaft aufrechtzuerhalten. Die Freundin der Tochter wird in fast allen Fällen über kurz oder lang als Familienmitglied anerkannt, so daß es nicht ungewöhnlich ist, wenn eine Frau in Anwesenheit der Mutter und Geschwister die Lebensgefährtin breit grinsend als ihre «Ehefrau» vorstellt.

Die ökonomischen Implikationen homosexueller Lebensgemeinschaften, also konkret die ökonomisch-sozialen Absprachen und Verbindlichkeiten, lassen sich von denen gemischtgeschlechtlicher (Ehe-) Paare in der Regel nicht unterscheiden. Die Beziehungen sind durch eine Lebens- und Arbeitsgemeinschaft geprägt, in die beide Frauen die Früchte ihrer Arbeit, sei es als Händlerin, Handelsreisende, Fischerin, Taxifahrerin, Lohnarbeiterin, Hängemattenknüpferin, Dienstmädchen, Stickerin, Barfrau oder Getränkeverkäuferin einbringen.

Vielleicht ist es ausgerechnet die Orientierung an heterosozialen

Normen des Zusammenlebens, die es der Gesellschaft ermöglicht, homosexuelle Beziehungen in ihren sozialen und ökonomischen Implikationen wahr- und ernst zu nehmen. In Juchitán sind Beziehungen von Frauen gesellschaftlich existent, sie haben öffentlichen Charakter. So ist beispielsweise in María del Carmens Viertel niemandem verborgen geblieben, daß sie mit einer Frau zusammenlebt. Kaum jemand würde jedoch aus diesem Grund die Tortillas nicht mehr bei ihr kaufen wollen. Die sogenannte sexuelle Orientierung ist in Juchitán selten Grund für Schikane, auch müßte keine Frau befürchten, ihre Kinder zu verlieren. Ebensowenig käme jemand auf die Idee, Frauen den Zugang zu Männerberufen zu verwehren; sie müssen lediglich eindeutig «männliche» Verhaltensweisen an den Tag legen. Ein deutlicher Hinweis darauf, daß der aktiven und damit veränderlichen Praxis größeres Gewicht beigemessen wird als festgefügten, statischen Normen, die verbindlich definieren wollen, wie jemand zu sein hat.

Das Ernstnehmen gleichgeschlechtlicher Beziehungen kann auch bedeuten, daß sich im drohenden Trennungsfall die Familien beider Beteiligten über das ökonomische Erbe der zerrütteten Beziehung verständigen. Als Rosa und Adela, die gemeinsam in einem eigenen Haus leben, sich einmal so zerstritten hatten, daß letztere ankündigte, zu ihren Eltern zurückzugehen, trafen sich sogleich Abgesandte beider Familien, um über den Wert und die Aufteilung der in die Lebensgemeinschaft eingebrachten und in ihr erwirtschafteten Güter zu verhandeln. Einen Tag später fand dann allerdings die Versöhnung statt.

Das höhere Sozialprestige der Muxe's

Auffällig ist, daß Muxe's ein deutlich höheres Sozialprestige besitzen als Marimachas. Dieses Phänomen könnte mit Blick auf patriarchale Einflüsse in der juchitekischen Gesellschaft so interpretiert werden, daß Muxe's, zumindest im biologischen Sinne, Männer sind. Mit Blick auf matriarchale Traditionen würde sich ihr besserer Stand daraus erklären, daß ihnen Anerkennung für den Wunsch gezollt wird, als Frau in der Frauengemeinschaft leben und arbeiten zu wollen, schließlich genießen Frauen in Juchitán eine Wertschätzung, von der westliche Frauen trotz (oder wegen) aller emanzipatorischen Erfolge Lichtjahre entfernt sind. Nicht zuletzt die für Muxe's real vorhandenen sozialen und materiellen Bedingungen für ein Leben als Frau sprächen für letztere Interpretation.

Den als «Mann» lebenden Frauen fehlt im Vergleich zu den Muxe's ein ihnen zugeordneter ökonomischer Bereich, sie verfügen nicht über eigene Arbeitsfelder oder gar Handwerkszweige, die traditionell von ihnen besetzt würden. Vielmehr arbeiten die Frauen, die sich mit Männern identifizieren, häufig in modernen, lohnarbeitsorientierten, abhängigen und oftmals sehr harten Arbeitsverhältnissen als Fabrik-, Straßen- oder Hilfsarbeiter.

Des weiteren sind Marimachas – ähnlich wie Männer – weniger stark in die maßgeblich von Frauen getragene Sozialordnung eingebunden und von daher eher modernen, patriarchalen Interpretationen ausgesetzt. Ohne Zweifel gilt für Juchitán: Muxe's setzen einfach auf das bessere Pferd. Nicht nur, daß sie als Basis für ihr Leben hochangesehene Handwerksbereiche gewählt haben und ihrem «Nachwuchs», falls der nicht bei den eigenen Müttern in die Lehre gegangen ist, auch Ausbildungsmöglichkeiten verschaffen können. Muxe's bewegen sich innerhalb der kulturellen Vorgaben der alten ökonomischen Gemeinschaft, während Marimachas in vielen Fällen das brüchige Konzept der «patriarchalen Kleinfamilie mit oder ohne Kinder», kombiniert mit abhängiger Lohnarbeit der Frauengemeinschaft «vorzuziehen» scheinen.

Hier ließe sich auch eine Erklärung für das zunächst seltsam anmutende Phänomen finden, warum die sich männlich imaginierenden Frauen ausgerechnet in dem Moment ihren Platz in der Frauengesellschaft – nicht vollständig, aber doch zum Teil – verlieren, in dem sie sich in eine Frau verlieben. Schließlich ist es in den Fortschrittsgesellschaften des Westens umgekehrt: Sucht eine Frau weibliche Lebens- und Arbeitszusammenhänge, muß sie fast zwangsläufig ihre heterosexuelle und -soziale Orientierung zur Disposition stellen. Entscheidet sich eine juchitekische Frau gegen ein heterosexuell geprägtes Leben, stellt sie damit zunächst einmal auch ihre sozialen Bezüge innerhalb der Frauengemeinschaft in Frage. Heterosexuelle und heterosoziale Lebensweisen sind demnach in Juchitán zwei völlig unterschiedliche Erscheinungen. Eine Beziehung zu einem Mann reißt die Zapotekin nicht aus der Frauengemeinschaft heraus; die Frauen im Westen dagegen liefern sich mit einer Männerbeziehung tendenziell immer auch einer männlich geprägten Gesellschaft aus, die keine starken Frauenzusammenhänge duldet: Heterosexualität und Heterosozialität sind in der modernen Gesellschaft untrennbar miteinander verbunden.

Geschlechtsrollenfetischismus?

Auch in juchitekischen Frauenbeziehungen bestimmt, je nach Intensität der Identifikation mit Männern, die geschlechtliche Arbeitsteilung den Alltag. Marimachas gehen mit Vorliebe davon aus, daß ihre Frauen die Hausarbeit zu verrichten haben. Die eigene Zuständigkeit sehen sie unter anderem darin – und hier übernehmen sie im Gegenzug eine positive männlich-juchitekische Tradition – die ökonomische Unabhängigkeit der Lebensgefährtin zu stärken.

So erwirtschaftet die 21jährige Teresa in den fünf Jahren ihres Zusammenlebens mit einer Barbesitzerin einen beträchtlichen Wohlstand. Am Anfang der Beziehung geht Teresa ihrer Arbeit in einer Eisfabrik nach, danach verdient sie ihr Geld als Prostituierte in der Bar ihrer Lebensgefährtin. Die Barbesitzerin mißbilligt Teresas Beschäftigung zwar, verhindert sie aber auch nicht. Im Gegenteil: Teresa erhält neben Essen und Kleidung regelmäßig Geld- und Schmuckgeschenke von ihrer Geliebten.

Das Spiel mit den Geschlechterrollen birgt die Gefahr, zum Geschlechtsrollenfetischismus zu werden. Nicht selten impliziert «Mann-Sein» bei den juchitekischen Marimachas, mit anderen Männern zu trinken, viel unterwegs zu sein, die sozialen Kontakte der Freundin jedoch zu kontrollieren, von ihr zu verlangen, im Haus zu bleiben und möglichst auch dort zu arbeiten. Kurz, es bedeutet, in gewisser Weise machistischer als die Männer zu sein. Die Wurzeln vieler Beziehungsprobleme der Frauen, die um Alkoholkonsum, Eifersucht und die Einschränkung von Freiheit kreisen, schienen mir jedenfalls in diesem Geschlechter-Arrangement zu liegen (vgl. Jeffreys 1991).

Konflikte dieser Art werfen ein bezeichnendes Licht sowohl auf den Zustand der Geschlechterbeziehungen als auch auf die gesellschaftlichen Impulse, die in Juchitán von den Männern (der jüngeren Generationen) ausgehen. Das Macho-Gehabe vieler Marimachas sagt möglicherweise weniger über diese Frauen selbst aus, als vielmehr über die Männer, die ihnen gesellschaftliches Vorbild sind. Zumindest wäre es nicht uninteressant, der Frage nachzugehen, ob «Männlichkeit» in der heutigen Realität der Frauengesellschaft Juchitáns tendenziell synonym mit der Orientierung an modernen, patriarchalen Werten ist, ob und wie also junge Männer als aktive Träger gesellschaftlicher Modernisierungsprozesse fungieren, gegen die sich die Frauen bislang äußerst vehement und bewußt zur Wehr gesetzt haben.

Die soziale Nichteingebundenheit der Marimacha und die anfänglichen Identitätsprobleme der Mujer sowie die gesellschaftlich initiierte Aufforderung zum Rollenspiel wären womöglich aus dem Blickwinkel der westlichen Frauenbewegung Anlaß genug, zum Kampf gegen heterosexistische Strukturen in der juchitekischen Gesellschaft aufzurufen. Gleichzeitig hätten Frauen wie Juana, Eusebio oder Federica im Westen keine Chance; sowohl die fortgeschrittene bürgerliche Gesellschaft als auch die Subkultur der Frauenbewegung würde sie belächeln und möglicherweise verachten. Eine Frau, die wie ein Mann sein will, irritiert auch das Auge der Feministin.

Hier aber gibt es diese Frauen, und sie sehen keinen Anlaß zur Rebellion. María del Carmen, Juana und Eusebio identifizieren sich mit der Gesellschaft, in der sie leben, sie wollen dazugehören, sich in der Kultur ihres Volkes verorten und sind nicht daran interessiert, einen Aufstand anzuzetteln. Gegen wen auch, würden sie vielleicht fragen: Schließlich ist die juchitekische Gesellschaft keine zwangsheterosexuelle Gesellschaft. Sie räumt Frauen, neben all dem, was sie ihnen ohnehin zu bieten hat, sowohl das Recht auf (fragwürdige) männliche Privilegien als auch auf homosexuelle Beziehungen ein; sie ermöglicht es einer Frau, zu wählen, ob sie lieber «Frau» oder lieber «Mann» sein will, auch wenn sie dann heterosexuelles Sozialverhalten erwartet.

Gerade weil Frauen in Juchitán weder ökonomisch noch emotional von Männern abhängig sind, bleibt die Integration der Homosexualität in das heterozentrische Weltbild vom Standpunkt der Gesellschaft aus betrachtet eine Notwendigkeit. Ganz offensichtlich bewirkt Homosexualität eine Verunsicherung, die in Juchitán nicht verdrängt, sondern integriert und damit natürlich auch entschärft wird.

Heterosexualität als soziales Ordnungssystem von Gesellschaft (geschlechtliche Arbeitsteilung) ist nur möglich oder macht nur Sinn, wenn Frauen und Männer sich unterscheiden, erfordert also die Konstituierung des «Männlichen» und des «Weiblichen». Männlichkeit und Weiblichkeit sind modelliert um den jeweils verschiedenen Beitrag der Geschlechter zur generativen Reproduktion. Insofern stellen homosexuelle Beziehungen womöglich tendenziell immer die Geschlechterordnung in Frage, zumindest jedoch die Vorstellung dessen, was männlich und was weiblich ist.

Die Inszenierung von Marimacha und Mujer verweist zwar einerseits auf die Dominanz der heterosexuellen Vorgabe; die Tatsache aber, daß ein Geschlechts(rollen)wechsel grundsätzlich möglich und zudem vergleichsweise unproblematisch ist, deutet andererseits auf die Egalität in den Beziehungen von Frau und Mann hin. Dies könnte bedeuten, daß Heterozentrismus nicht zwangsläufig der Hierarchisierung der Geschlechter dient, sondern viel mehr generell – und neutraler – ihrer Konstituierung. In diesem Zusammenhang ist ebenso vorstellbar, daß Homosexualität der Konstituierung beziehungsweise der Definition von Frau und Mann dienen kann (vgl. Roscoe 1991). Schließlich ist es nicht die heterosexuelle Partnerwahl, welche die die Moderne kennzeichnende hierarchische Polarität der Geschlechter schafft; vielmehr organisiert die hierarchische Polarisierung der Geschlechter die heterosexuellen Beziehungen als Zwangsverbindungen.

Die Akzeptanz homosexuellen Lebens hingegen belegt immer auch einen souveränen Umgang mit Geschlechtlichkeit und ist Voraussetzung für eine gesellschaftlich geachtete Stellung der Frau. Klare Vorstellungen davon, was weiblich und was männlich ist, müssen nicht Einengung bedeuten, sondern können im Gegenteil dem Spiel mit der Geschlechtlichkeit Vorschub leisten. Vielleicht gibt es sogar einen Zusammenhang zwischen liberal gehandhabter Zweigeschlechtlichkeit und der sozialen Existenz von zwei Geschlechtern, dies im Unterschied zur modernen Gesellschaft, die im Grunde eingeschlechtlich organisiert ist.

Zu guter Letzt

Wir waren ausgezogen, um zu erfahren, wie es anders gehen kann, heutzutage, für Frauen, mit mehr Menschlichkeit in den gesellschaftlichen Beziehungen, ohne Mangel und Armut. So hatte Juchitán bei der ersten Begegnung auf uns gewirkt, und der Eindruck hat sich durch die Forschung bestätigt. Obwohl Juchitán kein Modell ist – was nicht oft genug wiederholt werden kann –, vermag es uns dennoch ein anderes Verständnis von moderner Ökonomie zu vermitteln. Und ein anderer Ökonomiebegriff tut not. Diese Einsicht ist nicht neu, aber der Weg zur Umsetzung scheint besonders schwierig. Er ist in der industrietechnischen Kultur mit hartnäckigen Denkverboten verbarrikadiert. Nicht zuletzt anhand von Juchitán vermag deutlich zu werden, daß es sich um herrschaftssichernde, nämlich die Herrschaft des Mannes sichernde Denkverbote handelt.

Veronika Bennholdt-Thomsen

Plädoyer für ein Ende der Männerwirtschaft

Eine der am weitesten verbreiteten und am wenigsten bezweifelten Annahmen über die moderne Marktwirtschaft betrifft die Zwangsläufigkeit der Durchsetzung ihrer Gesetze. Wachstum, technologische Erneuerung und globale Expansion werden als unabdingbar angesehen, anders – bei Strafe des ökonomischen Ruins von einzelnen, Gruppen und Nationen – sei Wirtschaften in unserer Epoche nicht möglich. Es ist dieser – nahezu religiöse – Glaubenssatz, der eine andere ökonomische Theorie und Praxis wirkungsvoll verhindert. Die Verhältnisse in Juchitán jedoch widersprechen dieser Annahme. Zwar herrschen alle Bedingungen der modernen Marktwirtschaft, dennoch haben sich ihre zentralen Mechanismen der Konkurrenz, zumal des Niederkonkurrierens und Monopolisierens, der Akkumulation und der Abstraktheit des Geldes nicht durchgesetzt. Sie aber gehören sonst zu den erwähnten eisernen Gesetzen, sozusagen als alltägliche, notwendige Disposition, um das große Wachstumsziel erreichen zu können.

Wenn ich die Tatsache, daß die Juchiteken anders mit der modernen Ökonomie umgehen, zum Anlaß nehme, Grundannahmen über die freie Marktwirtschaft zu kritisieren, dann betrachte ich das Leben in Juchitan nicht als die kuriose, exotische Ausnahme von der Regel, sondern vertrete vielmehr die Überzeugung, daß es, wenn auch besonders auffällig, nur die angenommene Regelhaftigkeit selbst in Frage stellt. Dabei gehe ich davon aus, daß die Unsitte, reale Verhältnisse als Ausnahme zu deklarieren, grundsätzlich eher dazu dient, sich der Wirklichkeit zu verschließen, als sie zu analysieren. Außerdem bin ich davon überzeugt, daß es der für die Maximierungswirtschaft voreingenommene Blick selbst ist, der verhindert, daß zahlreiche, ihren Grundannahmen widersprechende Verhältnisse erkannt werden. Zur kritischen Revision aber gibt es Anlaß genug.

Für die Industrieländer beschreibt Polanyi, wie sich die Vorstellung, daß die Ökonomie die Gesellschaft bestimme und nicht umgekehrt, im Laufe des 19. Jahrhunderts endgültig durchsetzte. Er nennt diesen Prozeß «Great Transformation», die große weltgeschichtliche Umwälzung des ökonomischen Denkens und Handelns. Niemals zuvor «in der Geschichte der menschlichen Gesellschaftsformen» sei «das Gewinnstreben in den Rang einer Rechtfertigung des Tuns und Verhaltens im Alltagsleben gehoben» worden. «Das System des selbstregulierenden Marktes war eindeutig von diesem Prinzip abgeleitet» (Polanyi 1977 [1957]: 50). Mit anderen Worten, individuelles, rücksichtsloses, nur utilitaristisches wirtschaftliches Verhalten gilt nun als Voraussetzung für den «Reichtum der Nationen» (Adam Smith 1776). Und umgekehrt: Wenn man den Gesetzen der sich selbst regulierenden Marktwirtschaft gehorcht, dann – und nur dann – geht es allen, wie dem einzelnen, gut.

Für die Unausrottbarkeit dieser Idee ist entscheidend, daß sich der Glaube an die Zwangsläufigkeit der Gesetze der Marktwirtschaft nicht nur in der Wissenschaft, der Politik und den Konzernen, sondern auch in den Köpfen der Mehrheit der Menschen in den Industrieländern festgesetzt hat. Es ist diese breite Zustimmung, die gleichsam spontan, emotional jene Denkverbote produziert, die daran hindern, den Zusammenhang von Wachstum und wachsender Not, Umweltzerstörung und Verrohung der Moral zur Kenntnis zu nehmen und eine andere Konzeption von Wirtschaft zu entwerfen.

Für die Mehrheit in den überindustrialisierten Ländern und die Ober- und Mittelschichten im Süden ist evident, daß sich ihre Zustimmung aus dem Vorteil nährt, den sie aus dem herrschenden Weltwirtschaftssystem ziehen. Andererseits macht sich aber in den Industriezentren angesichts wachsender Probleme auch ein Unbehagen an der Wirtschaftsweise breit, das sich nichtsdestotrotz immer wieder unfähig oder nicht willens zeigt, anderes zu konzipieren. Die Sicht von der Eigengesetzlichkeit der Ökonomie oder, anders ausgedrückt, der Abtrennung und Selbständigkeit der Ökonomie gegenüber Gesellschaft und Kultur ist offensichtlich eine sozialpsychisch tief verankerte (Un-)Moral.

Wie sich der ökonomisch zweckrational gepolte Sozialcharakter des modernen Menschen über die Jahrhunderte hinweg herstellte, ist von einigen Autoren, von verschiedenen Aspekten her glänzend analysiert worden. Foucault beschreibt, wie der Zwang zu nicht selbstbestimmter, zu nicht an den eigenen, lebensnotwendigen Bedürfnissen orientierter Arbeit von außen in das Innere des Menschen verlagert wird. Die Körper fügen sich der Zeitdressur und setzen sie dann aus eigener, innerer Notwendigkeit fort, ein Vorgang, den er so treffend «Mikrophysik der Macht» nennt (Foucault 1977).

Albert O. Hirschman zeichnet die geistesgeschichtliche Entwicklung nach, in deren Verlauf die bis dahin moralisch verwerfliche Leidenschaft der Habgier erst die verzeihlichste, da verständlichste Untugend wird und dann zur moralisch akzeptablen Verhaltensweise avanciert. Schließlich entsteht daraus das nachvollziehbare, jedem menschlichen Wesen angeborene, ökonomische Interesse des Homo oekonomicus von Adam Smith. Im französischen Wort für Zinsen, «intérêts», ist die beschriebene Entwicklung noch präsent (Hirschman 1980).

Elias zeigt anhand der Geschichte der Einführung von Messer und Gabel, wie die Menschen durch «die Verfeinerung der Sitten», vermittelt über die Distanz zu den Dingen, Distanz zueinander schaffen. So hält die Abstraktheit in die zwischenmenschlichen Beziehungen Einzug, so daß sich der Geld- und Warentausch überhaupt erst zur dominanten gesellschaftlichen Verkehrsform verallgemeinern kann (Elias 1980).

McClelland, ein herausragender Entwicklungsideologe, empfiehlt besondere Erziehungsmaßnahmen, um den Menschen in den unterentwickelten Ländern die skizzierten Verhaltensweisen, die er Leistungsmotivation nennt, beizubringen, damit sie aus der Unterentwicklung herauskämen. Empfehlungen dieser Art wurden tatsächlich in die Schulerziehungsprogramme zahlreicher Länder aufgenommen; einer der Gründe, warum in Mexiko jedes Dorf, zumal jede indianische Gemeinschaft, über einen Basketballplatz verfügt. Die Jugendlichen sollen dadurch Konkurrenzgeist lernen.

Ein Aspekt allerdings bleibt in diesen und ähnlichen Untersuchungen konsequent ausgeblendet: die Rolle, die die Arbeitsteilung und das gesellschaftliche Machtgefälle zwischen Mann und Frau in diesem Prozeß spielen. Es ist genau dieser geschlechtsspezifische Aspekt, der beim Nachdenken über Ökonomie und die ökonomisch handelnden Subjekte tabu ist.

Die «Great Transformation» besteht in Wirklichkeit nämlich darin, daß das hierarchische Geschlechterverhältnis sowohl in die Funktionsweise der Wirtschaft selbst – hier Hausfrau, da Brotverdiener – eingebaut worden ist als auch das legitimatorische Rückgrat ihrer gesamten Abläufe ist. Insofern würde ein ernsthafter Versuch, den herrschenden Ökonomiebegriff zu ersetzen, nicht nur bedeuten, die Geschlechterhierarchie in Frage zu stellen, sondern das ganze Gebäude des ökonomischen Wertesystems zu untergraben, allen voran den Fetisch seiner geheimnisvollen Eigengesetzlichkeit zu stürzen.

Polanyi nennt die Ursache, wie es historisch dazu kommen konnte. Die Natur war ihrer Natürlichkeit beraubt worden und zum kalkulierten Produktionsfaktor geworden. Jetzt werde dem Markt Natürlichkeit zugesprochen, so als seien seine Mechanismen dem menschlichen Einfluß entzogen, eben von Natur aus gegeben.

Dieses ideologische Arrangement ist an die symbolische wie reale Geschlechterordnung gebunden. Die Naturgesetzlichkeit, die der Ökonomie zugeschrieben wird, gilt als unerbittlich, was Härte und Rücksichtslosigkeit erfordere. Hintergrund dazu ist der Prozeß, in dem uns «die Natur zur Feindin» gemacht wurde und in dessen Gefolge sich die Vorstellung, daß der Lebensunterhalt durch den bewaffneten Kampf des Mannes als Jäger errungen werden müsse, hergestellt hat (vgl. Mies 1983 und 1986). So etabliert sich das kriegerische Verständnis von Ökonomie, die dem Mann reserviert bleibt, weil er von seiner Biologie her besser für die aggressiven Auseinandersetzungen gerüstet ist. Komplementär dazu wird der Frau das, was nicht als Ökonomie gelten soll, ihrer Biologie gemäß zugeschrieben, beziehungsweise dem, was sie tut, kein oder nur geringer ökonomischer Wert beigemessen.

Auf diese Weise werden die Ausgrenzung der Frau und die wirtschaftliche Barbarei im selben Atemzug legitimiert. Die Entökonomisierung der Frauenarbeit ist deshalb sozialpsychisch gesehen ein essentiell notwendiger Bestandteil der Rechtfertigung der herrschenden Wirtschaftsweise. Das Gute, Schöne und Weiche der Gesellschaft wird somit nicht ausradiert, sondern delegiert, ist damit aber vorhanden. Die eigene Gesellschaftsformation im ganzen als unmenschlich zu erklären, scheint auch in der Moderne nicht möglich. Und getilgt wird die Sünde durch einen erzwungenen Ablaß: Die Unmoral des wirtschaftlichen Handelns wird durch die Geschlechterhierarchie scheinbar aufgewogen.

So knüpfen sich gleichsam die Fäden zwischen großer ökonomischer Theorie und Politik einerseits und individueller alltäglicher Motivation andererseits. Das Geheimnis der Machart allerdings, die beides bestimmt, wird im Allerheiligsten jeden Patriarchats verwahrt. Das Tabu der Industriegesellschaft schlechthin ist die natürliche Fruchtbarkeit, die nicht nur in unserer, sondern anscheinend in allen Kulturen mit der weiblichen, mütterlichen Fruchtbarkeit identifiziert wird. Sie muß fortgesetzt geleugnet werden, um die Fiktion der industriellen Produktivität aufrechterhalten zu können.

Im Gegensatz dazu macht die matriarchal geprägte Kultur- und Gesellschaftsordnung in Juchitán, daß Männer und Frauen andere Werte verinnerlichen, die ihr wirtschaftliches und insgesamt gesellschaftliches Handeln prägen. Der hohe Status der Frau, der mit der Mutterzentriertheit verbunden ist, unterstützt die Beharrung jener Elemente, die eine Verselbständigung der wirtschaftlichen Bereicherung gegenüber den sozialen Verpflichtungen verhindern. Die Wertschätzung der Frauenarbeit schützt vor der Mißachtung des Sorgens für die Kinder, der Lebensmittel, insgesamt der Subsistenzproduktion. Deshalb auch findet der Prozeß der Hausfrauisierung nicht statt: Der Frau wird das Sich-Kümmern um die alltägliche Subsistenz nicht als unentgoltene, biologisch begründete Arbeitspflicht zugewiesen, noch wird die übrige Frauenarbeit in diesem entwertenden, verbilligenden Licht gesehen. Außerdem werden die Juchitecas durch das matriarchale Wertesystem davor geschützt, aus dem Handel vertrieben zu werden, denn es prägt die Tauschverhältnisse selbst. So als wüßten sie um die Gefahren für die eigene Position, verhindern die Händlerinnen durch ihre Verhaltensweisen, daß die Tauschverhältnisse unpersönlich und vom sozialen Zusammenhang abstrahiert, beliebig werden, kurz, daß die Ökonomie zum Schlachtfeld würde, auf dem sie die ersten Opfer wären.

Eine andere Sicht der Ökonomie eröffnet auch andere Perspektiven politischen Handelns. Bei uns geht die Anschauung vom Primat der Ökonomie mit einer Überbetonung der Macht des gesellschaftlichen Systems gegenüber den Individuen einher. Verloren ist die Unmittelbarkeit des Handelns und eine Moral der alltäglichen persönlichen Verantwortung. Aber wie in Juchitán ist die Ökonomie auch unter industriellen, marktwirtschaftlichen Bedingungen in die Gesellschaft «eingebettet». Die vorgebliche Eigengesetzlichkeit wird durch die alltägliche Tat aller Gesellschaftsmitglieder produziert. Nicht zuletzt deshalb eröffnet sich im postsozialistischen Zeitalter eine reale Perspektive der Veränderung jenseits der gescheiterten und frustrierenden revolutionären Umwälzungsideen. Die Erfahrung von Juchitán ist dafür lehrreich, weil sie zeigt, daß andere kulturelle und soziale «Fäden» das ökonomische Webmuster anders gestalten. Auch am Ende des 20. Jahrhunderts ist das Ende der Männerwirtschaft möglich.

Glossar

Atole	warmes Getränk aus gemahlendem Mais
Blandita	weiche Maistortilla
Botanas	kleine Gerichte zum Bier
Butaca	in Juchitán hergestellter bequemer und luftiger Holzstuhl
Cadenilla	zur Verzierung mit der Maschine benähte Trachten
Callejones	Gassen und Pfade
Camarones	Garnelen
Cantina	Kneipe
Cash crops	Anbau von Feldfrüchten für den Verkauf
Cerveza	Bier
Cheguigo	Stadtteil Juchitáns auf der anderen Seite des Flusses
Chimalapas	bergige Regenwaldzone in der Nähe von Juchitán
COCEI	linke Arbeiter-, Bauern- u. Studentenpartei Juchitáns
Colonia	Stadtteil auf Land, das von der COCEI durch Landbesetzung für die Bewohner Juchitáns gewonnen wurde
Compadre, commadre	Pate, Patin
Compadrazgo	System der Patenschaften
Compañeras	Arbeitskolleginnen am Markt
Denguefieber	Tropenkrankheit mit vielen Krankheitsbildern, von der man lange etwas hat
Enagua	Rock der traditionellen Kleidung
Distrito de Riego	Gebiet mit Bewässerungskanälen
Ejido(land)	staatliches Land, das Bauern zur Nutzung übereignet wird (Besitzform)
Enramada	aus Palmblättern geknüpftes Schattendach
Fantasía	Modeschmuck
Foro Ecológico	Zusammenschluß von Männern und Frauen in Juchitán zur Lösung von Umweltproblemen
Garnachera	Köchinnen eines Hühner-, Fleisch- und Kartoffelgerichtes der Region
Guie'chaachi	Zapotek. «Flor de Mayo», Maiblüte
Guzá'ana	Zapotek. Weibliches Mitglied des Festkomitees
Hacienda	traditioneller Großgrundbesitz
Holan	weißer Spitzenvolant am Saum des Festrocks
Horchata	Getränk aus mit Zimt gemahlenem Reis
Huaves	benachbarte Ethnie
Huipil	Bluse der traditionellen Kleidung
Isthmus von Tehuantepec	pazifische Seite der Landenge auf der Juchitán liegt
Laguna superior	größte Salzwasserlagune Mexikos, die den Feldern Juchitáns vorgelagert ist
Lavada de olla	Kehraus

Limosna	Geldspende für das Fest
Marimacha	sich männlich gebende Frau
Marquesote	Biskuitkuchen aus Reismehl
Mayordomos	Hauptverantwortliche für ein Fest
Mezcal	mexikanischer Agavenschnaps
Milpa	Landparzelle, meist für den Maisanbau
Mixes	benachbarte Ethnie
Mujer	Frau. Weiblicher Part in der lesbischen Beziehung
Muxe'	sich weiblich gebender Mann
Na	ehrende Vorsilbe für die ältere Frau
Nixtamal	gemahlener, mit Kalk gekochter Mais
Pachanga	Sause, Fete, Fest am Nachmittag
PRI	Regierungspartei Mexikos, die sich mit allen Mitteln der Macht zur Einheitspartei macht
Puto	Schwuler
Rabona	trad. festlicher Rock mit Rüsche
Rebozo	Schultertuch
Regatona	Wiederverkäuferin, nicht selbst Herstellerin
Río de los Perros	Der Fluß, der Juchitán in zwei Hälften teilt
Salina Cruz	Hafenstadt am Pazifik, Erdölraffinerien
San Francisco del Mar	Ort der Huaves am östlichen Ufer der Laguna Superior
San Mateo del Mar	Ort der Huaves zwischen der Laguna Superior und dem offenen Meer im Süden von Juchitán
Sección	Stadtteil. Es gibt acht davon in Juchitán
Sociedad	Gesellschaft; hier: Organisationskomitee einer Vela
Son	traditioneller Tanz
Tamales	Maispasteten, die süß oder salzig mit Fleisch, Huhn oder Leguan gefüllt sind
Tecas und Tecos	Abkürzung von Juchitecas/Juchitecos
Tehuantepec	Nachbarstadt Juchitáns, nach der die Gegend benannt ist (Isthmus von Tehuantepec)
Totopo	knusprig gebackene Tortilla
Tortilla	Maisfladen
Tortilla al Horno	Maisfladen aus dem Ofen
Vela	großes Nachbarschaftsfest
Xhuanas	Zapotek. männliches Mitglied des Festkomitees
Zapalote Chico	Maissorte, die nur auf dem Isthmus von Tehuantepec gedeiht

Literatur

Abardía, M. Francisco; Leticia Reina, 1990, *Cien años de rebelión*, in: Romero Frizzi, Ma. de los Angeles (Hg.), 1990, S. 435−493

Adam, Barry D., 1986, *Age, Structure and Sexuality: Reflections on the Anthropological Evidence in Homosexual Relations*, in: Evelyn Blackwood (ed), 1986, S. 19−33

Alvarez Santaló, C.; M. J. Buxó; S. Rodriguez Becerra (ed), 1989, *La Religiosidad Popular I−III*, Editorial Anthropos, Barcelona

amnesty international, 1986, *Mexiko, Menschenrechte in ländlichen Gebieten*, London

Arbeitsgruppe Bielefelder Entwicklungssoziologen (ed), 1979, *Subsistenzproduktion und Akkumulation*, Verlag Breitenbach, Saarbrücken

Arellanas, Anselmo; José Luz Ornelas Lopez; Jaime Segura et al, 1988, *Historia de la cuestión agraria mexicana. Estado de Oaxaca*, Bd. II, Juan Pablo Editor, Mexiko

Ayuntamiento de Juchitán, 1989, *Programa de ordenamiento territorial para Juchitán*, Casa de la cultura, Juchitán

Ball, Hugh C.; Donald L. Brockington, 1978, *Trade and Travel in Prehispanic Oaxaca*, in: Thomas A. Lee jr.; Carlos Navarrete (ed), 1978, S. 107−114

Barabas, Alicia, 1968, *Rebeliones e insurrecciones indígenas en Oaxaca: la trayectoria historica de la resistencia etnica*, in: A. Barabas; M. Bartolomé, Etnicidad y pluralismo cultural: la dinamica etnica en Oaxaca

Barabas, Alicia; Miguel Bartolomé, 1984, *El rey Chong-Hoy. Tradición mesianica y privación social entre los Mixes de Oaxaca. Colección de Investigaciónes Sociales*, Centro Regional de Oaxaca, Instituto Nacional de Anthropología e Historia

Barlow, R. H. (ed), 1945, *Dos relaciones antiguas del pueblo de Cuilapa, estado de Oaxaca*, in: Tlalocan, 2, S. 18−28, Mexiko

Beilón, Moises J., o. J., *Coyote atrapa a conejo: Poder regional y lucha popular − el desconocimiento del ayuntamiento de Juchitán en 1983. Cuadernos de Investigación Social 15*, UNAM/México D. F.

Béjar Navarro, Raul, 1979, *El mexicano. Aspectos culturales y psicosociales*, UNAM, México

Bennholdt-Thomsen, Veronika, 1982, *Bauern in Mexiko. Zwischen Subsistenz- und Warenproduktion*, Campus, Frankfurt a. M.

Dies., 1983, *Zur Bestimmung der geschlechtlichen Arbeitsteilung im Kapitalismus*, in: Claudia von Werlhof; Marlis Mies; Veronika Bennholdt-Thomsen, Frauen, die letzte Kolonie, Rowohlt, Reinbek, S. 194−212

Dies., 1987, *Die Ökologiefrage ist eine Frauenfrage. Zum Zusammenhang von Umweltzerstörung, Kapitalakkumulation und Frauenverachtung*, in: Beiträge zur feministischen Theorie und Praxis, 10. Jg., Heft 19, S. 29−42

Dies., 1989, *Die «Würde der Frau» ist kein Überbauphänomen. Zum Zusammenhang von Geschlecht, Natur und Geld*, in: Beiträge zur feministischen Theorie und Praxis, Jg. 12, Heft 24, S. 119−132

Dies., 1991, *Gegenseitigkeit statt sozialer Gerechtigkeit. Zur Kritik der kulturellen*

Ahnungslosigkeit im modernen Patriarchat, in: Brigitte Hauser-Schäublin, ed., 1991, S. 282–305

Binswanger, Hans Christoph, 1985, *Geld und Magie. Deutung und Kritik moderner Wirtschaft anhand von Goethes Faust*, Edition Weitbrecht, Stuttgart

Blackwood, Evelyn (ed), 1986, *The Many Faces of Homosexuality. Anthropological Approaches to Homosexual Behavior*, Harrington Park Press, New York London

Blanton, Richard E., 1983, *Factors Underlying the Origin and Evolution of Market Systems*, in: Ortiz Sutti (ed), 1983, S. 51–66

Bloch, Ernst, 1961, *Naturrecht und menschliche Würde*, Gesamtausgabe Bd. 6, Suhrkamp, Frankfurt

Brauckmann, Jutta, 1981, *Weiblichkeit, Männlichkeit und Antihomosexualität. Zur Situation der lesbischen Frau*, Bremen

Dies., 1983, *Die vergessene Wirklichkeit. Männer und Frauen im weiblichen Leben*, Münster

Brasseur, Charles, 1984, *Viaje por el stmo de Tehuantepec 1859–1860*, Fondo de Cultura Económica, Mexiko

Burgoa, Fr. Francisco de, 1934, *Geográfica Descripción*, Bd. II, Publicaciones del Archivo General de la Nación XXVI, Mexiko

Caro Baroja, Julio, 1979, *La estación de amor (Fiestas populares de mayo a San Juan)*, Taurus, Madrid

Carrasco, Pedro, 1983, *Some theoretical considerations about the role of the market in ancient Mexico*, in: Ortiz, Sutti (ed), 1983, S. 67–82

Camargnani, Marcello, 1988, *El regreso de los dioses. El proceso de reconstitución de la indentidad étnica en Oaxaca. Siglos XVII y XVIII*, Fondo de Cultura Económica, Mexiko

Campbell, Howard Blaine, 1991, *Zapotec ethnic politics and the politics of culture in Juchitán, Oaxaca (1350–1990)*, University of Wisconsin-Madison

Campbell, Howard; Leigh Binford; Miguel Bartolomé; Alicia Barabas (ed), 1993, *Zapotec Struggles. Histories, Politics, and Representations from Juchitán, Oaxaca*, Smithsonian Institution Press, Washington–London

Chant, Sylvia, 1991, *Women and survival in Mexican cities. Perspectives on gender, labour, markets and low-income households*, Manchester University Press, Manchester–New York

Chiñas, Beverly, 1983 (1973), *The Isthmus Zapotecs. Women's Roles in Cultural Context*, Waveland Press, Prospect Heights, Ill.

Dies., 1987, *Matrifocality: The Essence of Isthmus Zapotec Culture*, Dept. of Anthropology, California State University Chico, Ms.

Dies., 1988, *Isthmus Zapotec Attitudes Towards Third Gender and Homosexual Behavior*, Dept. of Anthropology, California State University Chico, Ms.

Córdova, Juan Fray de, 1987 (1578), *Vocabvlario en Lengva Capoteca*, Ediciones Toledo, SEP, INAH, Mexiko

Corona, Rodolfo, 1979, *Cuantificación del nivel de la mortalidad en Oaxaca, 1970*, Centro de Sociología, Universidad Autónoma «Benito Juárez» de Oaxaca, Oaxaca

Covarrubias, Miguel, 1961 (Erstausgabe 1946), *El Sur de México*, Instituto Nacional Indigenista, Mexiko

Cruz, Victor de la, 1984, *Los cientificos sociales frente a Juchitán*, in: Guchachi 'reza 19, Juchitán, Oaxaca

ders., 1984, *Demetrio Vallejo bajo el sol de Espinal*, in: Guchachi'reza 18, Juchitán, Oaxaca

ders., 1983, *Rebelliones indígenas en el Istmo de Tehuantepec*, in: Cuadernos Políticos Nr. 38, S. 55−71, Mexiko

Dalton, Margarita Palomo, 1981, *Mitos y realidades de las mujeres huaves*, Instituto de Sociología, Universidad Autónoma «Benito Juárez» de Oaxaca, Ms., Oaxaca

Diaz del Castillo, Bernal, 1988, *Geschichte der Eroberung von Mexiko*, Insel Verlag, Frankfurt a. M.

Diebold, Richard A. jr., 1969, *The Huave*, in: Handbook of Middle American Indians, Vol. 7, Ethnology, Part 1, S. 478−488

Dorsett, James Robert jr., 1975, *Variations in Isthmus Zapotec Kinship and Ecology at Juchitán and Tehuantepec*, Oaxaca, Tulane University, Ph. D., Cultural Anthropology, Xerox University Microfilms, Ann Arbor, Mich., 48106

Due, Aimée, 1976, *Sind es Frauen?*, Berlin

Duby, Georges, 1986, *Ritter, Frau und Priester. Die Ehe im feudalen Frankreich*, Suhrkamp, Frankfurt a. M.

Durán, Fray Diego, 1967, *Historia de las Indias de Nueva España e Islas de la Tierra Firme*, 2 Bde., Editorial Porrua, Mexiko

El Maíz, 1984, *Museo Nacional de Culturas Populares*, Mexico

Esparza, Manuel, 1988, *Los Proyectos de los Liberales en Oaxaca*, in: Historia de la cuestión agraria. Estado de Oaxaca, Bd. I, S. 269−331

Ders., 1990, *Las tierras de los hijos de los pueblos. El distrito de Juchitán en el siglo XIX*, in: Romero Frizzi, Ma. de los Angeles (ed), Bd. III, S. 387−434

Evers, Hans-Dieter, 1981, *The Contribution of Urban Subsistence Production to Incomes in Jakarta*, in: Bulletin of Indonesian Economic Studies, Vol. XVII, No. 2, July, S. 89−96

Ders., 1987, *Schattenwirtschaft, Subsistenzproduktion und informeller Sektor. Wirtschaftliches Handeln jenseits von Markt und Staat*, in: Klaus Heinemann (ed), 1987, Soziologie wirtschaftlichen Handelns, S. 353−357

Faderman, Lillian, 1990, *Köstlicher als die Liebe der Männer. Romantische Freundschaft und Liebe zwischen Frauen von der Renaissance bis heute*, Zürich

Feldman, Lawrence H., 1978, *Moving Merchandise in Protohistoric Central Quauhtemallan*, in: Thomas A. Lee jr.; Carlos Navarrete, 1978, S. 7−18

Fernández de Miranda, M. T.; Swadesh; R. J. Weitlaner, 1960, *El panorama etnolinguistico de Oaxaca y del Istmo*, in: Revista mexicana de estudios antropológicos, Nr. 16, S. 137−157, Mexiko

Fishburne Collier, Jane; Sylvia Junko Yanagisalo (eds), 1987, *Gender and Kinship, Essays Toward a Unified Analysis*, Stanford University Press, Stanford

Fox Keller, Evelyn, 1986, *Liebe, Macht und Erkenntnis. Männliche oder weibliche Wissenschaft?*, Hanser, München−Wien

Giebeler, Cornelia, 1991, *Ethnische Identität und innere Kolonisierung. Die Zapoteken Juchitáns*, in: J. Möller (ed), Das Ei des Kolumbus? Lateinamerika und Europa im Unterricht. AJZ Verlag, Bielefeld

Dies., 1992, *Zwischen Protest und Disziplin. Die feministische Paradoxie*, AJZ Verlag, Bielefeld

Dies., 1993, *Juchitán – la ciudad de las mujeres. Identidad etnica y fuerza de las mujeres en una sociedad zapoteca de México*, in: Guchachi'reza 38, Juchitán, Oaxaca

Dies., 1993 b, *Sciencia, Sabiduría y las mujeres*, in: Tovi e Tovi, num. 2, Juchitán, Oaxaca

Dies., 1993 c, *Gärten aus Müll. Kultur und Ökologie in der zapotekischen Kleinstadt, Juchitán/Oaxaca. Das Projekt «Foro Ecologico Juchitán»*, Heinrich-Böll-Stiftung, Köln

Gobierno Constitucional del Estado, 1987, *Plan estatal de desarrollo Oaxaca 1986–1992*, Copladeo, Mexiko

Gobierno Constitucional de los Estados Mexicanos, del Estado de Oaxaca y del Estado de Veracruz, 1990, *Programa de desarrollo del Istmo de Tehuantepec*, Solidaridad, o. O.

Göttner-Abendroth, Heide, 1989, *Das Matriarchat I, Geschichte seiner Erforschung*, Kohlhammer, Stuttgart

Dies., 1991, *Das Matriarchat II, 1., Stammesgesellschaften in Ostasien, Indonesien, Ozeanien*, Kohlhammer, Stuttgart

Godelier, Maurice, 1987, *Die Produktion der großen Männer*, Campus, Frankfurt a. M.

Goldschmidt-Clermont, Luisella, 1978, *Economic evaluations of unpaid household work; Africa, Asia, Latin America and Oceania*, Ilo, Geneva

González, Nancie L., *Toward a definition of matrifocality*, in: Norman E. Whitten; John F. Szwed (eds), Afro-American Anthropology. Contemporary Perspectives, The Free Press, New York, S. 231–244

Guerra, Francisco, 1971, *The Pre-Columbian Mind. A study into the aberrant nature of sexual drives, drugs affecting behaviour, and the attitude towards life and death, with a survey of psychotherapy, in pre-Columbian America*, Seminar Press, London

Guerrero, Alberto Ochoa, 1989, *Notas sobre la homosexualidad en el Istmo de Tehuantepec*, in: El Medio Milenio, Nr. 5, Febr. 1989, S. 61–70, Oaxaca

Hagemann-White, Carol, 1984, *Sozialisation: Weiblich – männlich?*, Opladen

Hamnett, Brian R., 1990, *El comercio de la grana y la actividad de los alcaldes mayores*, in: Romero Frizzi, Ma. de los Angeles (ed), Vol. II, 1990 (1986), S. 345–366

Hanke, Lewis, 1949, *The Spanish Struggle for Justice in the Conquest of America*, University of Pennsylvania Press, Philadelphia

Ders., 1959, *Aristole and the American Indians. A Study in Race Prejudice in the Modern World*, Hollis and Carter, London

Handbook of Middle American Indians, 1964 ff, Robert Wauchope (ed), University of Texas Press, Austin

Hauser-Schäublin, Brigitta (ed), 1991, *Ethnologische Frauenforschung. Ansätze, Methoden, Resultate*, Reimer Verlag, Berlin

Heinemann, Klaus, 1987, *Soziologie des Geldes*, in: ders. (ed), 1987, S. 322–337

Ders., (ed), 1987, *Soziologie wirtschaftlichen Handelns*, Kölner Zeitschrift für Soziologie und Sozialpsychologie, Sonderheft 28, Westdeutscher Verlag, Opladen

Hellbohm, Anna-Britta, 1967, *La participatión cultural de las mujeres. Indias y Mestizas en el México precortesiano y postrevolucionario*, Stockholm

Henestrosa, Andrés, 1933, *Estudios sobre la lengua zapoteca*, in: Investigaciones Linguisticas, México, Nr. 1, S. 27–30

Ders., 1985, *Las formas de la vida sexual en Juchitán*, in: Guchachi'reza, Nr. 22, März 1985, S. 3–6, Oaxaca

Hidalgo, Mariana, 1979, *La vida amorosa en el México antiguo*, Mexiko

Hirschman, Albert O., 1980 (1977), *Leidenschaften und Interessen. Politische Begründungen des Kapitalismus vor seinem Sieg*, Suhrkamp, Frankfurt a. M.

Historia de la cuestion agraria mexicana, Estado de Oaxaca, Vol. I, Prehispánico – 1924, Juan Pablos Editor, México

Holzer, Brigitte, 1988, *Ökonomie und Ehre. Frauen im 19. Jh*, unveröffentlichte Diplomarbeit, Bielefeld

Illich, Ivan, 1983, *Genus. Zu einer historischen Kritik der Gleichheit*, Reinbek

INEGI (Instituto Nacional de Estadística, Geografía e Informática), *Encuesta Nacional Agropecuaria Ejidal 1988*, Vol. II, publ. 1990, Aguascalientes

INEGI, XIII Censo Industrial, Resultados definitivos, *Censos Económicos 1989*, publ. 1992, Aguascalientes

INEGI, *X Censo General de Población y Vivienda, 1980, Estado de Oaxaca*, Vol. 1, Vol. 2, Primera Parte, Tomo 20, 4 Bde., publ. 1984, Aguascalientes

INEGI, *XI Censo General de Población y Vivienda, 1990, Estado de Oaxaca*, publ. 1992, Aguascalientes

INEGI, *Oaxaca X Censo Comercial y X Censo de Servicios. Resultados definitivos, Censos Económicos 1989*, publ. 1993, Aguascalientes

INEGI, 1989, *Directorio de Establecimientos Menores Unicos. Zona Censal 01*, Juchitán, o. O.

INEGI, *Resultados Oportunos del Estado de Oaxaca, Censos Económicos 1986*, publ. 1988, Aguascalientes

INEGI, *Resultados Preliminares. XI Censo General de Población y Vivienda, 1990*, publ. 1990, Aguascalientes

Institoris, Heinrich; Jacobus Sprenger, 1486/87, *Maleus Maleficarum (Hexenhammer)*, in: Gabriele Becker et al., Aus der Zeit der Verzweiflung. Zur Genese und Aktualität des Hexenbildes, Suhrkamp, Frankfurt a. M., S. 342–358

Iturbide, Graciela; Elena Poniatowska, 1989, *Juchitán de las mujeres*, ediciones Toledo, Mexiko

Juffreys, Sheila, 1991, «Kesser Vater» und «Femme»: *Heute und damals*, in: Lesbian History Group, Und sie liebten sich doch: Lesbische Frauen in der Geschichte 1840 bis 1985, S. 165–195, Göttingen

Kirchhoff, Paul, 1952, *Mesoamerica*, in: Tax, Sol (ed), Heritage of Conquest, Glencoe, Ill., S. 17–30

König, René, 1985, *Menschheit auf dem Laufsteg: die Mode im Zivilisationsprozeß*, München

Lenz, Ilse; Ute Luig (eds), 1990, *Frauenmacht ohne Herrschaft. Geschlechterverhältnisse in nichtpatriarchalen Gesellschaften*, Orlanda Frauenverlag, Berlin

Landweer, Hilge, 1993, *Kritik und Verteidigung der Kategorie Geschlecht*, unveröff. Manuskript, Bielefeld

Lang, Sabine, 1990, *Männer als Frauen – Frauen als Männer. Geschlechterrollenwechsel bei den Indianern Nordamerikas*, Hamburg

Langner, Alberto Cajigas, 1961, *El folklor Musical del Istmo de Tehuantepec*, Mexiko

Las Casas, Fray Bartolomé de, 1966 (1552), *Kurzgefaßter Bericht von der Verwüstung der Westindischen Länder*, hrsg. von Hans Magnus Enzensberger, Insel, Frankfurt a. M.

Ders., 1991, *Die Vernichtung der Indios (Zusammenstellung verschiedener Texte des Autors aus der ersten Hälfte des 16. Jhs.)*, in: Christoph Strosetzki (ed), Der Griff nach der Neuen Welt,
Fischer, Frankfurt a. M., S. 270–284

Leacock, Eleanor, 1989, *Der Status der Frauen in egalitären Gesellschaften: Implikationen für die soziale Evolution*, in: Arbeitsgruppe Ethnologie Wien (ed), Von fremden Frauen. Frausein und Geschlechterbeziehungen in nichtindustriellen Gesellschaften, Suhrkamp, Frankfurt a. M.

Lindenbaum, Shirley, 1987, *The Mystification of Female Labors*, in: Jane Fishburne Collier, Sylvia Junko Yanagisako (eds), 1987, S. 221–243

Lopez Ornelas, José Luz, 1988, *El periodo cardenista*, in: Historia de la cuestion agraria Mexicana. Estado de Oaxaca, Bd. II, Juan Pablos Editor, Mexiko, S. 127–189

López Nelio, Daniel, 1983, *Entrevista por Francisco Toledo y Victor de la Cruz*, in: Guchachi'reza, No. 17, Dic. 1983, S. 19–25

Luhmann, Niklas, 1983, *Liebe als Passion. Zur Codierung von Intimität*, Suhrkamp, Frankfurt

Lützen, Karin, 1990, *«Was das Herz begehrt». Liebe und Freundschaft zwischen Frauen*, Hamburg

Manso de Contreras, Christobal, 1987 (1661), *La rebelión de Tehuantepec*, Ediciones Toledo, Mexiko

Martinez Lopez, Felipe, o. J., *El crepusculo de poder, Juchitán, Oaxaca 1980–1982. Instituto de Investigaciónes Sociologicas*, Universidad Autonoma «Benito Juarez» de Oaxaca

Matus Gutierrez, Macario, 1978, *Conceptos sexuales entre los Zapotecas de hoy*, in: Revista «Siempre», Nr. 11/311, 9. August 1978

Ders., 1981, *Feminismo Zapoteca*, in: Diorama de la cultura, Excelsior, 15. Nov. 1981

Ders., 1982, *Soldaderas del Istmo*, in: Diorama de la cultura, Excelsior, 4. April 1982

Ders., 1988, *Mujeres de Tehuantepec*, México indígena, Mexiko

Ders., 1989 (1985), *La revolutión en Juchatán*, in: Mi pueblo durante la revolución, Vol. II, S. 75–166, Colección Divulgación, INAH, Mexiko

Merchant, Carolyn, 1987, *Der Tod der Natur. Ökologie, Frauen und neuzeitliche Naturwissenschaft*, C. H. Beck, München

Mey, Dorothea, 1985, *«Geld beruhigt echt…». Über die Ruhe und Unruhe, die der «Lohn für Liebe» mit sich bringt – gezeigt am Beispiel der Kurtisane Cora Pearl aus dem Paris des zweiten Kaiserreichs*, in: Beiträge zur feministischen Theorie und Praxis, 8. Jg., Heft 15/16, S. 19–34

Dies., 1987, *Die Liebe und das Geld. Zum Mythos und zur Lebenswirklichkeit von Hausfrauen und Kurtisanen in der Mitte des 19. Jahrhunderts in Frankreich*, Beltz

Mies, Maria, 1983, *Gesellschaftliche Ursprünge der geschlechtlichen Arbeitstei-

lung, in: Claudia von Werlhof; dies., Veronika Bennholdt-Thomsen, eds., S. 164–193

Dies., 1986, *Wer machte uns die Natur zur Feindin?* in: Marina Gambaroff et al., eds., Tschernobyl hat unser Leben verändert. Vom Ausstieg der Frauen, Rowohlt, Reinbek, S. 146–159

Dies., 1988, *Die Befreiung vom Konsum, Wege zu einer ökologischen und feministischen Gesellschaft*, Hrsg. Die Verbraucherinitiative, Bonn

Dies., 1992, *Wider die Industrialisierung des Lebens. Eine feministische Kritik der Gen- und Reproduktionstechnik*, Centaurus, Pfaffenweiler

Möller, Joachim (ed), 1991, *Das Ei des Kolumbus? Lateinamerika und Europa im Unterricht. Perspektiven auf das Jahr 1992*, AJZ Verlag, Bielefeld

Moguel, Reyna, 1979, *Reginalizaciones para el Estado de Oaxaca. Analysis comparativo*, Centro de Sociología de la Universidad Autónoma Benito Juárez de Oaxaca, Oaxaca

Moirisette Brueske, Judith, 1976, *The Petapa Zapotecs of the Inland Isthmus of Tehuantepec, Oax. Mexico. An Ethnographic Description and Exploration into the Status of Woman*, Riverside University of California, Ms.

Moreno Navarro, Isidoro, 1982, *La Semana Santa de Sevilla*, Biblioteca de Temas Sevillanos, Sevilla

Moreno, Isidoro, 1985, *Cofradías y hermandades andaluzas*, Sevilla

Nestle, Joan, 1982, *KVs und Femmes. Unser erotisches Erbe*, in: Alice Schwarzer (ed), «Sexualität», EMMA-Sonderband 3, S. 68–72, Köln

Nigh, Ronald; Nemesio Rodriguez, 1993, *Territorios violados: Indios, medio ambiente y desarrollo en América Latina*, Mexiko

Orozco, Gilberto, 1946, *Tradiciones y Leyendas del Istmo de Tehuantepec*, Revista Musical Mexicana, México

Ortiz, Sutti (ed), 1983, *Economic Anthropology, Topics and Theories, Monographs, in Economic Anthropology*, Nr. 1, University Press of America, Lanham, New York, London

Ortiz Wadgymar, Arturo, 1971, *Aspectos de la economía del Istmo de Tehuantepec*, Instituto de Investigaciones Económicas, UNAM, Mexiko

Oswald Spring, Ursula; Rudolf H. Strahm, 1990, *Por eso somos tan pobres*, UNAM/CRIM, Cuernavaca, Morelos

Palzkill, Birgit, 1990, *Zwischen Turnschuh und Stöckelschuh. Die Entwicklung lesbischer Identität im Sport*, Bielefeld

Pomata, Gianna, 1983, *Die Geschichte der Frauen zwischen Anthropologie und Biologie*, in: Feministische Studien 2, S. 113–128, Frankfurt a. M.

Peterson, David A., 1990, *Guiengola: fortaleza zapoteca en el istmo de Tehuantepec*, in: Marcus C. Winter (ed), 1990, Lecturas históricas de Oaxaca, Vol. I, S. 455–488

Peterson Royce, Anya, 1977, *Prestigio y afiliación en una comunidad urbana: Juchitán Oaxaca*, INI, México

Plata García, Fuensanta, 1989, *Asociacionismo masculino y rituales festivos en la campina cordobesa. Una aproximación*, in: C. Alvarez Santalo et al. (ed), La Religiosidad Popular, Bd. III, S. 147–169, Editorial Anthropos, Barcelona

Polanyi, Karl, 1957, *The Economy as Instituted Process*, in: ders., et al., Trade and Market in the Early Empires, The Free Press, New York, S. 243–269

Ders., 1977, *The Great Transformation: Politische und ökonomische Ursprünge von Gesellschaften und Wirtschaftssystemen*, Europaverlag, Wien

Ramirez, Ignacio; Ernesto Reyes, 19.12.1983, *El representante priista ordena localizar a De Gives, vivo o muerto. El ejercito y la policía culminaron el plan oficial contra la COCEI*, in: Proceso No. 372, México

Reina, Leticia, 1980, *Las Rebeliones Campesinas en México (1819–1906)*, Siglo XXI, Mexiko

Dies., 1988, *Einleitung, in «Historia de la cuestión agraria Mexicana.* Estado de Oaxaca, Bd. II, S. 13–23

Dies., 1988, *De las Reformas Borbonicas a las Leyes de Reforma*, in: Historica de la Cuestión Agraria Mexicana. Estado de Oaxaca, Bd. I, S. 181–268

Rendón M., Juan José, 1967, *Relaciones Internas de las Lenguas de la Familia Zapoteca-Chatino*, Anales de Antropología, Nr. 4, S. 187–190

Ders., 1969, *Nuevos Datos Sobre el Orígin del Vocabulario en Lengua Zapoteca del Padre Córdova*, Anales de Antropología, Nr. 6, S. 115–129

Rentmeister, Cillie, 1985, *Frauenwelten – Männerwelten*, Leske und Budrich, Opladen

Ringe, Dorothee, 1982, *Frauenliebe – eine eigene Welt oder eine Wiederholung heterosexueller Beziehungsmuster auf weiblicher Ebene?*, unveröff. Ms., Berlin (Spinnboden)

Rita, Carla M., 1979, *Concepción y nacimiento*, in: Italo Signorini, 1979, S. 263–314

Rich, Adrienne, 1983, *Zwangsheterosexualität und lesbische Existenz*, in: Dagmar Schulz (ed): Macht und Sinnlichkeit, S. 138–168, Berlin

Rodriguez, Nemesio, 1990, *Gerencia de desarrollo regional.* PEMEX; C. A. D. A. L., Oaxaca

Ders., 1991, Los Huaves: *Entre el desarrollo sostenido o la hipoteca de su futuro*, in: R. González; Marco Antonio Vásquez (eds), Etnias, desarrollo, recursos y tecnologías en Oaxaca, Mexiko

Rodriguez V., María J., 1990, *Enfoques y perspectivas de los estudios sobre la condición femenina en el México antiguo*, in: Mesoamérica, Jg. 11, Heft 19, Juni 1990, S. 1–11, Antigua

Romero Frizzi, Maria de los Angeles, 1988, *Epoca Colonial (1519–1785)*, in: Historia de la cuestion agraria mexicana. Estado de Oaxaca, Bd. I, S. 107 bis 180

Romero Frizzi, Maria de los Angeles; Maria Eugenia Romero, 1990, *Introducción, Oaxaca: de 1877 a 1930*, in: M. Romero Frizzi (ed), 1990, Vol. IV, S. 15 bis 30

Romero Frizzi, Maria de los Angeles (ed), 1990, *Lecturas históricas del estado de Oaxaca*, Vol. II, Época colonial; Vol. IV, 1877–1930. Colección Regiones de Mexico, INAH, México

Rosa Villalobos, Amadeo de la, 1989, *La lucha por la tenencia de la tierra en el Istmo de Oaxaca*: Juchitán/Tehuantepec: 1960–1980. Universidad Veracruzana, Xalapa, Veracruz

Roscoe, Will, 1987, *Bibliography of Berdache and Alternative Gender Roles Among North American Indians*, in: Journal od Homosexuality, The Haworth Press, Vol. 14 (3/4), S. 81–171

Ders., 1991, *The Zuni Man-Woman*, University of New Mexico Press, Albuquergue

Rott, Renate, 1989, *Strukturen der Frauenerwerbsarbeit im urbanen Bereich am Beispiel Brasiliens. Eine Fallstudie aus dem Nordosten (Fortaleza, CE.)*, in: Elisabeth Grohs (ed), Frauen in der Entwicklung Afrikas und Lateinamerikas, Interdisziplinärer Arbeitskreis Dritte Welt, Veröffentlichungen Bd. 3, Universität Mainz

Rueda Jiménez, María Magdalena, 1976, *Estudio geográfico-económico del municipio de Juchitán, Oax., tesis profesional, Licenciado en geografía*, México, unveröffentl. Ms.

Rueda Sáynez, Ursulino, 1987, *De Juchitán, Oaxaca*, Editorial del Magisterio «Benito Juárez», Mexiko

Ders., 1990, *Personajes Revolucionarios Juchitecos*, Editorial del Magisterio «Benito Juárez», Mexiko

Rueda Sáynez, Ursulino; María Magdalena Rueda Jiménez, 1988, *Juchitán, un pueblo típico zapoteca*, Editorial del Magisterio «Benito Juárez», Mexiko

Ruiz Orosco, Florinda, 1982, *Los niños monolingues zapotecas ante la educación primaria*, SEP, Mexiko

Salcedo, Salomón; Jose Alberto García; Miriam Sagarnaga, 1993, *Política agrícola y maíz en México: Hacia el libre comercio norteamericano*, in: Comercio exterior, vol. 43, Num. 4, abril, S. 302–311

Schupisser, Peter W., 1958, *Das Modezentrum Paris*, in: König/Schupisser, Die Mode in der menschlichen Gesellschaft, Zürich 1958

Pytlik, Anna, 1983, *Weibliche Homosexualität aus «ethnologischer Sicht». Ein Überblick*, Magisterarbeit, Universität Tübingen

Sacks, Karen, 1982, *Sisters and Wives. The Past and Future of Sexual Equality*, University of Illinois Press, Urbana, Chicago, London

Secretaría de Agricultura y Recursos Hidraulicos (SARH), o. J.
a) *Zahlen für das Bewässerungsland: Dirección general de distrito y unidades de riego* (106), Tehuantepec.
b) *Zahlen für den Trockenfeldbau: Distrito de desarrollo rural*, no. 106, Juchitán.

SARH, 1988, *unveröffentlichte Skizze für ein Projekt des Totopovertriebes*

Secretaría de Programmación y Presupuestos, o. J., *Estadística sobre la Mujer*, Inventario, Mexiko

Seler-Sachs, Cäcilie, 1925, *Auf Forschungsreisen in Mexiko*, Berlin

Dies., 1991 (1893), *Die Frau im alten und heutigen Mexiko*, in: Brigitta Hauser-Schäublin (ed), 1991, S. 38–54

Sepúlveda, Juan Ginés de, 1951, *Democrates segundo: De las justas causas de la guerra contra los Indios*, Angel Losada, Madrid

Signorini, Italo, 1979, *Los Huaves de San Mateo del Mar. Ideología e instituciones sociales*, INI, Mexiko

Statistisches Bundesamt Wiesbaden, *Länderbericht Mexiko 1992*, Metzler/Poeschel, Wiesbaden

Steinbrügge, Lieselotte, 1987, *Das moralische Geschlecht*, Beltz Verlag, Weinheim und Basel

Tanner, Nancy, 1974, *Matrifocality in Indonesia and Africa and among Black Americans*, in: Michelle Rosaldo, Louise Lamphere (eds), Women, Culture and Society, Stanford University Press, Stanford

Terrones López, Ma. Eugenia, 1990, *Istmeños y subversión en el Porfiriato: 1879–1881*, in: Romero Frizzi, Ma. de los Angeles (ed), 1990, Vol. IV, S. 135–170

Theweleit, Klaus, 1984 (1978), *Männerphantasien*, 2 Bde., Rowohlt, Reinbek

Thiemer-Sachse, Ursula, 1983, *Die sozialökonomischen Verhältnisse bei den Zapoteca zur Zeit der spanischen Eroberung Mexikos. Ein Beitrag zur Untersuchung der ersten klassengesellschaftlichen Formation in Amerika*, in: Lateinamerika, Herbstsem. 1983, Universität Rostock, S. 106–123

Dies., 1990, *Ehe, Familie und Hauswirtschaft bei den gemeinfreien Zapoteca Südmexikos in vorspanischer Zeit*, in: Abhandlungen des Museums für Völkerkunde Dresden, Nr. 44, S. 253–261, Berlin

Torres de Laguna, Juan, 1983, *Descripción de Teguantepec*. Ediciones Toledo, Mexiko

Tschajanov, Alexander, 1987 (1923), *Die Lehre von der bäuerlichen Wirtschaft*, Campus, Frankfurt a. M.

Ussel, Jos van, 1977, *Sexualunterdrückung: Geschichte der Sexualfeindschaft*, Focus-Verlag, Gießen

Valverde, Mariana, 1989, *Sex, Macht und Lust*, Berlin

Veblen Thorstein, B., 1971 (1899), *Theorie der feinen Leute*, Köln, Berlin

Velasco, H. M., 1982, *Tiempo de Fiesta. Ensayos antropologicos sobre las fiestas en España*, Tres-Catorze-Diezisiete, Madrid

Vogel, Katharina, 1985, *Die Theorie vom Dritten Geschlecht als Grundlage für ein neues Selbstverständnis von Frauen zu Beginn des 20. Jahrhunderts*, Diplomarbeit, FU Berlin

United Nations, 1985, *World Survey on the Role of Women in Development*, World Conference to Review and Appraise the Achievements of the UN Decade for Women: Equality, Development and Peace, Nairobi, Kenya, 15.–26. Juli

Dies., 1989, *World Survey on the Role of Women in Development*, New York

Warmann, Arturo, 1972, *Los campesinos. Hijos predilectos del régimen*, Editorial Nuestro Tiempo, México

Whitecotton, Joseph W., 1985, *Los Zapotecos. Príncipes, sacerdotes y campesinos*, Fondo de Cultura Económica, Mexiko

Whitehead, Harriet, 1981, *The bow and the burden strap: a new look at institutionalized homosexuality in native North America*, in: Sherry B. Ortner; dies., Sexual Meanings. The Cultural Construction of Gender and Sexuality, Cambridge University Press, Cambridge, S. 80–115

Williams, Walter, 1986, *The Spirit and the Flesh. Sexual Diversity in American Indian Cultur*, Beacon Press, Boston

Winter, Marcus, 1988, *Período Prehispánico*, in: Historia de la cuestión agraria Mexicana. Estado de Oaxaca, Bd. I, S. 23–106

Ders. (ed), 1990, *Lecturas históricas del estado de Oaxaca*, Vol. I Época prehispánica, Colección Regiones de México, INAH, Mexiko

Wolfe, Bertram D., *Rise of another Rivera*, in: Vogue, oct. 1983

Wollrad, Eske: *Heterozentrismus und lesbische Existenz*, in: Ihrsinn 2/90, S. 96–107, Bochum

Ximénez Ortiz, J., 1905, *Relación de Iztepexi*, in: Francisco Paso y Troncoso (ed), Papeles de Nueva España, Segunda Serie, Geografía y Estadística, Nr. 4, S. 9−23, Sucesores de Rivadeneyra, Madrid, (Faksimile 1982)

Zeitlin, Judith Francis; Robert N. Zeitlin, 1990, *Arquelogía y época prehispánica en el sur del Istmo de Tehuantepec*, in: Marcus Winter (ed), 1990, S. 393−454.

Zu den Autorinnen

Veronika Bennholdt-Thomsen, Ethnologin (Promotion) und Soziologin (Habilitation), 49 Jahre alt, ein Sohn von 13 Jahren. Seit 1966 zahlreiche Aufenthalte in Mexiko, zuerst als Studentin der ENAH (Nationale Hochschule für Anthropologie und Geschichte), dann als Doktorandin und schließlich im Rahmen mehrerer Forschungsprojekte. Zahlreiche Bücher und Artikel, die auch in mehrere Sprachen übersetzt wurden, zu folgenden Themen: soziale Bewegungen von Bauern und Frauen, Entwicklungstheorie und feministische Gesellschaftstheorie. Nach 13 Jahren Hochschultätigkeit als Dozentin heute freiberuflich tätig.

Cornelia Giebeler, Jahrgang 1955, Studium der Literaturwissenschaft, Pädagogik, und Soziologie. Promotion: Zwischen Protest und Disziplin – die feministische Paradoxie. Längere Feldforschungen in Venezuela, Indien und Mexiko in den Bereichen Frauenarbeit, Bauernbewegung und symbolische Ordnung. Psychoanalytische Supervisorin (DGSv), Schwerpunkt Institutionsanalyse. Mutter des 12jährigen Felix. Zur Zeit Professorin i.V. an der Fachhochschule Bielefeld.

Brigitte Holzer, Diplomsoziologin. 1959 in Ravensburg geboren. Zwischen 1978 und 1988 Studium der Soziologie, Philosophie und Norwegisch in Oslo und Bielefeld. Von 1989 bis 1991 in Mexiko gelebt. Soziologisch-anthropologische Forschungen im Bereich «Frauen aus der Türkei in der Bundesrepublik» und der Arbeits- und Lebensverhältnisse von Frauen und Bauern in verschiedenen Teilen Mexikos. Promoviert zur Zeit.

Marina Meneses Velasquez, in Juchitán geboren und aufgewachsen, 39 Jahre alt, ein Sohn von fünf Jahren. Jahrelang Dozentin der Soziologie an der autonomen Universität von Chiapas und Mitarbeiterin des Frauenhauses von San Cristóbal de las Casas. Gegenwärtig Koordinatorin der Öffentlichkeitsarbeit des Foro Ecológico von Juchitán, der autonomen Umweltschutzorganisation der Stadt, Journalistin und Aktivistin der Verteidigung zapotekischer Rechte.

Christa Müller, 33 Jahre, Studium der Soziologie und Politikwissenschaft in Bielefeld, Marburg und Sevilla. Forschungsaufenthalte in Costa Rica und Nicaragua. Seit Beendigung des Mexikoprojekts Redakteurin der Bielefelder Wochenzeitung «StadtBlatt».

Ursula Oswald Spring, zur Zeit Staatssekretärin für Ökologie im mexikanischen Bundesland Morelos. Wissenschaftlerin am multidisziplinären Forschungsinstitut der Nationalen Universität Mexikos (CRIM/UNAM), Leiterin des natur- und gesellschaftswissenschaftlichen Forschungsprogramms «Ernährungssystem in Mexiko», das Daten im ganzen Land erhebt: Die Ergebnisse aus Juchitán seien «kaum zu glauben»; diese Gesellschaft stelle eine «einheimische Alternative» dar angesichts der miserablen Ernährungssituation und der «Konflikte» in ländlichen, indianischen Gegenden.

Cornelia Suhan, geb. 1956 in Duisburg, von 1976–1981 Studium des Fotodesigns in Dortmund. Danach ging sie ein Jahr nach San Francisco und studierte dort am Art Institute. Seit ihrer Rückkehr arbeitet sie als freiberufliche Fotografin in den Bereichen Fotojournalismus und Architekturfotografie.

«Ob eine Intervention der internationalen Gemeinschaft friedensschaffend sein könnte, hängt von vielen Faktoren ab. Einer davon, nämlich: ob so etwas wie eine internationale Gemeinschaft überhaupt existiert, bleibt meistens undiskutiert. Die Abwesenheit einer solchen Gemeinschaft ist aber die bittere Erfahrung der Einwohner des ehemaligen Jugoslawien.»
Zarko Puhovski

Slavenka Drakulic´
Sterben in Kroatien *Vom Krieg mitten in Europa*
(aktuell 13220)
In Europa herrscht Krieg - und niemand sieht hin. Wie werden zivilisierte Europäer zu glühenden Nationalisten? Was treibt die Jugend des zerfallenen Jugoslawiens dazu, den Krieg ihrer Großväter erneut zu führen? Was muß in einem Menschen sterben, damit er den Tod anderer will?

Erich Rathfelder (Hg.)
Krieg auf dem Balkan *Die europäische Verantwortung*
(rororo aktuell 13279)
Der Krieg auf dem Balkan hat ein dramatisches Ausmaß angenommen. Dieses Buch zeichnet den Konflikt, seine Ursachen und seine Entstehungsgeschichte nach und fragt nach der Verantwortung der Deutschen, der Europäer und der internationalen Staatengemeinschaft für die Gegenwart und Zukunft auf dem Balkan, auch nach ihrer Mitverantwortung für die Entstehung des gegenwärtigen Krieges.

G. Koenen / K. Hielscher
Die schwarze Front *Der neue Antisemitismus in der Sowjetunion*
(aktuell 12927)

Michail Gorbatschow
Die Rede "*Wir brauchen die Demokratie wie die Luft zum Atmen*".
Referat vor dem ZK der KPdSU am 27. Januar 1987
(aktuell 12168)

Gundula Fienbork / Brigitte Mihók / Stephan Müller (Hg.)
Die Roma - Hoffen auf ein Leben ohne Angst *Roma aus Osteuropa berichten*
(aktuell 13070)
In diesem Buch berichten osteuropäische Roma zum erstenmal über ihre Erfahrungen, Ängste und Hoffnungen. Was sie den Autoren in deutschen Auffanglagern, rumänischen Dörfern oder ungarischen Städten zu Protokoll gegeben haben, ist ein erschütterndes Dokument über ein Volk in Europa, dem die Menschenrechte bis heute vorenthalten werden.

Peter–Jürgen Boock
Schwarzes Loch im Hochsicherheitstrakt
(aktuell 12505)
«Mein Bericht über die Hochsicherheitshaft ist parteiisch und soll es auch sein. Hochsicherheitshaft zerstört Menschen, ihre Psyche wie ihre Physis, dazu kann es keine "neutrale" Position geben.
Jürgen–Peter Boock

István Eörsi
Erinnerung an die schönen alten Zeiten
(aktuell 12990)
1956, nach dem ungarischen Volksaufstand, wurde István Eörsi, Anhänger von Imre Nagy und Schüler des später verfolgten Georg Lukács, verhaftet. Dreißig Jahre danach erinnert er sich ...

Alain Finkielkraut
Die Niederlage des Denkens
(aktuell 12413)

Antonia Grunenberg
Antifaschismus – ein deutscher Mythos
(aktuell 13179)

Robert Havemann
Die Stimme des Gewissens *Texte eines deutschen Antistalinisten*
(aktuell 12813)
Vom Volksgerichtshof unter Freisler zum Tode verurteilt, als Leiter des Kaiser-Wilhelm-Instituts in Berlin-Dahlem fristlos entlassen, in der DDR seiner Ämter enthoben und aus der Partei ausgeschlossen - Robert Havemann war ein unbequemer Zeitgenosse für das SED-Regime.

Claus Leggewie

Essay

Alhambra –
Der Islam im
Westen

rororo

Hans-Jürgen Heinrichs
Inmitten der Fremde *Von In- und Ausländern*
(aktuell 13219)

Gunter Hofmann
Willy Brandt *– Porträt eines Aufklärers aus Deutschland*
(aktuell 12503)

Karl Otto Hondrich
Lehrmeister Krieg *Essay*
(aktuell 13073)

Joachim Kahl
Das Elend des Christentums
Erweiterte Neuausgabe
(aktuell 13278)

Claus Leggewie
Alhambra - der Islam im Westen
(aktuell 13274)
Der Autor zeigt, daß die allenthalben spürbare Angst vor dem Islam weitaus gefährlicher ist als dieser selbst. Europas Moslems wollen keinen Gottesstaat, sondern einen reformierten Islam, der die Kluft zwischen Orient und Okzident einebnet.